대학생과 **리더십**
UNIVERSITY STUDENTS
LEADERSHIP

대학생과 리더십

UNIVERSITY STUDENTS
LEADERSHIP

신화식 | 이순창 | 윤길근 | 이희경 | 주은희 | 진성애 | 이영미 | 김상림

(주)교 문 사

인간의 사회적 생활이 시작된 이래 리더십은 수많은 사람들에게 관심의 대상이 되어 왔다. 현대사회가 발전을 거듭해 갈수록 다양한 리더십의 중요성과 그 요소들이 사회 곳곳에 미치는 영향력에 관한 연구들이 다각화되면서 과거에는 팔로어로 불리던 평범한 사람들에게도 이제는 한 사람의 셀프 리더로서, 또한 상황에 따라 요구되는 자질과 역량을 함양하도록 이끄는 리더십의 사회적인 측면들을 발견할 수 있게 되었다.

그동안의 리더십에 관한 연구들은 전쟁을 이끌었던 역사적인 영웅이나 왕들의 이야기, 그리고 정치·사회·경제적으로 영향력이 있었던 다수의 인물 중심적인 사례를 통한 연구에 머물러 있었으므로 리더십에 관한 연구가 하나의 체계성을 갖춘 독립적인 학문 영역으로 발전된 것은 비교적 최근의 상황이라고 볼 수 있다. 이에 따라 현대의 리더십은 여러 분야에 종사하는 연구자들이 매우 다양한 측면에서 접근해 나가고 있으므로 이제는 여러 학문을 아우르는 통섭적인 경향을 가지게 되었으며, 특히 이에 대한 활발한 연구는 심리학이나 경영학 분야에서 중요한 주제로 논의되면서 그 체계성을 이루어 가고 있다.

본 서에서 필자들은 현대적인 리더십 이론을 기초로 리더십의 의미와 유형들을 구체적으로 고찰해 보고 사회 초년병인 대학생들이 앞으로 다양한 사회에 첫 발을 내딛고 훌륭하게 자신들의 비전들을 성취해 나가면서 만족스러운 삶을 영위해 나갈 수 있도록 대학생 시기부터 함양해야 할 여러 가지 리더십에 관하여 소개하고 적용해 보고자 하였다.

이에 따라 본 서에서는 리더십의 이론적인 면과 실제적인 두 측면에 관한 내용을 모두 반영하였다. 또한 대학에서 한 학기 교양강좌로 융통성 있게 사용될 수 있도록 구성하였으며, 현대사회에서 요구되는 리더십 이론들을 먼저 이해하도록 하였고, 이것을 기초로 하여 대학생들이 공동체적인 대학생활과 학업, 개인생활과 삶의 비전에 이르기까지 이러한 리더십의 요소들을 적용할 수 있는 실천적인 측면들을 제시함으로써 스스로 익힐 수 있도록 집필하고자 노력하였다.

그러므로 대학생들이 효과적인 리더로서의 자질을 함양하기 위해 본 서를 바탕으로 리더십 현상을 과학적이고 객관적으로 분석하고 설명하고 있는 다양한 연구들을 고찰하는 것으로 시작하여, 리더십의 실제적인 기술을 경험적으로 체득할 수 있는 기회를 제공받고 중요한 리더십의 가치들을 자신의 것으로 내면화하는 과정을 통해 지속적인 노력을 기울인다면 리더십 함양에 꾸준한 발전이 있을 것으로 기대된다.

본 서의 내용을 목차에 따라 구체적으로 살펴보면 다음과 같다. 제1부는 대학생 리더십에 대한 이해의 측면으로서 1장부터 3장으로 구성되어 있으며, 현대사회의 리더십과 대학생의 자기이해와 리더십, 그리고 리더십의 이론적 접근을 통하여 이론적인 면모를 파악해 보았고, 제2부는 대학생 리더십 계발의 요소들을 이해하기 위하여 4장부터 7장까지 한국인의 문화와 리더십, 대학생활과 의사결정, 갈등관리, 창의성과 리더십 등을 살펴보았다. 제3부에서는 대학생 리더십의 실천적인 측면을 통한 리더십 함양을 위하여 7장에서 11장까지 가족생활과 리더십, 감성의 리더십, 소집단의 활동과 리더십, 셀프 리더십, 문화적 에티켓과 리더십의 측면들을 파악하여 학생들이 소그룹이나 개인별로 작업할 수 있도록 여러 가지 워크시트를 제공하였다.

그러므로 본 교재는 1부에서 2부까지를 전반부로, 제3부는 실제를 다루는 후반부로 생각하여 강의를 진행하여도 좋을 것이다. 각 장에는 이론에 대한 적용점을 위하여 생각해 보기나 리더십 사례들이 포함되도록 구성하였으므로 이러한 측면들을 활용하여 토론활동이나 소그룹활동, 개별 발표 등으로 수업을 진행하면 좋을 것이다.

끝으로 본 서의 출판을 맡아주신 (주)교문사 류제동 사장님을 비롯하여 편집부 여러분께 감사를 드린다.

2013년 2월
저자 일동

PREFACE

PART 01

대학생 리더십에
대한 이해

CHAPTER 01

현대사회와 리더십

현대는 리더십이 요구되는 시대이다. 학계와 기업은 물론 일반인 사이에서도 리더십에 관한 관심이 높아지고 있다. 리더십이란 기초부터 차근차근 몸에 익혀야 하는 덕목이다. 리더십은 분열시키는 것이 아니라 통합시키는 것이며, 조직 안의 다른 사람을 지배하는 것이 아니라 포용하는 자세가 바탕에 있어야 한다. 따라서 리더십은 현대사회의 특징을 이해하고 훈련을 거쳐야만 길러진다.

정보화시대의 리더십은 지배와 복종의 관계가 아니다. 수평적 인간관계와 민주주의, 자율의 시대, 다양한 생각을 존중하는 특징을 갖는 정보사회에서 요구되는 리더십의 덕목은 과거와는 다르다. 현대사회에 요구되는 리더십을 이해하려면 정보사회와 자율사회를 먼저 이해하는 것이 중요하다. '나를 따르라'는 방식의 성장시대의 리더십과 단결투쟁을 외치는 민주화시대의 리더십을 뛰어넘는 '자율의 리더십'이 필요한 시대인 것이다.

일반적으로 거론되는 리더의 덕목은 시대상황에 따라서 다르다. 강남의 귤나무를 강북으로 옮겼더니 탱자가 열렸다는 중국의 이야기처럼 나라마다 또 시대에 따라 요구되는 리더십은 다르다. 지식시대, 감성시대인 지금은 자율적이고 수평적인 리더십이 필요하다. 산업화시대에는 대량 생산, 대량 유통을 위해 기업이라는 조직체가 만들어졌고, 기업 내에서 분업화가 이루어지면서 이를 통합하고 끌고 나가기 위해 가부장적 리더십이 주도했으나 정보화시대로 이동하면서 더 이상 가부장적 리더십은 통하지 않게 되었다.

인터넷에 의하여 우리는 물리적 공간이 아닌 사이버cyber 공간을 갖게 되었다. 이 사이버 공간은 공간의 제한성을 극복한 무한한 공간이다. 무한한 공간에 대한 인류의 오랜 꿈이 사이버 공간에 의하여 이루어지게 된 것이다. 새로운 시대에서 개인에게 있어 신념체계의 바탕이자 조직과 집단에게 성장과 성숙의 핵심인 리더십이 기존의 그것과는 다른 새로운 것이어야 한다는 필요성이 대두되고 있다. 과거 산업사회에서 아무렇지 않게 받아들였던 카리스마와 권위적인 리더십에서 벗어나 개인의 자율성이 극대화되는 인터넷을 기반으로 한 지식정보화사회에 새로운 리더십의 정립이 선택이 아닌 필수라고 할 수 있다.

정보화시대에 맞는 리더십을 정립하기 위해, 우선 정보사회의 새로운 인간상과 변모된 모습을 살펴볼 필요가 있다.

정보사회에서의 새로운 인간상

현대는 정보사회, 지식산업사회, 지식기반사회라고 부른다. 20세기 후반을 고비로 산업사회에서 '제3의 물결'인 정보사회로 접어든 것은 문화사의 큰 변화이다. 과학기술에 의한 정보혁명이 인간의 삶을 신속히 변화시키고 있다. 새로운 직업, 정치환경, 경제 패턴을 만들어 내고 있으며, 정보의 홍수 속에 과학기술 변화의 과정과 속도가 가속화되고 있다. 산업사회는 에너지와 대량 생산에 의존하고 물질적 경쟁이 지배적이었지만, 정보화사회는 정보 및 정보처리에 의존, 지식정보력에 의한 경쟁이 촉진되고 있다.

21세기 정보사회가 계속해서 어떻게 전개되어 나갈지는 예상하기 어렵다. 산업 사회가 산업혁명에 의하여 이룩된 사회라면 정보사회는 정보통신혁명에 의하여 이룩된 사회라고 할 수 있다. 정보통신혁명의 총아인 인터넷에 의하여 시간과 공간의 제한성이 극복되고 있는 것이다.

사회의 발전을 기술이라는 축에서 본다면 일반적으로 모든 사회는 18세기 영국의 산업혁명을 분기점으로 전 산업사회에서 산업사회로, 그리고 산업사회에서 정보사회로 이행하고 있다고 보는 것이 일반적인 견해다. 전 산업사회가 인간과 자연과의 게임의 세계였다면 산업사회는 기계화의 과정에 의해서 인간의 육체적 힘의 한계를 극복하여 생산성을 극대화시킨 사회이며 정보사회는 컴퓨터나 텔레커뮤니케이션에 의하여 인간의 지적 능력까지 확대시킴으로써 자연에 대한 인간의 도전이 절정에 도달한 사회이다.

정보사회는 권력이 지방분권화가 되고, 계급과 국가의 존재가 허물어지면서 인간 중심적인 사회가 전개되고 있다. 정보사회에서 고도 과학기술이 인간에게 주는 혜택은 물질적인 풍요로움은 물론 다양한 욕구의 충족, 질병의 퇴치, 여가생활의 확대, 생활환경의 개선, 자연환경의 보호 등 헤아릴 수 없이 많이 있다. 그러나 한편 기계와 인간 사이에 가로놓여 있는 긴장에 초점을 둔 반유토피아적 입장도 만만치 않다. 기계가 인간에 적응하게 된다는 낙관론을 대신해서 인간이 기계에 적응하게 된다는 비관론도 미래학자들 사이에서 팽배하고 있다.

정보사회에 대한 극단적인 비관론은 현대 과학기술이 그 적용과정에 있어서 비인간화를 촉진하는 제어할 수 없는 본질적 힘을 갖고 있다고 보았다. 모든 기술진보가 반드시 그 대가를 요구한다고 보았던 것이다. 기술진보는 긍정적인 측면과 함께 부정적인 측면도 동반하는데, 모든 기술진보는 문제의 해결보다 문제의 제기가 더 많다. 그런데 기술진보는 그 결과로 나타나는 문제들을 기술적인 시각으로 보게 만들며, 따라서 기술적인 해결책을 요구하기 때문에 인간은 자기도 모르는 사이에 기술에 종속되게 된다는 것이다.

인간이 도구를 만드는 호모파베르Homo-faber로서 본격적으로 등장하게 된 시기는 산업혁명을 전후해서 석탄이나 석유 같은 에너지체계를 개발하여 기계를 만들면서부터이다. 그 이전의 농경사회에서 인간은 자연의 일부로 간주되었으며 자연은 인간과 공존하는 것으로 생각했다. 이 사회에서 대부분의 사람들은 작은 공동체를 형성하여 자급자족으로 살아가고 있었다. 농민들은 자신이나 가족이 먹을 양식이나 그 밖의 일용품들을 직접 만들었으며, 따라서 이들은 생산자면서 소비자였다. 또한 이 사회에서 개인은 하나의 독립된 존재로서가 아니라 가족, 씨족 또는 부족과 같은 더 큰 공동체에 속하는 존재로 이해되었다. 따라서 개인은 공동체의 삶 속에서 자신의 존재를 확인할 수 있었다.

산업사회가 도래하면서 이 같은 상황은 변화되었다. 인간이 기계를 만들면서부터 자연을 정복하기 시작했다. 인간은 에너지라는 노예를 지배하고 그 위에 군림함으로써 자기의 나약한 육체적 힘을 강화하였다. 그리하여 역사상 처음으로 인간이 자연의 위력 앞에서 더 이상 무력해지지 않게 되었다.

대량 생산체제를 갖춘 공장들이 생산품을 대량으로 공급함으로써 인류의 오랜 숙원이었던 굶주림이 없는 풍요로운 사회에 대한 꿈이 드디어 실현되는 것처럼 보였다. 그러나 생각지도 않던 곳에서부터 이 꿈이 무너지기 시작했다. 이전에는 그 존재가 국한되고 그다지 중요하지 않던 '시장'이라는 것이 우리 생활의 중심부를 점령하게 된 것이다. 공장에서 대량으로 쏟아지는 생산품들은 생산자가 스스로의 소비를 위해서 생산하는 자급자족시대의 막을 내리게 하였다. 대신 생산품은 이제 하나의 상품으로서 시장에 내다 팔기 위해서 만들어졌으며, 이와 비례하여 시장기능도 커지게 되었다. 생산과 소비 사이에 어느새 시장이 끼어들게 된 것이다. 그리고 시장이 생산과 소비를 분리시키면서 양자를 지배하기에 이르렀다. 생산자와 소비자가 분리되어 그 거리가 멀어지면 멀어질수록 시장의 역할은 중요하게 되었다.

시장은 스스로를 강화해 가는 기구이다. 처음에 노동의 분화가 상업을 발달시킨 것과 똑같이 이번에는 시장이라는 존재가 노동의 분화를 촉진하였다. 따라서 노동의 분화와 시장이 서로 상대방의 활동을 자극하면서 확장해 나가는 자기증폭의 과정이 시작되었다. 이리하여 시장의 폭발적 확대는 그것을 산업사회의 중추적 위치에 가져다 놓았다. 근대의 화폐제도도, 주식시장도, 세계무역도, 타산적 사고방식도, 계약지상주의도, 금전만능주의도, 입신출세주의도 모두가 시장이 가져온 결과이다. 시장이 갖는 기능이 사회 전체를 지배하게 된 것이다. 시장이 중심적 역할을 하는 산업사회에서 문화도 서서히 바뀌어 갔다. 상업 본위의 극히 타산적 문화가 역사에 나타난 것이다. 이 문화에서는 제품뿐만 아니라 노동, 교육, 예술, 과학, 아이디어조차도 모두 매매, 교역, 교환의 대상이 되었다. 인간의 모든 행위를 일련의 거래행위로 보게 되었다. 인간이 그동안 내재적 욕구에 의해서 수단적 가치를 부여하지 않고 해오던 모든 행위가 상품으로서의 가치를 갖게 되면서 급기야 그 순수성을 잃고 부패하기 시작한 것이다. 그뿐만 아니라 인간관계도 개인과 개인의 관계, 가족 간의 유대, 사랑, 우정, 이웃과 지역사회와의 결연을 모두 상업주의에 물든 타산적 관계로 변질시켰다. '노골적인 이해타산과 냉혹한 현금거래만이 있고 사람과 사람을 맺어주는 유대가 없다'고 한탄한 마르크스Marx의 고발은 상업주의에 찌든 사회의 모습을 적절하게 지적한 것이다.

시장적 인간은 역사상 어느 유형의 인간과도 다르다. 생산자와 소비자가 분리되어 그 사이에 시장이 자리 잡으면서 나타나게 된 인간이다. 시장적 인간은 주위의 모든 것들을 상품으로 환원시킨다. 자연도 상품화시키며, 예술도 상품화시킨다. 심지어 인간까지도 상품화시킨다. 그리하여 인간의 모든 행위가 거래행위로 간주되어 인간이 실종되고 거래할 상품만이 남았던 것이다. 기계의 발명으로 대표되는 산업사회는 인류에게 물질적 풍요를 약속했지만, 한편 인간성의 실종이라는 전혀 생각지도 않았던 부산물을 함께 가져오게 되었다.

제3의 물결로 지칭되는 정보사회는 우리에게 무엇을 가져다 줄 것인가? 어떤 유형의 새로운 인간을 탄생시킬 것인가? 미래학자들은 정보사회는 지구상에 '최초의 진정한 인간적 문명'을 가져다 줄 것이라고 예언하였다. 정보혁명을 통해서 모든 산업에서 자동화가 이루어지기 때문에 정신노동자층이 늘어나며, 노동시간이 줄어들어 여가시간이 늘어나고, 노동환경의 소외가 줄어들며, 커뮤니케이션이 발달

되기 때문에 국가나 기업의 조직 규모가 작아지고 분권화되어 상대적으로 개인의 자율성이 신장되었다. 이와 더불어 사회체제는 생산 중심의 사회에서 생활 중심의 사회로 바뀌게 되어 문화는 다원화되고 선택의 폭이 넓어진다고 보았다. 인간의 지적 능력을 확대하는 기계의 탄생은 인간이 옛날에는 일찍이 가져보지 못했던 풍요로움을 누리게 하였으나 이 풍요로움은 산업사회에서처럼 비싼 대가를 지불한 후에 이루어진다.

인간은 지식에 관한 한 자급자족하였던 것이다. 그런데 컴퓨터가 발달하면서 인간은 단지 기계의 기억력에만 의존하는 것이 아니라 기계의 판단력에도 의존하게 되었다. 왜냐하면 인간에게는 지적인 능력의 한계가 있지만 기계는 계속적인 발전을 통해서 그 능력을 무한정으로 늘려갈 수가 있기 때문이다. 만일 기계가 자체적으로 발전할 수 있는 환류체계를 갖게 된다면 그때는 인간의 능력과는 관계없이 기계 스스로 엄청난 속도로 발전을 거듭하게 될 것이다. 그렇게 되면 기계 앞에서 인간은 그야말로 무력한 존재가 된다. 따라서 인간은 기계의 초인간적 능력 앞에서 스스로 무력감을 느끼고 결국은 기계의 판단 속에 안주해 버리려는 성향이 나타날 수도 있다.

지식이 고도로 전문화하면 할수록 개인은 스스로 어떤 결정을 내리는 데 점점 더 어려움을 느끼게 되며, 결국 시장에 의존적이 되어갈 수밖에 없다. 인간의 자기 결정능력은 점점 더 무력화되어 이를 시장에 맡기게 되는 것이다. 시장은 또한 소비를 늘려 구매력을 높이기 위해서 이를 부채질할 것이다. 이 부채질은 시장이 일단 궤도에 올라 힘을 갖게 되면 무서운 파급효과를 일으킬 것이다. 우리는 그 예를 산업사회에서 보았다. 정보사회에서 시장이 공격의 대상으로 삼는 일차적인 목표 중에 하나는 인간의 인간다운 모습 중에 하나인 자기결정능력, 즉 지식의 생산능력이다.

정보사회에서 나타날 수도 있는 새로운 인간형을 '객체적 인간'이라고 보기도 한다. 객체적 인간이라고 한 것은 삶을 능동적이며 주체적으로 사는, 그렇기 때문에 의지도 있고 감정도 있는 인간과 대비시키기 위해서 그렇게 이름 붙였다. 객체적 인간은 자신에 대하여 실존적 관심이 결여된 사람이다. 자기를 자기 세계의 중심으로서 또한 자기 행동의 주체로서 경험하지 못한다. 자기와 관련된 모든 것들을 '내' 경험, '내' 사상, '내' 감정, '내' 결정, '내' 판단, '내' 행동 등과 같이 주체적으로 경험하지 못한다. 그렇기 때문에 자신의 의지나 인격에 대해서 무관심하고 또한 자신의 삶의 가치나 존재 의미에 대해서도 생각하지 않는다. 이와 같은 상태는 자기가 자기의 삶에 대해서 스스로 책임 있는 결단을 내릴 수 없기 때문에, 자기가 자기의 주인임을 스스로 포기하는 상태라고 볼 수 있다.

인간관계의 변모

농경사회에서의 개인은 독립된 존재로서가 아니고, 가족, 씨족, 부족과 같은 더 큰 공동체에 속하는 존재로 이해되었다. 개인은 공동체의 삶 속에서 자신의 존재를 확인할 수 있었다. 아직 농경사회와 산업사회가 공존하고 있는 우리 사회에서만 보아도 인간관계의 특징이 개인의 삶보다 가족의 일원으로서의 삶에 보다 가치를 두고 있다. 유교의 효도사상, 조상숭배, 친족관계 등은 개인의 요구보다는 가족이라는 공동체의 요구가 우선적으로 존중되는 풍토를 조성했다.

개인보다 가족을 우선하는 풍토는 자연히 개인의 행동기준을 공동체로 지향하게 함으로써 공동체의 요구나 목표가 나의 요구나 목표가 되게 한다. 이 상태에서 나라는 개체와 가족이라는 공동체의 경계는 사라지게 되며 가족이 곧 나의 일부가 된다. 그리고 이러한 가족적 인간관계를 이상적 인간관계의 모형으로 설정하여 이를 가족 밖의 사회적 인간관계에까지 확대시키려 한 것이 한국적 인간관계의 특징이라 볼 수 있다. 우리 사회에서 사람들 사이의 친분을 '한집안 식구처럼 지내라'는 말로 표현한다든지, 신분을 나타내는 말로 '너는 부모형제도 없느냐'라고 한다는 것은 가족관계를 사회관계로 확대 적용하는 것으로서 한국인의 이상적 인간관계에 대한 생각을 잘 보여 준다.

우리 사회에도 '시장적 인간'이 나타나게 되었다. 마르크스Marx가 한탄한 '노골적인 이해타산과 냉혹한 현금거래만이 있고 사람과 사람 사이를 맺어주는 유대가 없는 인간'이 나타난 것이다. 이들은 개인과 개인의 관계, 가족 간의 유대, 사랑, 우정, 이웃과 지역사회의 결연을 모두 상업주의에 물든 타산적 관계로 변질시켰다. 이들이 들고 나온 논리는 합리주의에 바탕을 둔 '공정성'이다. 이들은 인간이 본질적으로 이기적 동물로서 이익을 추구하고 손실을 보지 않으려는 존재로 생각했다. 따라서 인간들이 이렇게 서로 자신의 이익을 최대화하려 할 때 이들 사이에 투쟁은 불가피하므로 당사자 간의 계약에 의한 공정한 '교환'만이 이 투쟁을 종식시킬 수 있다고 보고, 이와 같은 논리를 모든 인간관계에 적용시켰다.

현대 산업사회가 빚어낸 시장적 인간은 모든 인간관계를 '상품들의 거래'로 보고 있다고 해도 지나친 말이 아니다. 그리하여 그들에게서 순수한 내재적 욕구에서 출발한 과학이나 예술이 교환의 대상이 되었으며, 그동안 인간의 인간다움을 나타내는 덕성들, 사랑, 우정, 인격마저도 상품화시킴으로써 그것들이 순수성을 잃고 부패하기 시작했다.

이와 같은 모든 현상은 산업사회가 등장하면서 나타나게 된 것이다. 따라서 기계문명의 도입은 인간만을 변질시킨 것이 아니라 인간관계도 변질시켰다고 보아야 한다. 그렇다면 정보사회에서는 어떤 유형의 인간관계가 나타날 것인가? 이전 사회와 이 사회를 가름하는 인간관계의 기본적인 축은 무엇인가? 우리는 앞에서 이 사회에 출현하는 새로운 인간의 모습을 자기결정능력을 잃고 자기로부터 소외되어 있는 객체적 인간으로 묘사하였다.

미래의 사회에서는 공상과학소설에서 나오는 것처럼 사람과 사람 사이에 개재하는 전광 스크린이 인간관계의 역할을 대행하기보다는 오히려 인간관계가 두 종류로 나누어진다고 보고 있다. 인간과 인간 사이의 직접적인 접촉과 전자공학이 대행해 주는 간접적인 접촉이다. 그리고 정보사회에서는 이 두 인간관계가 적절히 조화를 이루게 된다고 생각했다. 인간 간의 직접적인 접촉은 감정이 담긴 인간관계를 심화시켜 주게 되며, 전자공학을 통해서 이루어지는 간접적인 접촉도 텔레커뮤니케이션을 통해서 쌍방적인 정보교환이 이루어져 인간 사이의 접촉이 더욱 빈번해지기 때문에 인간관계 형성에 그렇게 장애를 가져다주는 것은 아니라고 보았다. 따라서 정보사회는 공동체를 붕괴시키기보다는 오히려 공동체를 유지하고 발전시키는 데 크게 기여할 것이라고 내다보았다.

첨단기기가 인간관계에서는 역기능적으로 작용할 가능성은 없을까? 정보사회에서 인간관계를 촉진하는 데 도움을 줄 것이라고 지적했던 몇 가지 첨단기술들은 거꾸로 생각하면 오히려 인간관계를 더욱 비인간적으로 만들 수도 있다. 첨단기기가 발달되어 가정에서 직장일을 보게 된다는 생각이 그 한 예이다. 이것을 반대로 생각하면 산업사회에서는 여럿이 함께 모여서 해야만 했던 일을 이제 혼자서도 할 수 있게 되었다는 것을 의미한다. 따라서 직장에서 가졌던 인간관계마저도 끊어져 개인들이 사회적으로 고립될 가능성마저도 있다. 텔레커뮤니케이션은 인간 간 기기를 통한 간접적인 접촉을 촉진하겠지만 반대로 생각하면 상대적으로 직접적인 접촉의 기회가 줄어드는 결과를 가져올 가능성이 크다. 직접적인 접촉은 직접 방문해야 하는 중간과정이 생략된 간접적인 접촉보다 불편한 방법이다. 따라서 그와 같은 접촉은 간접적 접촉방법이 개발되면 될수록 차츰 이용횟수가 줄어들 수밖에 없다고 보아야 한다. 그렇다면 직접적인 접촉과 간접적인 접촉이 인간관계에 미치는 영향에서 똑같다고 볼 수 있겠는가?

사회심리학자들은 인간의 대화에서 언어적 의사소통과 비언어적 의사소통을 구별하였다. 전자는 대화를 하는 쌍방이 다 같이 명시적이고 직접적으로 해석할 수 있는 언어나 이에 준하는 상징을 가지고 하는 것인 반면에 후자는 상대방의 몸짓이나 동작, 표정 등의 단서를 통해서 이루어지는 것이다. 따라서 간접적 접촉에서 비언어적 의사소통은 아무래도 제약을 받을 수밖에 없다. 또한 간접적 접촉에서는 직접적 접촉에서만 일어나는 물리적인 접촉감 같은 것을 느낄 수가 없다. 따라서 간접적 접촉을 통한 의사소통은 작업지향적 의사소통에서는 활용될 수 있으나 사교지향적 의사소통에서는 활용되기가 어렵다. 이렇게 볼 때 간접적 접촉은 인간관계에서 정서적이고 인격적인 차원을 약화시키며, 공식적이고 합리적인 차원을 강화시켜줄 가능성이 있다. 따라서 간접적인 접촉이 증가할수록 인간의 정서적이고 인격적인 관계는 소멸되며 대신 공식적이고 합리적인 관계만이 남게 된다고 보아야 한다.

인간 사이에 이와 같은 비인간적 관계를 더욱 조장하는 것은 이 사회에서는 어렸을 때부터 성장하면서 사람보다 기계와의 접촉이 많아진다는 사실이다. 따라서 이전 사회에서는 개인의 사회화가 주위에 중요한 타인들과의 접촉을 통해서 일어났다. 그런데 기계와의 접촉을 통한 사회화는 인간을 기계화시킬지도 모른다는 우려를 낳게 한다. 마르크스는 그의 경제 철학수기에서 '기계가 인간의 약점에 이용되는 것은 약한 인간을 기계로 바꾸기 위한 것'이라는 무서운 말을 하고 있다. 만일 그렇게 되면 이와 같은 인간들 사이에서 인격적 만남이란 애당초 기대할 수 없는 것이다.

사실 정보사회로 접어든 몇몇 선진국가들은 이미 실로 많은 사람들이 인간관계의 단절에서 오는 고독감에 시달리고 있음을 볼 수 있다. 그들 사회의 공통점은 고독한 마음을 이용한 장사가 번성한다는 것이다. 애완동물이나 그것들의 식품을 파는 가게, 마리화나나 코카인의 범람, 결혼상대를 알선하는 중매업, 사교집단이나 신흥종교집단, 심리요법이나 인생문제를 상담하는 상담소들이 고독한 마음을 이용하여 번성하고 있다. 미국의 정신위생에 관한 대통령 자문위원회는 미국인 4명 중 1명은 어떠한 형태든 상당한 정도의 감정 스트레스 환자라고 발표하고 있다.

가정은 붕괴되어 가고 있으며 독신자는 늘어만 가고 있다. 자식들로부터 고립되어 홀로 사는 노인들이 증가하고 있으며 이들은 양로원에서조차 대화상대가 없어 컴퓨터와 마주앉아 대화를 나누게까지 되었다. 청소년들의 자살률이 증가하고 있으며 마약이나 범죄에 빠져드는 청소년도 격증하고 있다. 고독감과 우울증에서 도피하기 위해 사교나 신흥종교에 이끌려 들어가는 가정주부들도 늘어나고 있다. 사교는 고독감을 달래주는 도피처가 되어준다. 또한 수많은 사람들이 종교나 심리요법에 의존하여 마음의 평정을 찾고 있다. 동양의 신비적 종교, 신앙부흥운동, 정신분석, 초월적 명상, 감수성 훈련, 신앙적 정신요법 등이 급속도로 번져가고 있다.

이러한 현상은 현대인이 그 어느 시대보다 인간 간의 단절과 고독에 시달리고 있다는 증거가 된다. 오늘날 고독에 괴로워하는 사람들이 증가하여 역설적인 표현이지만 고독이야말로 현대인의 참다운 모습이라고 역설하는 학자까지 나오고 있다. 고독은 현대인의 공통된 체험이라는 것이다. 따라서 고독은 이미 수치스러운 것도 죄 될 것도 아니라는 것이다. 그렇다면 왜 현대인 사이에서 고독이 이렇게 열병처럼 번져가고 있는 것인가? 물론 그 일차적 원인은 사회가 산업화되면서 시장적 인간이 탄생하여 농경사회에서 구축된 인간공동체를 붕괴시켰기 때문이라고 볼 수 있다. 즉, 인간관계가 공유적 관계에서 교환적 관계로 바뀌면서 나타나게 된 것으로 볼 수 있다. 그러나 고독이 이와 같은 열병처럼 번져가는 현상은 탈산업사회를 지향하는 일부 선진국가에서 더욱 심각하게 나타나고 있다. 따라서 이 현상을 현대사회에서 인간관계가 교환적 관계로 바뀌면서 나타나게 된 것이라고만 보기에는 문제가 있다. 이와 같은 현상은 현대사회가 정보화사회로 돌입하면서 이전 사회에서는 일찍이 경험해 보지 못했던 새로운 인간관계 유형이 나타나게 되었기 때문에 야기되는 것으로 볼 수도 있다.

정보사회에서 나타나는 새로운 인간관계의 유형은 무엇인가? 여기서 우리는 정보사회가 이전 사회와 구별되는 기본적인 인간관계의 축은 주어진 인간관계가 인격적personal인가 비인격적impersonal인가에 있다고 보았다. 인격적 관계란 부버Buber의 표현을 빌리면 '나'와 '너'로 대표되는 인간관계로서 이와 같은 관계에서, 관계 속에 있는 두 사람은 인격과 인격의 만남이 이루어진다. 반면에 비인격적 관계란 부버의 표현으로 하면 '나'와 '그것'으로 대표되는 인간관계로서 이와 같은 관계 속에서 두 사람의 관계는 사물과 사물의 만남으로 나타나게 된다. 비인격적 관계란 관계 속에 있는 두 사람이 그 만남에서 인격적 체험을 느끼지 못하는 그와 같은 관계다. 여기서 인간적 체험이란 나에게 인격이 있는 것처럼 상대의 인격도 받아들이는 상태에서 느끼는 체험이다. 이 같은 상태에서 나타나는 체험 중에 하나는 관심이다. 관심은 자기 마음을 열고 상대의 속으로 뛰어드는 행위이다. 거기서 인간성의 고유한 특성인 공감능력이 나타나게 된다. 공감은 상대방이 느끼는 것을 자기도 느끼는 것이다. 그리하여 우리는 사랑이라든지, 동정이라든지, 인정과 같은 인간적 체험을 갖게 된다. 관계 속에 있는 두 사람이 이 같은 체험을 공유할 때 인격적 만남이 이루어지는 것이다.

그런데 정보사회에서 인간 사이에 비인격적 관계를 더욱 조장하는 것은 개인의 사회화가 인간과의 접촉을 통해서보다는 기계와의 접촉을 통해서 일어날 가능성이 많다. 기계와의 접촉은 인간을 기계처럼 만들 수도 있다. 기계와만 늘 접촉함으로써 인간 간의 접촉도 기계와 접촉하는 방식대로 접촉하려 할 수 있다. 따라서 인간과의 접촉에서 감정적이고 인격적인 요소는 배제시키고 기계처럼 합리적이고 이성적인 요소만을 가지고 접촉하려는 경향이 나타나게 될 수도 있다. 이와 같은 가능성은 앞에서 텔레커뮤니케이션과 같은 첨단기기의 도입이 인간관계에서 정서적이고 인격적인 차원은 약화시키고, 공식적이고 합리적인 차원을 강화시킨다는 생각에서도 뒷받침된다.

우리는 인간에게 물질적 축복을 가져다주는 기술혁명이 인간관계에서는 반드시 축복만을 가져다주지 않는다는 사실을 보았다. 인간의 육체적 힘을 확대시켜주는 기계가 나타나면서 인간관계는 공유적 관계에서 교환적 관계로 변질되었다. 이어서 인간의 지적 능력을 확장시켜주는 기계가 나타나면서 인간관계는 인격적 관계에서 비인격적 관계로 변질될 가능성이 나타나기 시작했다. 이렇게 볼 때 인간관계에서의 변질은 우리가 물질적 풍요를 얻기 위해서 반드시 치러야 할 대가일지도 모른다.

정보사회는 다른 사회와 마찬가지로 순기능과 역기능을 가지고 있다. 정보사회는 인류가 이제까지 누려보지 못했던 물질적 풍요를 약속하고 있다. 그리고 이 약속은 지켜질 것이다. 그러나 한편 그 대가도 만만치 않을 것이다. 우리는 산업사회에서 이와 같은 교훈을 경험했다. 기계의 도입에 의하여 물질적 풍요를 이룩한 산업사회는 인간에게 축복만을 가져다주지는 않았다. 인간관계에서의 황폐화를 동시에 가져왔던 것이다. 따라서 첨단기계 위에 구축되는 정보화사회도 그 대가를 요구할지도 모른다. 만일 대가를 치르게 된다면 그것은 틀림없이 인간성의 상실로 나타나게 될 것이다. 산업사회를 통해서 이미 우리는 물질적 풍요가 정신적 빈곤을 가져온다는 사실을 배웠다. 사실 그와 같은 징조는 이미 도처에서 나타나기 시작했다. 탈산업사회로 진입한 몇몇 선진국가에서는 이미 고독이 사회에 만연되어 우울증이나, 자살, 변태, 마약중독 같은 정신적 질환이 사회문제로까지 대두되고 있으며, 이혼이나 가정파탄이 급증하여 마지막 하나 남아 있는 인간공동체 가정마저도 붕괴되기 시작했다.

그렇다면 이와 같은 정보화시대의 문명의 도전 앞에서 우리는 어떻게 대응해야 하겠는가? 이 물결은 우리가 원하든 원치 않든 어차피 다가오는 것이다. 이 물결을 막을 자는 없다. 그렇다면 이 시점에서 정보화사회의 도래를 우리는 어떤 자세로 맞이해야 할 것인가를 진지하게 생각해 보아야만 한다.

정보사회의 리더십　　　　●●●

우리나라는 1960년대 초반에 시작된 산업사회가 1990년대에 들어서면서 막을 내리기 시작하여 21세기가 시작되면서 본격적으로 정보사회의 문이 열리게 되었다. 지금 우리는 전환기적 변화 속에 있다. 우리 사회를 지탱해 온 산업사회의 틀을 정리하고, 정보사회에 맞는 새로운 틀을 마련해야 한다.

산업사회에 공공연하게 받아들여진 카리스마적 리더십이나 양적 성장 중심의 리더십은 개인의 자율성이 극대화되고 인터넷을 기반으로 한 대중의 여론이 빠른 속도로 형성되는 정보사회에서는 더 이상 받아들여지지 않는 권위의 산물이 되고 있다.

시대 변화 흐름에 걸맞은 리더십의 재정립이 필요하며, 특히 인터넷 사회를 살아가는 모든 세대를 아우를 수 있는 리더십이 실천의 형태로 제시되어야 정보의 양적 팽창에 대한 올바른 판단과 의사결정을 할 수 있는 분위기가 조성될 수 있다. 보다 나은 미래와 보다 질적으로 성숙된 그야말로 '새로운' 사회를 열어가기 위해 촉진자의 역할을 할 수 있는 리더십이 제시되어야 한다.

조직의 리더 역시 자신의 철학과 경험을 조직구성원에게 일방적으로 전달하고 답습하도록 하는 것이 아니라 개인의 가치관을 존중하고 각각의 문제를 스스로 자율적으로 해결할 수 있도록 분위기와 환경을 조성하는 역할을 하여야 한다. 자율은 자유민주주체제의 기본 덕목이기도 하다. 각자의 처지에 응당한 자율성이 인정되고 존중되고 장려될 때 제 각각의 활동 효능도 극대화된다는 신념이 자유민주체제의 전제이다.

자율성自律性은 자기 스스로의 원칙에 따라 어떤 일을 하거나 자기 스스로 자신을 통제하여 절제하는 특성이고, 반면에 타율성他律性은 자신의 의지와 관계없이 정해진 원칙이나 규율에 따라 움직이는 성질이 있다. 자율성은 주인의식을 갖게 하고 책임의식을 갖게 한다. 자율성은 스스로 생각하게 하고, 스스로 행동하게 하며, 창의성을 발휘하게 한다.

자율은 모든 일에서 성취와 생산의 원동력이다. 자율이 없으면, 모든 성취와 생산은 저조해지게 마련이다. 사람은 타율 밑에서는 신이 나지 않고 사기도 오르지 않는다. 노예는 주인의 말대로는 하지만, 일은 시들하고 마지못해서 할 뿐이다.

네 살짜리 아이도 자기가 능히 할 수 있는 일을 옆에서 누가 이래라 저래라 잔소리를 하면 싫어한다. 사람들은 잔소리가 심해지면, '그러면 네가 해라, 난 모른다'라고 손을 떼고 일을 팽개쳐 버린다.

유사 이래 현대까지 플라톤, 코메니우스, 루소, 페스탈로치에서 듀이, 몬테소리 등에 이르기까지 많은 교육사상가들이 다양한 교수이념, 교육철학, 교육원리를 주장해 왔다. 그들의 교수이념, 교육철학의 공통점은 학습자들의 학습활동에서의 자연, 자발, 자율, 능동을 강조했다는 점이다. "물가에까지 데리고 갈 수는 있어도 물을 먹느냐 마느냐는 소 마음에 달려 있다"는 속담은 교육의 근본원리를 소박하지만 단적으로 표현하고 있다. 교육의 효과는 학생들의 자발성 여하에 정비례한다.

변화를 선도해야 할 리더가 시대상황을 이해하지 못하고, 기존의 권위적인 리더십만 주장하게 된다면 오히려 조직구성원보다 변화에 뒤처져 해결책을 제시하기보다는 불협화음을 만들어 낼 수 있다. 구체적인 해답을 제시하거나 올바른 방향을 직접 모색해주기보다는 조직구성원 스스로가 직접 자신의 해답을 찾게 한다는 점에서 오늘날 개개인의 자율성과 자아존중감이 큰 조직구성원에게 적용할 수 있는 적합한 방법이라고 할 수 있다.

참고문헌 reference

법륜(2012). **쟁점을 파하다 : 지금 우리에게 필요한 리더십**. 한겨레출판.

송영수(2008). **인터넷 시대가 요구하는 리더십**. 자유기업원 CEO Roport.

양병무(2008). **디지털시대의 리더십**. 좋은사람들.

이수원(1989). 한국심리학회 추계심포지엄 : 정보화 사회에서의 인간 요인. **한국심리학회지**.

정범모, 박영식(2001). **지식기반사회의 교육이념과 교육정책**. 교육인적자원부. 교육정책연구.

정범모(2008). **한국의 세 번째 기적 : 자율의 사회**. 나남.

CHAPTER 02

대학생의 자기이해와 리더십

리더십을 가진 사람과 리더십이 필요한 사람을 각각 5명씩 나열해 보자. 그리고 명단에 누가 포함되어 있는지 살펴보자. 실제로 많은 사람들은 리더를 생각할 때 주로 역사 속의 거장, 정치인이나 사회 각계의 유명인사, 연예인이나 신문에 오르내리는 성공한 사람 등 시공간상의 거리가 있는 인물들을 떠올린다. 눈을 돌려 내가 속한 대학생활 주변에서 살펴보더라도 과대표나 총학생회 임원, 학업이나 특정 재능이 뛰어나 앞날이 보장된 듯한 일부 동료와 선후배 등을 지목하곤 한다.

대부분의 사람들은 리더십이 평범하게 생활하고 있는 자신과는 동떨어진 개념이며 리더십 개발은 특별한 일부 사람들을 위한 영역이라고 한정 짓는 경향이 있다. 리더십이란 나와 무관한 능력일까? 이와 같은 생각은 본인이 리더십 개발이 필요한 범주에 속하지 않는다고 스스로 간주함으로써 리더십의 잠재성을 인식하지 못하고, 나아가 이를 계발할 기회를 박탈하는 결과를 초래하게 된다(김봉환·이성옥, 2008). 본 장에서는 대학생 시기의 발달적 특성과 함께 대학생활에 대하여 살펴보고, 대학생 리더십의 중요성과 그 계발의 필요성에 대하여 논의하고자 한다.

"그대, 인생을 얼마나 산 것 같은가"

이 질문이 너무 막연하게 느껴진다면, 이렇게 물어보겠다. 사람이 태어나서 죽을 때까지를 24시간에 비유한다면, 그대는 지금 몇 시쯤을 살고 있는 것 같은가? 태양이 한참 뜨거운 정오? 혹시 대학을 방금 졸업했다면, 점심 먹고 한창 일을 시작할 오후 1-2시쯤 됐는지?

막연하게 상상만 할 것이 아니라 한번 계산기를 들고 셈해 보자. 그대가 대학은 스물넷에 졸업한다 치고, 하루 중 몇 시에 해당하는지, 한국인의 평균수명이 80세쯤 된다 치면, 80세 중 24세는 24시간 중 몇 시?

아침 7시 12분.

아침 7시 12분. 생각보다 무척 이르지 않은가? 많은 사람들이 잠자리에서 일어나 하루를 준비하는 시각이다. 아침잠이 많은 사람이라면 아직 일어나지 않았을지도 모른다. 그렇다. 대학을 졸업하는 스물넷이 고작 아침 7시 12분이다.

유년기와 청소년기를 거쳐 사회활동을 할 준비를 마치는 24세는, 출근 준비를 마치고 이제 집을 막 나서려는 시각과 비슷하다.

〈벤자민 버튼의 시계는 거꾸로 간다〉라는 영화에 그런 대사가 있었다.

"인생에 너무 늦었거나, 혹은 너무 이른 나이는 없다."

자료 : 김난도(2010).

필자는 첫 강의 시간에 학생들에게 '내 인생에 영향을 준 책이 있었는가? 있었다면 무엇인가?'에 대하여 자주 질문하곤 한다. 독서는 미지의 현인들과의 대화이므로 이를 통해 스스로 생각하고 깨닫는 경험이 젊은이들의 삶에 매우 중요하다고 생각하기 때문이다. 또한 이 질문은 강의실의 첫 만남에서 상대방의 사고를 이해하고 소통을 시작하는 매개체이기도 하다. 어떤 학생들은 기억에 남는 책이 없다고 머뭇거리면서 말하기도 하고, 어떤 학생들은 내용은 기억나는데 책 제목은 잘 모르겠다고 답하기도 한다. 어떤 학생은 자신 있게 몇 권의 내용을 피력하며 주변 친구들에게 권유하기도 한다. 개인의 특성에 따라 연령대에 따라 와 닿는 책의 내용이 다르겠지만,

지금까지 접했던 다수의 대학생들이 청춘에 대해 노래하고 공감하는 소수의 책에 많이 공감하는 것 같다. 이런 의미에서 내 인생의 시간에 대한 《아프니까 청춘이다》의 발췌 글을 한번쯤 다같이 생각해 보았으면 한다.

살면서 가끔 가던 길을 멈추고 '되돌아보기'란 더 없이 소중한 경험을 준다. 잠시 걸음을 멈추고 생각해보자. 내 인생의 시계는 지금 몇 시를 가리키고 있는가?

대학생, 전 인생에서 어떤 시기일까?

대학생이라면 자기 소개할 때 대부분 포함되는 첫 수식어가 '○○대학(교) ○학년, ○○세'일 것이다. 이와 같이 학년이나 나이를 제일 먼저 떠올리는 것은, 시기상의 구분이 개인의 다양한 차이를 뛰어 넘는 일반적 특성을 공유하기 때문이다. 즉, 매일의 삶이 축적되어 일생이 만들어지지만, 각 단계별로 고유한 발달적 특징과 보편적으로 기대되는 역할이 존재한다. 전 인생에 있어서 대학생이란 어떤 시기인지 살펴보자.

청소년 후기와 청년기(성인 초기)

인생의 시기적 구분과 특성은 다양한 발달심리학자들에 의해 제시되어 왔다. 발달심리학자들은 일반적으로 인생의 단계를 연령대에 따라 영유아기, 아동기, 청소년기, 청년기, 장년기, 노년기 등으로 구분한다. 인간발달단계를 전생애로 확대하여 제시한 대표적인 심리학자로 에릭슨Erikson, 1902~1994을 들 수 있다. 에릭슨의 심리사회이론은 자아와 건강한 인격의 발달을 다루고 있다. 특히, 발달단계를 통한 자아정체감의 확립, 환경과의 상호작용과 이를 통한 변화의 가능성, 문화적·역사적 요인 등을 중요하게 다루고 있으며(Maier, 1969 ; 이영 외, 2009 재인용), 인격은 일평생을 통해서 지속적으로 발달하며 자아와 환경과의 상호작용을 통해 형성된다고 보았다(박노권, 1998).

에릭슨의 심리사회이론은 정신분석학의 창시자인 프로이트Freud,1856~1939의 성심리발달이론을 바탕으로 하지만, 프로이트가 출생에서부터 청소년기까지의 발달을 5단계로 구분한 반면 에릭슨은 인간발달단계를 노년기까지 확장하여 일생을 8단계로 구분하여 제시하였다. 에릭슨에 의하면, 인간은 일생 동안 8단계의 발달과정을 거치며, 각 발달단계마다 해결해야 하는 심리사회적 위기psychosocial crisis를 직면하게 된다. 이러한 위기는 새로운 경험의 기회를 제공하며 이를 통해 자기 자신과 세계에 대한 관점을 변화시키게 된다. 그 결과 인간의 성격은 계속해서 새롭게 성장할 수도 있고 방해를 받게 될 수도 있다. 각 발달단계에서의 위기해결책은 문화에 따라 다를 수 있으나, 위기를 해결한 결과에 따라 성격이 다르게 형성되며, 특정 단계의 심리사회적 위기해결은 이전 단계의 성패와 직결된다고 보았다. 즉, 성장과정에서 발생하는 심리사회적 위기를 만족스럽게 해결하게 되면 긍정적 자아특성이 강화되고 건전한 발달이 이루어지지만, 갈등이 지속되거나 위기를 바람직하게 해결하지 못하면 자아발달이 손상받게 되어 부정적인 자아특성이 강화된다는 것이다. 예를 들어, 청소년기에 자아정체감을 해결하지 못한 성인들은 계속 자아정체감 문제를 갖게 되어, 그 이후의 삶에도 부정적 영향을 받을 수 있다.

에릭슨Erikson, 1963이 제시한 사회심리적 발달단계와 각 시기의 특징을 정리하면 표 2-1과 같다. 신체적 성장 측면에서 보았을 때, 청소년기란 사춘기에 들어서면서 신체적 변화가 급속히 일어나기 시작하는 시기를 말하며, 청년기는 이러한 신체적 변화가 완성된 성인기의 초기를 의미한다. 각 사회마다 대학진학률이 다르고 대학교 재학 시기가 다양해짐에 따라 대학생 시기를 신체발달단계나 특정 연령대로 구분하는 것은 적합하지 않겠으나, 에릭슨의 생애발달단계의 특성을 고려할 때 대학생 시기는 청소년 후기기와 청년기에 해당한다고 볼 수 있다.

표 2-1 에릭슨의 심리사회적 발달단계

단 계	시 기	내 용
1단계 기본적 신뢰 감 대 불신감	출생~만 1세	■ 기본적인 신뢰감을 형성하는 시기이다. 신뢰감이라 자기 자신을 신뢰할 가치가 있는 존재로 인식함은 물론 다른 사람에 대해서도 본질적으로 신뢰감을 형성하는 것을 의미한다. ■ 어머니는 영아가 처음 만나는 가장 중요한 존재이며 영아의 욕구를 만족시켜 주는 주양육자이다. 어머니가 일관성이 없거나 거부적인 태도를 보일 경우 좌절의 근원이 됨으로써 영아는 불신감을 형성하게 된다.
2단계 자율성 대 수치심과 회의감	만 2세	■ 신체근육이 성숙해지고 의사소통을 할 수 있게 되면서 타인에게 완전히 의존하기보다는 혼자 하려는 독립성과 자율성이 형성되는 시기이다. ■ 부모는 자율성을 발달시킬 수 있도록 자유롭게 환경을 탐색하고 스스로 무엇인가를 할 수 있는 선택의 자유를 주며 필요한 경우 이끌어 주어야 한다. ■ 부모가 인내심 없이 유아 대신 일을 처리하거나 유아가 할 수 없는 것을 스스로 해야 한다고 지나치게 요구하는 등 엄격하고 무서운 양육태도를 보일 경우 유아들은 무능력과 무력감을 형성하게 되어 자신의 능력에 대해 수치심과 회의감을 발달시키게 된다.
3단계 주도성 대 죄책감	만 3~6세	■ 언어능력과 운동기능이 성숙하면서 매우 주도적으로 사회적·물리적 환경을 탐색하는 시기이다. ■ 이 시기의 유아가 놀이나 탐색행동을 시도할 때 성공하는지, 실패하는지 그리고 유아의 주도적 행동에 부모가 어떻게 반응하는지에 따라 심리사회적 위기의 극복 여부가 달려 있다. 부모가 유아 스스로 환경을 탐색하고 행동할 수 있도록 격려해 주면 주도성을 형성하게 된다. ■ 유아 스스로 할 수 있는 기회를 주지 않고 심하게 꾸지람을 하게 되면 유아는 이 시기는 물론 그 이후에도 자신의 행동에 대해 죄의식을 갖게 된다.
4단계 근면성 대 열등감	아동기	■ 학교에 입학하여 인지적 기술과 사회적 기술을 숙달하는 시기로, 다양한 활동에 열정적으로 참여하고 성공적으로 완수하면 근면성을 형성하게 된다. ■ 교사와 친구들이 중요하게 되고 부모의 영향력이 줄어드는 시기이다. ■ 실패할 경우 부정적 자아상과 부적절하다는 느낌을 가지게 되며, 때로는 실패를 경험하지 않더라도 자신의 기준이나 부모, 교사, 형제자매의 기준에 미치지 못할 때 자신에 대해 열등감을 가질 수도 있다.

(계속)

단 계	시 기	내 용
5단계 정체감 대 정체감 혼미	청소년기	■ 아동기와 성인기 사이의 전환기로, 내가 누구인가에 대한 자아정체감을 형성하게 된다. 자아정체감은 연속적이고 잠정적인 동일시를 형성할 수 있도록 사회적 지지가 허용되는 정도에 따라 달라지며, 자신의 개성에 대한 강한 인식을 갖고 사회로부터 인정받은 청소년들은 자신에 대한 확고한 자아정체감을 형성하여 건전한 성인으로 성장하게 된다. 부모보다는 친구들과 더 많이 상호작용을 하게 된다. ■ 급격한 신체적 변화와 앞으로 자신이 어떤 교육을 받고 어떤 직업을 가질 것인지를 결정해야 한다는 압박감을 경험하며 이제까지 가지고 있던 심리적 정체감을 재규정해야 한다. 즉, 이 시기에는 자신에 대한 회의가 시작되며, 지금까지 발달해온 자신의 것을 통합하여 자신을 정립하고 분명한 자기 인식을 갖게 되면서 자아정체감을 확립하게 된다. 자아정체감이 형성되면 자신의 능력이나 역할, 책임에 대하여 분명히 알게 되며, 이후 단계에 잘 적응해 갈 수 있다. ■ 이 시기의 고민과 갈등에 대한 해답을 얻지 못하는 경우에 회의와 혼란, 방황이 길어지고 자아확립이 되지 않을 때에는 역할 혼미 또는 정체감 혼미로 남는다. 자아정체감의 위기를 성공적으로 극복하지 못한 청소년들은 생의 후반부에 부정적이며 타인을 잔인하게 취급하고 영웅에 대해 무조건적으로 동일시하거나 충성을 다하는 미성숙한 특성을 지니게 된다.
6단계 친밀감 대 고립감	청년기	■ 중요한 관계의 범위가 친구나 애인으로까지 확대되는 시기이다. ■ 진정한 친밀감은 합리적인 자아정체감이 형성되었을 때 가능하다. ■ 친밀감을 추구하지 않거나 계속 실패할 경우에는 고립되고 자신을 소외시키게 된다.
7단계 생산성 대 침체성	중년기	■ 생산성은 다음 세대를 기르고 이끌어 주는 데 대한 관심을 의미한다. 전형적으로 자녀를 키우면서 생산성을 발달시키게 되지만, 다음 세대에 대한 지도나 다른 형태의 생산성과 창의성을 통해서도 성공적으로 발달시킬 수 있다. ■ 이 단계에서도 사람들은 계속 성장해야 하는데, 만약 그렇지 못하면 침체되고 대인관계의 부족을 느끼게 되며, 자신에 대한 몰두와 탐닉에 빠지게 되어 중년기의 위기, 즉 절망과 인생의 무의미함을 느끼게 된다.
8단계 자아통합감 대 절망감	노년기	■ 자신의 삶을 돌아보고 마지막 정체감 위기에 직면하는 시기이다. ■ 성공적으로 살아온 경우 이제까지의 업적, 실패, 궁극적인 한계를 수용하고, 자신의 삶에 대한 책임이 자신에게 있음을 깨닫고, 다가올 죽음을 긍정적으로 받아들임으로써 자아의 통합감을 느낀다. ■ 반면 자신의 삶을 후회하는 경우 절망감을 갖게 된다.

인생 드라마의 2막

심리학 교재에 등장하는 발달이론이 아니더라도 인생 시기를 다양하게 구분해 볼 수 있다. 권석만(2010)은 이 시대를 살아가는 한국인들이 일반적으로 겪게 되는 인생 행로를 5단계로 나누어 제시하였다. 인생을 한 편의 드라마로 보고 표 2-2와 같이 5막으로 전개된다고 보았다.

인생 드라마의 각 단계를 살펴보자. 제1막은 출생에서 고등학교 졸업하기 이전까지로 인생의 서막에 해당한다. 대학생의 경우 이미 막을 내린 과거의 드라마로, 한국인의 경우 인생 1막의 주된 목표는 대학입학이다. 대학생 시기인 인생 제2막은 대학 캠퍼스에서 펼치는 자유로운 삶이다. 20대 전후에서 시작되며, 짧게는 2~3년에서 길게는 7~8년에 걸쳐 펼쳐진다. 휴학, 군복무, 어학연수 등으로 이 시기는 연장될 수 있다. 2막은 인생 드라마에서 진정한 연출가이자 주인공으로 재탄생하는 중요한 시기로, 이 시기의 네 가지 과업을 교양 및 전공공부, 다양한 인간관계, 자기계발과 여가활동, 인생설계와 진로준비라고 보았다. 제3막은 대학을 졸

표 2-2 인생 드라마의 전개과정

구 분	1막 입시준비기	2막 대학생활기	3막 직업적응기	4막 직업전성기	5막 은퇴생활기
시기	고교 졸업 이전	대학 재학	대학 졸업~30대	40~50대	60대 이후
부모 관계	심리적 의존 경제적 의존	심리적 독립 경제적 의존	심리적 독립 경제적 독립	심리적 지원 경제적 지원	
자율성	적음	많음	적음	증가함	많음
주요 과업	기초공부 학교적응 교우관계 입시준비	전공공부 인간관계 자기계발 인생설계	취업/직업적응 배우자탐색/결혼 결혼생활 적응 자녀양육	직업적 성취 리더 역할 자녀교육 여가생활	은퇴생활 적응 건강관리 여가생활 인생정리

자료 : 권석만(2010).

업하고 사회인으로 활동하는 30대의 삶으로 인생의 2대 핵심주제인 일과 사랑, 즉 직장생활과 결혼생활이 본격적으로 시작되는 단계다. 비로소 부모로부터 심리적인 독립뿐만 아니라 경제적인 자립을 이루어 진정한 성인의 삶을 살아가는 시기다. 제4막은 인생의 전성기인 40대와 50대의 삶으로 직업의 유형과 개인의 유형에 따라 60대까지 연장될 수도 있다. 부모와의 관계가 역전되어 부모를 부양하거나 지원하는 역할을 맡게 되며, 자녀가 있을 경우 대학에 진학하거나 결혼하게 되는 시기이다. 경제적으로 안정될 경우 심리적인 여유와 여가생활을 즐기게 된다. 제5막은 은퇴하고 노년기를 보내는 60대의 삶으로 현대사회에서 수명이 연장되면서 점점 더 길어지는 추세다. 인생 드라마의 완결기로 직업적 부담과 사회적 의무에서 벗어나 인생을 여유롭게 즐기며 정리할 수 있는 시기다.

한 편의 드라마가 그려지는가? 내 인생의 드라마는 과연 어떻게 펼쳐질 것 같은가? 중요한 것은 인생의 2막 대학생활을 어떻게 보내느냐에 따라 미래의 인생 드라마가 다르게 전개된다는 것이다. 전성기를 향해 달려가는 3막의 삶이야말로 인생의 단맛과 쓴맛을 절실하게 체감하게 되는데, 이 시기의 행불행은 철저하게 대학생활의 충실도에 따라 좌우된다고 해도 과언이 아니다. 이어지는 4막 또한 성공적인 3막을 거쳐 대학시절에 꿈꿨던 비전과 목표가 실현되는 결실의 시기가 될 수도 있으나, 그렇지 못한 경우 더 큰 고민과 좌절감에 괴로워할 수도 있다. 나의 2막을 어떻게 보내고 3막을 맞이할 것인가 진지하게 생각해 보는 것이 필요하다.

한국사회의 높은 대학진학률과 대학생 시기 ••

인간발달 각 단계의 고유한 특성과 과제는 사회적·문화적 맥락에 따라 영향을 받는다. 한국사회의 대학진학률은 전 세계적으로 유례를 찾기 힘들 만큼 높다. 2012년 현재 우리나라의 대학(전문대 포함) 수는 400개 이상, 대학생 수는 300만 명 이상

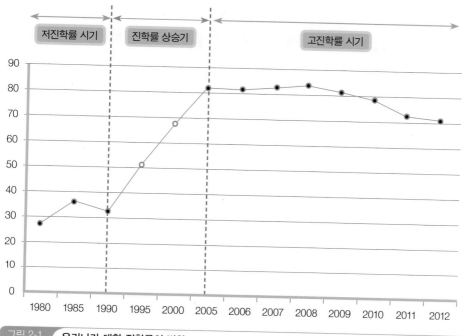

그림 2-1 　우리나라 대학 진학률의 변화

으로, 고등학교 졸업생의 대학진학률이 무려 71.3%이다. 우리나라의 대학진학률 추이를 살펴보면, 그림 2-1에서와 같이 저진학률 시기(1990년 이전), 진학률 상승기(1990~2005년), 고진학률 시기(2005년 이후)를 거쳐 변화하였다. 1990년 이전에 약 20~30%였던 대학진학률은 1990년 이후부터 가파르게 증가하기 시작하였다. 1995년에는 고교 졸업생의 절반 이상이 대학에 진학하였으며, 2005~2009년에는 80%를 상회하는 높은 진학률을 나타냈다. 2008년도 84%를 정점으로 2010년 75.4%, 2011년에는 72.5%, 2012년에는 71.3%로 2009년부터 조금씩 하향하는 추세이지만, 그래도 인근 국가인 일본의 50%대보다 상당히 높으며, 40% 정도인 핀란드나 스위스 같은 유럽 국가들보다 훨씬 높은 수준이다.

　한국의 높은 대학진학률은 크게 두 가지 측면에서 대학생 시기에 영향을 미친다. 첫째, 고등학교의 목표와 대학 진학이 동일시되어 나타나는 과잉 경쟁교육과 수동적인 교육풍토로 인하여 한국의 많은 대학생들은 고등학교 시기에 경험하고 완수해야 할 발달과업 수행이 유보된 채 대학에 들어간다는 사실이다. 모두가 좀 더 좋은 학업성적과 좀 더 좋은 대학, 학과전공을 향해 달려가느라 고등학교 시기에 정작 나는 어떤 사람인지, 본인의 적성이 무엇인지, 무엇을 하면서 살고 싶은지에 대한 심도 있게 탐색할 기회를 가지기 어려운 것이 우리나라의 현실이다.

중·고등학교 때부터 어느 정도 자유와 선택의 기회가 주어지는 서양과 달리 우리나라의 중고등학생들은 교복이나 두발과 같은 개인적 취향이나 과목 선택, 진로탐색 등의 다양한 경험에 있어서 상대적으로 선택의 기회가 부족하다. 결과적으로 대학에 입학하여 자신에게 주어진 갑작스런 자유와 스스로 삶의 방향을 설정해야 하는 과정에서 혼란을 겪으며 자기목표가 부족하고 합리적인 진로준비 및 계획과 실천을 어떻게 해야 하는지 어려움을 겪게 된다(김광수 외, 2003 ; 오진미, 2003 ; 정태희, 2005). 사회진출과 독립을 준비해야 하는 중요한 대학생 시기를 자신의 삶을 어떻게 계획하고 무엇을 갖추어야 하는지 모른 채 혼란 속에서 보내지 않도록 노력해야 한다.

또한, 청소년기의 다양한 경험에 대한 제약과 자유 선택과 책임의 제한은 자아정체감의 중요한 측면인 개별성의 발달에 부정적인 영향을 미친다. 또한 자아정체감은 시간이 경과함에도 불구하고 동일한 사람이라는 계속성이 포함되어 있으며, 이를 위해서는 부모나 또래집단 등 주변의 영향으로부터 어느 정도 자유로울 수 있어야 하는데, 우리나라에서는 고등학교를 졸업할 때까지의 의사결정과정에 있어서 부모나 교사와 같은 성인의 영향력에서 벗어나기 어려우며 또래관계 경험 또한 제한적이어서 스스로 자유롭게 자아정체성을 확립하는 것이 쉽지 않다. 따라서, 대학생 시기에 자아정체감을 확립하는 것은 한국사회에서 특히 중요하게 요구되는 과업이라고 볼 수 있다.

둘째, 높은 대학진학률은 낮은 대학졸업생 취업률로 이어졌고, 결과적으로 대학이 갖는 취업준비기로서의 성격이 강해졌다. 전 세계적으로 이례적인 한국의 높은 대학진학률과 급격한 대학졸업자의 증가는 이에 걸맞는 일자리를 충분히 제공하지 못하는 현대사회의 성장 정체 현상과 맞물려 결과적으로 청년실업이 사회의 커다란 문제로 대두되었다. 또한, 대학 졸업생들은 적합한 직장을 찾지 못하고 중소기업들은 적합한 인력을 찾지 못하는 미스매치 현상으로 취업난이 가중되기도 했다. 2011년도 한국교육개발원 취업통계시스템(swiss.kedi.re.kr)에 의하면, 전문대학 졸업생의 60.7%, 대학 졸업생의 54.5%가 취업한 것으로 나타났다. 우리 사회에서 '이태백(이십 대 태반이 백수)' 이나 '대졸 실업자 100만 명 시대'라는 말들은 더 이상 새롭지 않은 문구가 되었다.

학생과 학부모의 대학졸업장에 대한 열망은 여전하나, 우리나라 사회에서 대학 졸업장이 가져다 주는 의미가 크게 약화된 것이 오늘날의 현실이다. 대학졸업장은 한국사회에서 더 이상 졸업 후 취직이나 경제적 수입에 대한 보증수표가 아니다. 어떻게 대학생활을 보내고 졸업 후의 사회진출을 대비할 것인가가 과거 어느 때보다 중요해진 것이다.

대학생활 들여다보기

대학생활의 스트레스와 적응

앞에서 살펴본 것처럼 대학생활은 인생에서 매우 중요한 시기이나, 한국사회의 특성상 대학생활을 자유와 낭만으로만 채워나가는 것은 결코 쉬운 일이 아니다. 대학생은 자신에 대해 책임을 지고 이끌어 갈 성인으로서의 삶이 시작되는 시기(김봉환·이성욱, 2008)이지만, 청소년기와 성인기의 과도기로서 독립과 자유에 대한 기대와 함께 긴장과 혼란을 경험하게 되는 시기이기도 하다.

대학생은 과도기적 시기를 지나면서 보다 자기 주도적 생활방식을 요구받는다. 고등학교 과정에서 익숙했던 지시나 타율에 의한 수동적인 생활방식과 주어진 환경에 의해 살았다면, 대학에서는 고등학교에서와는 달리 스스로 책임지고 주도적인 생활방식으로의 전환이 요구된다. 수강과목 선택에서부터 여가 시간의 활용과 취미생활 등에 대한 선택의 기회가 주어지므로 주도적 의사결정과 자기관리 기술이 이전에 비해 월등하게 많이 요구된다.

변화된 대학생활에 스스로 적응해야 하는 새로운 과제는 스트레스를 초래하기도 한다. 최근 뉴스(연합뉴스 보도자료, 2010)에 보도된 대학생 스트레스에 관련된 기사를 보면 36.5%가 자주 스트레스를 느끼며, 9.5%는 항상 스트레스를 받는다고 한다(그림 2-2). 대학생의 46%가 만성 스트레스에 시달린다고 하니 대학생활을 낭만과 자유의 시절이라고 하기에는 다소 거리가 있는 현실이다.

실제로 많은 대학생들이 공통적으로 이성문제, 학업문제, 진로 및 취업문제, 대인관계 문제, 경제문제, 가치관 문제 등 적응의 어려움을 호소하고 있는 것으로 나타났다(이정희·정경연·유희정, 2007). 한 설문 자료에 의하면(연합뉴스 보도자료, 2010), 대학생의 35.5%가 경제문제, 23.9%가 취업문제로 고민하고 있으며, 이 외에도 인간관계(36.5%), 이성문제(30.0%), 가족문제(20.5%)로 스트레스를 받고 있고 학점(9.5%)과 외모(3.5%)도 스트레스원stressor인 것으로 밝혀졌다.

이러한 스트레스로 인하여 공상, 불안, 우울 등의 신경증적 장애를 겪을 수도 있으며, 자신감 및 의욕의 상실, 원만하지 못한 대인관계, 불편한 가족관계를 초래할 수도 있다. 또한 현실적으로 부딪히는 학업이나 취업 등의 진로준비와 가치관 형성의 문제에서 비롯되는 여러 가지 갈등의 문제들 이외에도 자아에 대한 이상과의 괴리에서 생기는 문제들로 인한 정서적 고통을 호소하는 경우도 발생한다.

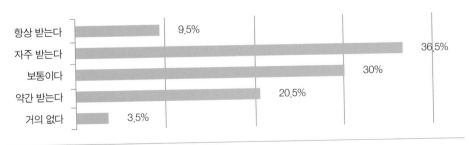

그림 2-2 대학생의 스트레스 정도

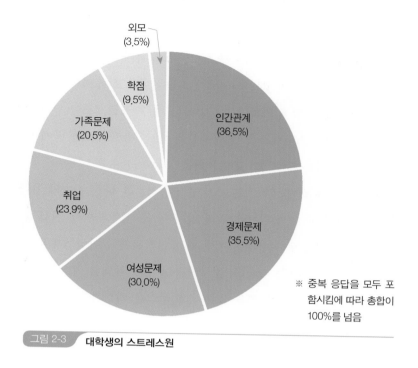

외모
(3.5%)

학점
(9.5%)

가족문제
(20.5%)

인간관계
(36.5%)

취업
(23.9%)

경제문제
(35.5%)

여성문제
(30.0%)

※ 중복 응답을 모두 포
함시킴에 따라 총합이
100%를 넘음

그림 2-3　대학생의 스트레스원

　대학생의 스트레스 및 대학생활 적응과 관련된 연구결과에 의하면, 여학생이 남
학생보다 스트레스를 더 많이 받고 있다고 한다(신윤아, 1998). 성별에 의해 타고난
차이는 아니겠으나, 여학생이 대인관계의 중요성에 더 많이 치중하며, 사회적 평가
에 더 민감하거나 주변생활 내에서의 경쟁에 대해 더 예민함에서 기인할 수 있겠
다. 또한 4년제 대학의 경우 1, 2학년 학생들이 대학생활에 적응하는 문제와 학업
및 대인관계 전반에 있어서 3, 4학년에 비해 더 높은 스트레스를 받는 것(장연집·박
경·최순영, 2006)으로 나타나, 일부 스트레스원이나 적응 항목에 있어서 신입생 시
기에 더 크게 인식될 수 있음을 고려할 필요가 있다.

　한편, 대학생의 스트레스가 음주에 미치는 영향을 조사한 결과 스트레스를 받
을수록 술을 더 많이 자주 마시며, 그 결과 술과 관련된 문제를 더욱 경험하는 것
으로 밝혀졌다(김의숙, 2002). 한 아르바이트 알선 회사의 인터넷 설문결과에 의하
면, 대학생들이 스트레스를 해소하기 위해 가장 많이 선택하는 방법의 1위가 '먹고

자고 휴식을 취한다'이며 2위가 '게임을 한다'라고 한다. 인생의 과도기이며 주요한 과업을 수행하고 준비해야 할 시기에 스트레스에 과다 노출되고 이를 해소하기 위해 시간을 낭비한다는 것은 개인적·국가적 손실이라고 볼 수 있다. 나의 현재 대학생활은 어떠한가 한번 평가해 보자. 얼마나 자주 스트레스를 받는다고 느끼는가? 어떠한 내용으로 스트레스를 받게 되는가? 또한 스트레스를 받게 되는 상황에서 나는 어떻게 대처하고 해결하고 있는가?

위에서 살펴본 바와 같이 대학생의 스트레스와 적응은 다른 시기와 차별화되는 두 가지 특성을 보여 준다. 첫째는 학점과 같은 당면 과제와 함께 취업 등의 미래를 대비하는 과제가 중첩된다는 것이며, 둘째는 인간관계나 이성문제와 같이 타인과의 관계에 크게 기인한다는 것이다. 대학생활의 주요 과제를 명확하게 인식하고 변화된 인간관계의 특성을 파악하는 것은 스트레스를 해소하고 성공적으로 적응하는 데 큰 도움이 될 것이다.

대학생활의 주요 과제

대학생에게 주어지는 과제는 매우 다양하나, 성공적인 대학생활의 주요 과제로 학업, 자기계발, 인생설계를 들 수 있다(권석만, 2010).

그림 2-4에 나타난 대학생활의 주요 과제를 살펴보면, 첫째는 대학생활의 주축이 되는 학업이다. 물론 고등학교 성적이 대학입시와 직결되는 것처럼 대학교 학점이 졸업 후 인생 점수를 담보해 주지는 않는다. 학업에 소홀하고도 사회적으로 성공한 유명인사를 접할 때도 있다. 그러나 대학교의 학업은 기초교양과 전공 분야의 지식과 기술을 습득하는 경험으로서 학문적 소양을 쌓을 뿐 아니라 이후 취업과 사회진출의 초석이 된다. 또한, 현실적으로 학점관리에 소홀함이 없도록 하여 졸업 후 학점으로 인한 불이익을 겪지 않도록 하는 것도 중요하다. 고등학교까지의 성적은 대학입시와 더불어 유효성이 소멸되는 경향이 있지만, 아직까지 한국

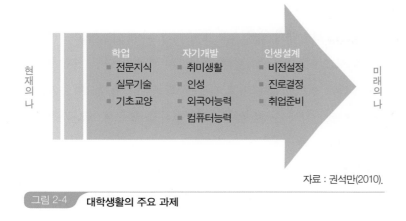

자료 : 권석만(2010).

그림 2-4 대학생활의 주요 과제

사회에서의 대학성적은 졸업이나 진학, 유학 심지어 출세나 결혼에까지 영향을 미칠 수 있는 의미 있는 불변의 숫자로 작용할 수 있지 않은가.

둘째는 자기계발과 여가활동이다. 다양한 여가생활과 취미활동을 통해 대학생활의 낭만을 즐기는 것은 옛날이나 지금이나 이 시기에 누릴 수 있는 행복의 원천이다. 이 시기의 취미생활은 향후 성인기를 통해 지속적인 삶의 활력소가 될 수 있다. 주어지는 여가시간에 취미활동과 함께 현대사회의 필수 역량인 외국어능력과 컴퓨터 기술을 갖추도록 노력하는 것도 중요하다. 개인적 성취감을 높여줌은 물론 향후 취업준비와도 직결되기 때문이다. 이와 더불어 고등학교까지의 입시 위주의 생활에서는 관심을 가지기 힘들었던 인성 계발과 덕성 함양에도 노력을 게을리하지 않아야 한다. 이 시기에 완성되는 인성은 향후 성인기 이후의 삶에 큰 영향을 미치게 된다.

셋째는 인생설계이다. 지금 당장이 아닌 전 인생을 염두에 두고 비전과 목표를 설정하여야 한다. 목적지 없이 인생 경로의 이정표를 작성하기는 어렵다. 본인의 적성과 능력을 고려하여 인생의 목표와 비전을 설정해야 하며 이를 위해 졸업 후의 진로를 결정하고 이에 적합한 직업을 갖기 위해 체계적으로 준비하여야 한다.

이상에서 살펴본 바와 같이 학업, 자기계발, 인생설계는 대학생활의 공통된 주요 과제이나 구체적인 내용은 개인의 상황에 따라 달라질 수 있다. 즉, 주변의 조언을 구할 수 있겠으나 대학생 스스로가 주체가 되어 선택하고 수행해 나가야만 한다. 구체적으로 살펴보면, 학업과 자기계발의 과제는 다른 사람이 시켜서 하는 것이 아니라 스스로 필요성을 느끼고 자발적으로 찾아서 학습하는 태도를 요구한다. 다양한 과제를 동시에 수행해야 하므로 시간을 효율적으로 관리하는 자기 통제능력도 필요하다.

따라서, 대학이란 넓고 새로운 세상에서 이 시기에 주어지는 자율과 낭만을 만끽하면서도 길을 잃지 않고 과업을 수행하기 위해서는 자리관리능력을 갖추어야 한다. '스스로 자신의 생각이나 행동을 올바른 방향으로 나아가도록 관리하는 능력'은 리더십의 한 분야인 셀프 리더십의 개념으로(Manz, 1985), 리더십의 개발을 통해 대학생활의 주요 과제를 보다 잘 수행할 수 있다. 한편, 비전 설정과 진로 결정을 통한 인생설계는 개인적인 차원에서만 고려하는 것이라 사회와 인류를 위해 바람직한 방향으로 결정하는 것이 요구된다. 사회의 구성원으로서 뿐만 아니라 미래를 주도할 리더로서 어떻게 기여할 것인가를 고려해야만 하며, 리더십의 계발은 미래지향적인 의사결정능력을 향상시킬 수 있다.

인간관계가 변화하는 시기

대학생활의 주요 특징 중의 하나는 인간관계의 변화이다. 앞서 대학생활의 주요 과제에 대하여 살펴보았는데, 과제 수행의 주체는 학생 개인이나, 수행의 과정은 다양한 인간관계를 통하여 이루어진다. 인간관계는 인생의 발달단계에 따라 변화한다. 고등학교까지는 소수의 주어진 대인관계 속에서 생활했다면, 대학생활에서의 인간관계는 선택의 폭과 질이 매우 다양해지며 경험하게 되는 인간관계의 양상도 달라진다. 대학생의 인간관계 특징을 몇 가지로 정리하면 다음과 같다.

첫째, 자발적 의지에 의해 인간관계가 형성된다. 고등학교에서는 같은 반의 지정된 좌석에서 정해진 과목을 들어야 하기 때문에 반 친구, 분단친구, 짝 등과 같이 자발적으로 선택하거나 노력하지 않아도 주어지는 인간관계의 틀이 있다. 그러나 대학에서는 외부로부터 타인에 의해 주어지는 인간관계의 틀이 거의 없다. 대학에서는 부모나 교사로부터의 규제와 제약이 사라지고 학생 개인에게 많은 자유와 자율이 주어지기 때문이다. 물론 같은 학과나 학부, 전공이라는 기본적인 소속집단이 있지만 그 집단의 응집력이나 구속력은 제한적이므로 누구나 자동으로 긴밀한 소속의식을 갖게 되지는 않는다. 특히, 정원이 많은 학과나 학부에서는 더욱 그렇다. 지도교수와의 관계에 있어서도 마찬가지이다. 통상 정기적인 상담의 기회가 주어지지만, 대개의 경우 면담을 의뢰하고 자신의 이야기를 풀어나가며 상담하는 것은 학생의 의지에 의해 자발적으로 이루어진다. 결과적으로 학생 개인 스스로가 적극적으로 인간관계를 구축하지 않으면 저절로 인간관계가 형성되지 않는다. 이러한 인간관계의 변화 때문에 대학 초기에 원만한 관계망을 형성하지 못하고 어려움을 겪는 학생들도 있는데, 이 경우 대학생활을 즐기고 과제를 수행하는 데 부정적 영향을 미치기도 한다.

둘째, 인간관계의 폭이 다양하고 넓어진다. 일반적으로 발달단계별 인간관계를 살펴보면, 영유아기의 부모-자녀 중심의 관계에서 아동기를 거치면서 또래관계가 형성되고 확장되며, 청소년기가 되면 인간관계가 매우 다양해지고 활발해진다. 그러나 한국사회에서 청소년기에 해당하는 중고등학교 시기는 학생들의 시간과 노력이 입시준비에 집중되기 때문에 비로소 대학에 진학하여 억눌렸던 인간관계의 욕구가 활발한 인간관계망으로 나타나게 된다. 대학생활에서는 학과와 전공뿐만 아니라, 동아리, 동문회, 동향회 등 다양하고 폭넓은 인간관계망을 형성할 수 있는 다양한 기회가 제공된다. 개인적 성향과 의지에 따라 인간관계 네트워크의 개수에 큰 차이가 나타나며, 이러한 인간관계망의 차이는 일상적인 대학생활 및 개인적 성장의 기회라는 측면에 있어서 직접적인 영향을 미친다.

친밀한 인간관계의 대상을 선택할 수 있는 폭이 넓어질 뿐만 아니라 선택의 기준도 변화한다. 중고등학교 시기에는 같은 학교이나 같은 반과 같은 소속 의식에 근거하여 제한된 교우관계가 형성되었으나, 대학생 시기에는 성격, 가치나 이념, 취미나 취향, 관심사, 졸업 후 진로 등 다양한 기준에 근거한 인간관계망과 교우관계가 형성된다. 인간관계를 형성하고 유지하는 요인이 확대되면서 인간관계의 갈등과 와해도 빈번해진다. 따라서, 다양한 인간관계에서 이루어지는 의사소통과 의사결정 및 갈등관리에 대하여 이해하고 바람직한 능력을 갖추는 것이 무엇보다 요구되는 시기이다.

셋째, 이성교제가 활발해진다. 이성관계에 대해서 자유롭고 허용적인 분위기를 제공하는 대학에서는 자연스러운 이상과의 만남뿐만 아니라 미팅이나 소개팅 등을 통한 의도적인 만남의 기회도 빈번해진다. 남녀공학이 보편화되어 있지 않았던 과거에 비해서는 청소년기의 이성교재가 자유로워졌다고 볼 수 있으나, 사실 깊이 있는 실질적인 이성관계가 처음으로 이루어지는 시기는 대학시절이다. 성인으로서 진지하고 깊이 있는 이성관계를 형성하고 이성 간 낭만적 사랑을 경험하는 시기이기도 하다. 때로는 이러한 이성관계를 통해 강렬한 감정이 개입되는 새로운 인간관계를 경험하기도 한다. 만남과 이별을 통해 여러 명의 이성을 탐색하는 경험을 맞이하기도 하며, 경우에 따라서 이로 인한 갈등과 번민에 휩싸이기도 한다. 이 시기에 만난 이성과 좋은 관계를 맺게 되어 훗날 결혼배우자가 되는 경우도 볼 수 있다. 다양한 이성관계를 통해 남녀의 신체적인 조건과 생리적인 차이를 인식하면서도 동등한 사회구성원으로서 서로를 인정하고 함께하는 바람직한 이성관과 양성평등 의식을 기르는 것이 필요하다.

넷째, 조직 내에서의 인간관계가 증가한다. 즉, 대학생은 수업을 위한 팀프로젝트, 학과 동아리, 취업 동아리, 동문회, 동창회, 취미생활 모임 등 크고 작은 조직에 참여하게 되며, 맡은 바 역할을 수행하는 다양한 기회를 경험한다. 개인의 성향과 선택에 의해 포함되는 조직의 수와 종류가 다양할 수 있겠으나, 대부분의 조직은 자율적으로 운영하고 특정 목적을 달성하기 위하여 일정한 위계구조를 가지고 있다. 비형식적 교우관계에서처럼 동등한 수평적 구조가 아니라 명확하게 선출된 리더가 존재하며, 공동의 목표를 달성하기 위해 저마다 특정한 역할을 수행하도록

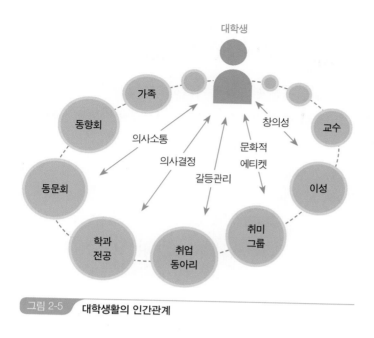

그림 2-5 대학생활의 인간관계

요구받는다. 조직에서 부여받은 역할 수행은 개인의 비전이 조직의 목적과 일치할 때 잘 수행할 수 있으며, 불일치할 때 갈등과 긴장이 수반된다. 리더로서 또는 조직원으로서 조직에 기여하기 위해서는, 맡은 바 역할을 파악하고 비전을 조정하며 창의적이고 융통성 있게 대처하는 것이 필요하다. 또한 조직원 간의 원활한 의사소통과 바람직한 갈등해결을 통해 목표를 달성하는 능력이 요구되며, 이러한 과정에서 리더십이 매우 중요하게 작용한다. 이와 같이 대학생활에서의 조직 내 인간관계 경험은 졸업 후 취직하여 이루어지는 직장생활에도 큰 도움이 된다.

요약하면 대학생 시기에 경험하는 인간관계는 개인이 자발적으로 시작하는 경우가 많으며, 그 다양성의 폭이 넓어지고, 크고 작은 조직 내에서 주어지는 역할과 함께 형성된다는 특성을 갖는다. 다양한 인간관계를 원활하게 형성하고 유지하기 위해서는 일상생활의 에티켓을 익히고 창의적이고 능동적으로 대처해야 함은 물론 의사소통, 의사결정, 갈등관리능력을 계발하여야 할 것이다(그림 2-5).

대학생 리더십, 어떻게 개발해야 할까? ●●●●

대학생활의 자율성과 다양한 과업은 자기주도적 생활방식을 통한 자기관리능력 및 리더십을 요구한다. 주체적인 의사결정과 자기계발을 통해 사회 진출과 취업을 대비해야 하는 대학생에게 리더십은 당연히 필요한 것이다. 나아가 대학생을 지도 자적 교양인으로 양성하여 미래의 삶을 생산적으로 살아가면서 사회에서 혹은 기업에서 제 역량을 발휘할 수 있도록 준비하기 위해서도 대학생 시기에 다양한 리더십을 경험하고 계발하는 것은 어느 시기보다 중요하다(이난, 2005). 이와 같이 현대사회에서 대학생 리더십은 누구에게나 요구되는 보편적인 특성이자 능력이다. 리더십의 개발은 특정인에게만 요구되는 것이 아니며, 대학생 시기에 이를 위해 노력하는 것은 이 시대가 요구하는 인재로 성장하기 위한 필수 조건 중의 하나이다. 누구든지 리더십의 잠재력을 가지고 있으며, 누구에게나 리더십의 개발이 요구됨을 인식하는 것 이러한 인식의 수용이 리더십 개발의 시작이다.

나아가 대학생은 리더십 발달의 결정적인 시기이다(Linder & Fertman, 1988 ; 이은경, 2004 ; 정태희, 2005). 물론 리더십은 유아기부터 경험하고 기를 수 있는 특성 중의 하나이지만, 사회 진출을 앞두고 있는 성인 초기의 대학생 시기의 리더십 개발은 여러 가지 중요한 의미를 가진다. 이 시기에 리더십을 개발하면 자존감을 높일 수 있고 위험행동을 예방할 수 있으며, 성공적인 성인기를 위한 도약의 발판이 될 수 있다. 즉, 대학생 시기의 리더십 개발은 졸업 후 직장이나 다양한 조직에 잘 적응하고 미래의 리더로서 갖추어야 할 자질을 향상시키는 데 크게 기여한다.

현대사회에서의 대학생 리더십의 중요성을 인식하고 스스로 리더십 개발의 잠재성과 필요성을 인식하는 것이 리더십 개발의 첫걸음이겠으나, 누구에게나 리더로서의 관련된 경험이 자연스럽게 주어지거나, 체계적으로 도움을 받을 수 있는 기회를 충분히 제공받는 것은 아니다(이응규·이영관, 2004). 리더십은 경험을 통하여 학습될 수 있는 능력이자 기술이며, 이를 개발시키기 위한 교육과 훈련의 기회를 적극적으로 모색하고 경험하여야 한다.

미국 대학의 경우 대학부설기관에서 대학생을 위한 리더십 개발 교육 및 훈련센터를 두어 활발하게 진행하고 있다(이난, 2005). 대표적 사례를 언급하면, 오클라오마Oklahoma대학의 학생활동상담실에서 리더십 경험이 없는 학생들을 위해 제공하는 리더십 프로그램, 텍사스Texas대학 캠퍼스활동 상담실의 리더십 지도를 위한 준전문가 양성 프로그램, 남콜로라도Southern Colorado대학의 대학생을 위한 PLPPresidents Leadership Program 코스, 스탠포드Stanford대학의 Stanford Leadership Institute에서 제공하는 리더십 코스 등 매우 다양하다. 또한, 미국대학 인사협의회 제4분과의 리더십 담당과(American College Personnel Association's Commission IV, Leadership Task Forces, 1990)에서는 대학생 리더십을 교육하기 위해 약 180개의 리더십 프로그램을 개발하여 지원하고 있다(이난, 2005).

국내 대학에서도 최근 들어 대학생 리더십 개발의 필요성을 인식하고 리더십 프로그램을 운영하거나 리더십 관련 강의를 제공하기 시작하였다. 한 연구결과(김민정, 2007)에 의하면, 서울에 소재한 4년제 대학교 중 11개의 학교에서 리더십 관련 수업을 제공하고 있는 것으로 나타나, 대학생 리더십에 대한 교육 프로그램이 확산되고 있음을 알 수 있다. 각 대학에서는 대학생들의 자기개발, 진로지도 차원에서 주로 학생생활연구소나 교수학습센터에서 개인상담이나 진로집단 지도를 통해 학생들의 자존감 및 자기 이해능력 개발을 지원하고 있지만, 이것은 소수의 학생들에게 한정된다는 단점이 있다. 따라서 점점 더 많은 수의 대학에서는 이를 보완하기 위하여 21세기와 기업에서 바라는 인간상과 부합되는 주도적으로 자신의 삶을 관리, 조정, 통제하는 능력을 향상시키기 위한 리더십 관련 교과목을 개설하여 운영하고 있다.

이와 함께 대학생 리더십 프로그램의 효과를 검증하는 연구도 일부 진행되었다. 이난(2005)은 학부 학생을 대상으로 한 학기 동안 주 2회의 대학생 리더십 개발 수업을 실시하고 사전사후 검사로 리더십을 측정하였다. 그 결과 학기 초에 실시한 사전 검사에서는 대학생 리더십 강의에 참여한 실험집단과 그렇지 않은 통제집단 간 리더십에 차이가 없었으나, 학기 말의 사후검사에서는 실험집단이 리더십의 전 영역에서 더 높은 리더십을 나타냈다. 즉, 한 학기 동안 대학생 리더십 강의를 수강하고 관련 활동을 경험한 결과, 리더십의 하위 영역인 과정에 대한 도전과 비전에 대한 영감이 증가하였으며 구성원을 활동에 참여시키고 문제해결방법을 모델화하는 능력 또한 향상되었음을 보여 주고 있다.

현 시대가 요구하는 인재로 성장하기 위해서는 대학생 스스로 리더십 잠재력을 소유하고 있음을 인지하고, 리더십 과정에 대한 개념적 지식을 습득하는 것은 물론 리더십 기술을 개발하려는 적극적인 노력이 필요하다. 이를 위해 대학과 각 전공과정에서 대학생 리더십을 향상시키기 위한 효과적인 교육 및 훈련 프로그램을 개발하고 실시하는 것이 요구되는 실정이며, 대학생들은 이에 적극 참여하여 리더십을 향상시킬 기회를 경험하는 것이 바람직할 것이다.

대학생 리더십 계발, 그 효과는?

현대사회에서 필수적인 요소인 대학생 리더십은 타고난 것이 아니라 의도적인 훈련과 학습을 통해 획득될 수 있다. 1990년 이후로 리더십을 연구한 대다수가 기업 및 경영이나 종교계, 군 조직, 또는 학교 행정 및 경영을 주제로 다루고 있으나(최창욱, 2001), 최근 들어 대학생을 대상으로 한 리더십 프로그램의 개발과 효과 검증에 대한 연구가 일부 시행되었다. 실제로 대학생 리더십 프로그램에 참여하여 자아존중감, 자기효능감, 기초직업능력 등의 향상을 보여 준 선행 연구 결과를 토대로 대학생 리더십 개발의 효과를 살펴보면 다음과 같다.

대학생 리더십을 통한 자존감의 향상

리더십은 청년기의 중요한 발달과업 중 하나인 자아존중감을 향상시킴으로써 성공적인 성인기로 이행하는 데 중요한 역할을 하는 핵심요인이다(최창욱, 2001). 자아존중감은 자아정체성과 혼용되어 사용되기도 하지만 보다 평가적인 측면이 강조된 개념이다. 자아정체감이 인지적인 자아개념이라면 자아존중감은 자기에 대한 정서적 느낌으로 본인의 능력과 신념에 대한 긍정적인 감정을 의미한다. 자아존중감 역시 청소년기에 크게 발달하며 자아존중감이 높은 경우 스스로의 가치를 높게 평가하고 미래에 확신을 가지게 되며 이러한 속성은 이후에도 비교적 안정적으로 유지되는 경향이 있다.

리더십과 자아존중감 모두 자기 내면에서 비롯되는 개념으로, 리더십과 자아존중감 사이에는 유의한 상관관계가 있다(Miller & Bowen, 1993). 또한 리더십 교육은 자신에 대해 긍정적으로 이해하며 자신의 활동에 대한 적극적 지지를 경험하는 기회를 제공하므로 이를 통해 자아존중감의 긍정적 변화를 가져올 수 있다(박희현, 2011 ; 정태희, 2005 ; Miller & Bowen, 1993).

1학년 신입생을 연구 대상으로 한 연구(정태희, 2005) 결과를 구체적으로 살펴보면, 한 학기 동안 리더십 과목을 수강한 실험집단의 학생들은 한 학기를 마치는 시점에서 자기 이해와 자기 개발에 중점을 둔 교육을 통해 자신을 더욱 긍정적으로 생각하게 되고 자아존중감이 향상되었음을 보여 주었다. 반면, 이를 수강하지 않은 통제집단 학생들은 1학년 신입생으로 대학생활을 시작하면서 자신에 대해 긍정적 이미지를 가졌으나 한 학기를 마치는 지점에서는 자신에 대해 부정적 이미지를 가지게 된 것으로 바뀌어, 대학생활의 초기에 리더십과 자아존중감을 향상시켜 주는 프로그램을 인위적으로 제공할 필요성이 있음을 보여 주고 있다.

리더십 교육이 학생들의 자아존중감에 긍정적인 영향을 준다는 사실은 학생들이 한 학기 동안 리더십 수업을 들으면서 작성해 나간 '자기반성일지'를 통해서도 나타났다(정태희, 2005 : 241). 한 남학생은 '리더십과 자아상'에 관한 수업을 통해 자신을 더욱 객관적으로 돌아보면서 자신에게도 '창조적 자아'를 형성해야겠다는 생각을 갖게 되었음을 기록하였다. 또한 한 여학생은 자신과 세상에 대한 긍정적인 사고를 갖고 긍정적으로 자신의 삶을 선택해 나가겠다고 서술하기도 하였다.

> 나는 낙천적이고 긍정적인 사람이라고 생각한다. 그러나 오늘 수업을 통해 무의식 중에 부정적인 생각을 한적이 많았구나 하는 것을 알았다. '창조적 자아'를 형성해야겠다는 생각을 많이 했다. 나만의 독특성이 있다는 것은… 나는 솔직히 내세울 게 별로 없다. 키, 외모, 학업… 그러나 나름대로 개성이 있다고 생각한다. (중간 생략) 지금 나의 개성을 살려서, 나의 꿈(비전)과 관련하여 발전시키고 싶다. (중간 생략) 서로 조화를 이룰 때에 나의 개성, 독특성이 잘 살아나고 사회 발전에 기여를 할 수 있다고 생각한다. (남학생 J)

> … 긍정적이고 밝은 생각이 얼마나 중요한지 느꼈다. (중간 생략) 모든 것은 마음으로부터 출발하는 것 같다. 어떤 상황이나 환경에 놓였을 때 그것을 바라보는 마음이 중요한 것 같다. 고통스럽고 힘들 때… 아버지의 건강이 안 좋아지시면서 아르바이트와 학과를 감당해야 하는 내 모습이 한때 너무 싫었지만 이런 나의 환경은 오히려 나를 성장시키고 또 더 노력하는 생활을 하게 하는 것 같다. (중간 생략) 앞으로도 계속 성장할 것이며, 오늘 하루도 내가 컨트롤 할 수 있는 것들에 대해 밝고 긍정적인 결론을 선택할 것이다. (여학생 P)

이와 같은 사례는 자신에 대한 이해 부족과 자신을 긍정적으로 표현해 볼 기회가 부족했던 대학생들이 리더십 교육을 통해 자신에 대해 긍정적으로 이해하고 자신의 활동에 대한 지지를 경험해 봄으로써 자신을 더욱 존중하는 사고를 갖게 되었음을 보여 준다.

자기효능감의 향상

자기효능감self-efficacy은 자신의 능력과 효율성에 대한 자신감을 의미하며 주어진 과제를 수행하는 데 필요한 판단과 능력을 갖고 있다는 믿음을 뜻한다(박희현, 2011). 즉, 특정한 문제를 자신의 능력으로 성공적으로 해결할 수 있다는 자기 자신에 대한 신념이나 기대감이며, 실제 행동을 예측하는 강력한 변인이다(Maddux, Norton & Stoltenberg, 1986). 높은 자기효능감을 가진 사람은 자신의 능력과 미래에 대한 자신감과 추진력이 높다고 할 수 있으며, 이러한 자기효능감은 자신의 삶에 대해 계획하고 실행해야 하는 수많은 발달과업을 안고 있는 대학생에게 현실적으로 요구되는 능력이다.

박희현(2011)은 대학생 리더십 교육이 자기효능감에 미치는 효과를 알아보기 위하여, 한 학기 동안 교양교육과정으로 개설된 리더십 계발 프로그램에 참여한 실험집단과 그렇지 않은 통제집단을 비교해 보았다. 그 결과 리더십 계발 프로그램에 참여한 대학생집단은 통제집단에 비해 프로그램 실시 후 자기효능감에 유의한 향상을 보였으며, 8주 후에 이루어진 추후검사에서도 유의한 향상이 유지되었다. 이에 비해 통제집단에서는 유의한 향상이 나타나지 않았다. 이를 통해 교양강좌를 통한 리더십 교육프로그램이 대학생의 자기효능감을 향상시켰으며 그 효과가 일정 시간이 경과함에도 지속적으로 유지되는 것을 알 수 있다.

또한, 대학생의 리더십은 학업적 자기효능감과도 높은 관련이 있다(이유정, 2012). 학업적 자기효능감이란 학습자가 학업적 과제를 성공적으로 수행하기 위해 필요한 행위를 조직하고 실행해 나가는 자신의 능력에 대한 신념을 의미한다(Bandura, 1986). 즉, 대학생 리더십은 학습자가 다양한 상황에서 새로운 지식과 기술을 학습하고 수행할 수 있도록 유도하는 원동력이 되므로, 학업적 수행 및 성취 수준을 예측할 수 있는 중요한 요인이라고 볼 수 있다.

기초직업능력의 계발

오늘날 대부분의 대학생이 직면한 해결과제 중의 하나가 졸업 후 취업이다. 몇몇 연구 결과에 의하면, 재학 중 직장체험이나 교육 프로그램을 통해 기초직업능력을 개발한 대학생의 경우 그렇지 않은 대학생보다 통계적으로 유의미하게 높은 취업률을 보였다(차선미, 2005). 이렇게 높은 취업률과 직결되는 기초직업능력은 그 구성요소에 있어서 리더십 영역과 상당히 유사하다(김봉환·이성옥, 2008). 즉 국내외에서 공통적으로 제시하는 기초직업능력의 영역을 리더십의 구성요소와 비교했을 때, 의사소통능력, 대인관계능력, 의사결정능력, 자기이해, 자기관리능력 등 상당 부분이 중복되고 있다. 따라서 대학생 리더십의 개발은 단순한 자질 향상뿐만 아니라 향후 성공적인 직업 선택과 수행에 기여할 수 있음을 알 수 있다.

일반적으로 직업능력에는 직무수행능력과 기초직업능력이 포함된다. 직무수행능력은 특정 직무와 관련한 지식과 기술 등 직종과 직위에 따라 독특하게 요구되

생각해 보기

나의 대학생 셀프 리더십 점수는?

나머지 장에서 다루게 될 리더십 이론과 리더십 계발의 요소 및 실천에 대하여 살펴보기 전에, 현재 나의 대학생 셀프 리더십 점수는 어느 정도인지 측정해 보자(표 2-3).

측정방법

표 2-3의 각 문항을 읽고 자신과 일치하는 정도를 '전혀 그렇지 않다(1점)', ~ '매우 그렇다(5점)'의 5점 척도 중에서 체크한 후, 총점의 평균을 구한다.

해석방법

- 평균점수가 5에 가까울수록 셀프 리더십 전략이 우수함을 의미하며, 평균점수가 1에 가까울수록 셀프 리더십 전략이 부족하여 개발할 필요가 있음을 의미한다.
- 1-15의 문항이 행동적 전략을, 16-30의 문항이 인지적 전략을 나타내므로 두 가지 전략 간의 점수를 비교하여 분석해 볼 수도 있다.

는 직업능력을 말하며(정철영, 2000), 기초직업능력은 대부분의 직종에서 성공적으로 직무를 수행하는 데 공통적으로 요구되는 지식, 기술, 태도의 총체(김성호, 2006)를 의미한다. 전자는 일정 기간의 교육훈련을 거쳐 습득할 수 있으나 직무환경의 변화에 따라 언제든지 바뀔 수 있기 때문에, 대학생 시기에 특정 직무수행능력만을 미리 대비하는 것보다는 기초직업능력을 튼실하게 갖추는 것이 더 바람직하다. 또한, 급속하게 변화하는 현대사회에서는 졸업 후 진로의 다양성에 대하여 적극적으로 모색하고 변화 가능한 직무환경에 적절하게 적응할 수 있는 유연성과 변화를 주도할 수 있는 능력이 요구되므로, 기초직업능력을 증진시킬 수 있는 대학생 리더십이 더욱 중요하다.

표 2-3 **대학생 셀프 리더십 전략**

구분	문항	전혀 그렇지 않다	그렇지 않다	보통 이다	그렇다	매우 그렇다
		1	2	3	4	5
	행동적 전략					
1	나는 과제를 하는 과정에서 내가 잘 하고 있는지 늘 확인한다.					
2	나는 꼭 기억해야 할 것은 잊지 않도록 장치를 마련한다.					
3	나는 목표를 세우고 이를 달성하기 위해 열심히 일하는 것을 좋아한다.					
4	나는 내가 일을 잘 했다고 생각하면 나를 자랑스럽게 여기고 나를 칭찬해준다.					
5	나는 중요하다고 생각되는 일을 하기 전에 미리 연습을 해본다.					
6	나는 일을 하는 과정에서 나의 일 수행능력을 점검한다.					
7	나는 공부의 집중도를 높이는 물건을 옆에 둔다.					
8	나는 내가 세운 목표를 꼭 달성하고 싶다.					
9	나는 과제를 성공적으로 마쳤을 때 내가 좋아하는 물건으로 나에게 보상을 한다.					
10	나는 중요한 일을 하기 전에 그 일을 머릿속으로 연습해본다.					

구분	문항	전혀 그렇지 않다 1	그렇지 않다 2	보통 이다 3	그렇다 4	매우 그렇다 5
11	나는 내가 공부하는 중간에 내가 잘하고 있는지 꼼꼼히 살펴본다.					
12	나는 중요한 결정을 하기 전에 다른 사람의 조언을 듣는다.					
13	나는 공부할 때 실천 가능한 계획을 세우고, 그 계획대로 공부하는 것을 좋아한다.					
14	나는 과제를 잘 해냈거나 시험을 잘 보면 내가 좋아하는 활동을 함으로써 스스로 보상한다.					
15	나는 도전적인 과제를 하기 전에 미리 연습을 한다.					
인지적 전략						
16	나는 주어진 과제 중 제일 즐거운 과제가 무엇인지 안다.					
17	나는 내가 좋아하는 장소에서 과제를 할 수 있도록 정한다.					
18	나는 내가 즐기면서 할 수 있는 공부가 무엇인지 찾고 싶다.					
19	나는 내가 하는 일의 단점보다는 장점을 더 많이 생각한다.					
20	나는 공부의 결과보다 공부하는 과정 자체가 주는 즐거움이 더 중요하다고 생각한다.					
21	나는 내가 하는 공부에서 가장 흥미로운 분야가 무엇인지 안다.					
22	나는 쾌적한 환경에서 공부할 수 있도록, 우선 내 주변을 정돈한다.					
23	나는 내가 좋아하는 일을 즐기면서 하고 싶다.					
24	나는 과제를 할 때 싫은 면보다 좋은 면을 더 생각한다.					
25	나는 공부할 때 성적보다는 공부를 하는 과정에 초점을 맞춘다.					
26	나는 내가 좋아하는 일이 무엇인지 자신 있게 말할 수 있다.					
27	가능하다면, 내가 좋아하는 시간에 일을 하고 싶다.					
28	나는 내가 좋아하는 일을 즐기면서 할 수 있는 방법을 구상한다.					
29	나는 내가 하는 공부에 대한 안 좋은 면보다 좋은 면에 초점을 맞춘다.					
30	나는 일을 통해서 얻을 수 있는 보상보다 일을 실제로 하면서 느끼는 즐거움에 대하여 더 많이 생각한다.					

※ 본 측정도구는 대학생에게 중요하게 요구되는 셀프 리더십 개발을 위해 만츠(Manz, 1998)가 개발하고 김민정 (2007)이 번역한 것임

자료 : 김민정(2007).

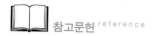

권석만(2010). **인생의 2막 대학생활**. 학지사.

김광수 · 신명숙 · 이숙영 · 임은미 · 한동숭(2003). **대학생과 리더십**. 학지사.

김난도(2010). **아프니까 청춘이다**. 쌤앤파커스.

김민정(2007). 대학생의 셀프 리더십 개발에 영향을 미치는 학습자 변인 연구. 이화여자대학교 대학원 박사학위논문.

김봉환 · 이성옥(2008). 대학생의 리더십 향상과 기초직업능력 개발. **숙명리더십연구, 8**, 35-62.

김의숙(2002). 대학생의 스트레스가 음주행위 및 음주 관련문제에 미치는 영향. 전북대학교 대학원 석사학위논문.

박노권(1998). 에릭슨의 사회심리발달 8단계 이론의 분석. **신학과 현장, 8**, 187-226.

박희현(2011). 대학생을 위한 리더십 계발 프로그램의 효과. **인간발달연구, 18**(2), 1-20.

신윤아(1998). 대학생의 생활스트레스와 대처유형에 관한 연구. 청주대학교 대학원 석사학위논문.

연합뉴스 보도자료(2010). 대학생 여름방학과 스트레스. http://media.daum.net/press.

오진미(2003). 진로탐색훈련이 대학생의 진로사고력에 미치는 효과. **학생생활의 연구, 29**, 1-19.

이난(2005). 대학생의 리더십 집단활동이 리더십과 자아정체감에 미치는 효과. **상담학연구, 6**(2), 387-399.

이영 · 이정희 · 김온기 · 이미란 · 조성연 · 이정림 · 유영미 · 이재선 · 신혜원 · 나종혜 · 김수연 · 정지나(2009). **영유아발달**. 학지사.

이유정(2012). 대학생의 셀프 리더십이 대학생활 만족도, 자기주도적 학습력 및 학업적 자기효능감에 미치는 영향. 한양대학교 교육대학원 석사학위논문.

이은경(2004). 청소년 단체활동 경험과 청소년 리더십 생활기술 관계 연구. 가톨릭대학교 대학원 석사학위논문.

이응규 · 이영관(2004). 이순신의 리더십분석을 통한 대학생리더십교육프로그램 개발방안. **이순신연구논총, 3**(2-2), 89-139.

이정희 · 정경연 · 유희정(2007). 세대간 가족관계와 자아분화 및 자아존중감이 대학생활 적응에 미치는 영향. **청소년학연구, 14**(5), 407-429.

장연집 · 박경 · 최순영(2006). **현대인의 정신건강**. 학지사.

정철영(1998). **직업기초능력 강화방안**. 교육부 제출용 보고서.

정태희(2005). 셀프 리더십 교육이 대학생의 셀프 리더십과 자존감 증진에 미치는 효과. **한국교육, 32**(1), 223-248.

차선미(2005). 대학생의 직장체험 여부와 만족도에 따른 직업기초능력과 진로 탐색 능력의 차이. 계명대학교 대학원 석사학위논문.

최창욱(2001). 청소년의 리더십생활기술과 관련변인에 관한 연구. 서울대학교 대학원 박사학위논문.

한국교육개발원취업통계시스템. http://swiss.kedi.re.kr. 2013년 1월 5일 출력.

Bandura, A.(1986). *Social Foundations of Thought and Action : A Social Cognitive theory*. NJ : Prentice-Hall.

Erikson, E. H.(1963). *Childhood and Society* (2nd ed.). NY: Norton.

Linden, J. A., & Fertman, C. L.(1988). *youth leadership: A guide to understanding leadership development in Adolescents*. CA: Jossey-Base Inc.

Maddux, J. E., Norton, L. W., & Stoltenberg, C. D.(1986). Self-efficacy expectancy and outcome value: Relative effects on behavioral intention. *Journal of Personality and Social psychology, 51*, 783-789.

Manz, C. C.(1985). Self-Leadership: Toward an expanded theory of self-influence process in organizations. *Academy of Management Review, 11*, 585-600.

Miller, J. P. & Bowen, B. E.(1993). Competency, coping, and contributory life skills development of early adolescent. *Journal of Agricultural Education, 31*(1), 68-76.

CHAPTER 03

리더십의
이론적 접근

최근 우리나라는 정치, 경제, 사회, 문화적으로 그 어느 나라보다도 극심한 변화를 겪어왔다. 이에 따라 국민들로부터 존경을 받고, 참신한 리더십을 가진 인물을 기다리는 열망도 최고조에 달했다. 이는 대통령선거 때마다, 국가 간 스포츠경기를 할 때마다, 교육계의 지도자를 선출할 때마다, 그리고 심지어는 학생대표를 뽑을 때도 리더십이 화두가 되고 있다. 그 결과 초·중·고·대학의 교육도 리더십을 중요시하는 방향으로 전환되어 가고 있다.

누구나 한 번쯤 크건 작건 간에 조직을 이끌어 가는 데 리더십이 중요하다는 생각을 해본 적이 있을 것이다. 그것은 동아리활동이나 학과를 이끌어 가는 데 있어서도 누가 리더를 맡느냐에 따라서 구성원들이 느끼는 만족도가 달라지기 때문이다. 팀은 말할 것도 없이 집단과 조직의 성과도 리더에 따라 달라진다. 리더의 생각과 행동에 따라서 의사결정의 속도와 질이 달라지고, 일의 우선순위가 바뀌며 일하는 방식이 달라진다. 대통령의 리더십은 나라의 운명을 갈라놓기도 한다.

이러한 리더십과 관련된 요인들에 대한 연구는 사회심리학(개인과 집단의 상호작

■사례 1 : 우리 발표팀의 조장인 박 무심 조장은 팀 프로젝트를 하는데 도대체 솔선수범을 하지 않는다. 조원들에게 일방적으로 시키기만 하고 정작 자신이 할 일은 제대로 안 해온다. 때문에 조원들의 불만이 많았다. 그런데 조장 자신은 자기가 무엇을 잘못하고 있느냐고 반문하는 태도를 보였다. 말할 것도 없이 우리 조는 교육모형 만들기 실습과제에서 좋지 않은 학점을 받았다.

■사례 2 : 문제 없는 대통령을 선출하는 것이 왜 이렇게 힘든 것인지 모르겠어요. 새로운 대통령 뽑기가 겁납니다. 그들 임기가 끝나기만 하면 친인척들의 이런저런 비리가 드러나서 검찰에 불려 다니고, 감옥에 들어가 앉아 있고…. 우리나라에는 존경할 만한 지도자가 왜 없는지 모르겠어요.

■사례 3 : 대한민국 근대화 이래 수없이 많은 기업가들이 출몰했지만, 그중에서도 삼성의 창업자 이병철과 현대그룹의 정주영을 대표로 꼽을 수 있을 것이다. 특히, 두 사람의 리더십 스타일이 극단적으로 대비되어 흥미와 함께 많은 시사점을 더해 준다.

이병철 회장은 매우 꼼꼼하고 치밀한 성격의 소유자였다. 행동하기에 앞서 면밀히 검토하고 계획하는 스타일이다. 그래서 삼성은 무슨 일을 할 때면, "돌다리를 두들겨 보고 또 두들겨 보고, 다른 사람이 건너가는 것을 보고 나서 건너간다."라는 비유가 생겨나기도 했다. 이병철 회장은 심지어 갖고 있는 농장에 심은 사과나무에 열린 사과 하나하나에 번호를 붙여 관리를 했다는 일화도 전해진다. 그러면서도 사업에 있어서는 큰 그림을 그릴 줄 아는 사업가였다.

반면 정주영 회장은 계획하느라 시간을 보내기보다는 행동부터 하는 스타일이었다. 일을 거꾸로 하더라도 목적만 달성하면 된다는 생각이다. 그는 매우 창의적이고 직관적 판단에 능했으며 아울러 원대한 꿈과 포부를 실천해 나간 기업가였다. 아산만 간척지를 만들 때의 일이다. 만 입구의 양쪽에서부터 둑을 쌓아가다 가운데서 만나도록 계획되었는데, 막상 둑을 연결하려니 물살이 너무 세서 연결을 못하고 있었다. 이를 지켜보고 있던 정주영 회장은 커다란 배를 구해 입구에 침몰시켜 물살을 잡게 한 뒤 둑을 연결시켰다. 이런 예가 그의 리더십 스타일을 잘 증명해 준다.

'관리의 삼성'과 '행동의 현대', 이들 두 회사가 훗날 선택한 업종을 보더라도 창업자들의 리더십 스타일 차이를 엿볼 수 있다.

용, 집단 응집력과 의사소통, 집단심리 등을 연구), 정치학과 행정학(조직과 관련된 구조와 시스템, 지배와 통제, 권력관계 등을 연구), 경영학(조직 목적달성과 효율성 극대화를 위한 리더십 요인 연구), 심리학(리더의 특성과 자질 등을 연구), 교육심리학(리더십 개발을 위한 교육프로그램 연구) 등의 각 학문분야에서 진행되어 왔다.

그런데 리더십은 시대와 연구자에 따라 많은 변화와 발전을 이루어 왔다. 1930년대에는 전통적인 방법으로서, 집단의 지휘 통솔에 필요한 육체적·정신적 능력을 중심으로 리더의 특성이나 특질을 찾아내는 데 중점을 두었다. 1950년대에 들어서면서부터 대부분의 리더십 연구는 성공적인 리더의 특성을 발견하고자 했던 특성연구로부터 효과적인 리더가 직무현장에서 실제로 행했던 행동이 무엇이었는지를 밝히는 것에 초점을 두는 것으로 연구의 패러다임이 변화되었다. 그러나 1960년대에 들어서면서 모든 상황에 맞는 이상적인 리더십 스타일은 없다는 것이 분명해짐과 동시에 리더십 효과성은 상황에 따라 다르다는 논의가 일었다. 이러한 이유로 인하여 리더십 패러다임이 상황이론으로 전환되었다. 현대에 이르러서는 정치, 경제, 사회, 문화 등 모든 것이 과거와는 다른 모습을 띠게 되었고, 그에 따라 1970년대 중반 이후부터 리더십 패러다임은 리더십의 모든 이론을 함께 고려하거나 통합하는 방향으로 전환되었다.

이 장에서는 리더십을 올바르게 이해하기 위하여 리더십 이론의 세 가지 분석 수준과 지금까지 여러 학자들에 의하여 연구 발전되어 온 리더십이론을 특성이론, 행위이론, 상황이론, 통합이론 패러다임paradigm으로 구분하여 설명할 것이다.

리더십이론의 분석 수준

리더십이론과 연구를 분류하기 위한 방법은 여러 가지가 있으나 가장 유용한 방법은 분석 수준을 통한 방법이다. 리더십이론의 세 가지 분석 수준은 개인, 집단, 조직을 말한다(차동욱 외, 2010). 대부분의 리더십이론은 이 세 가지 분석 수준 중에서 한 수준만을 고려하여 그 과정을 다룬다. 본 절에서는 먼저 리더십이론의 발전과 정에 대한 이해를 돕기 위해 각각의 분석 수준을 간략히 소개한다.

개인 수준

리더십이론에서 개인 수준의 분석은 리더 개인과 추종자follower 개개인 간의 관계에 초점을 둔다. 개인 수준은 또한 짝관계과정이라고 한다. 짝관계이론은 리더십을 리더와 추종자 간에 상호적으로 영향을 주는 과정으로 본다. 즉, 리더십 유효성은 리더와 추종자가 오랜 시간 서로 영향을 주고받는 방식을 연구하지 않으면 알수 없다는 암묵적 가정이 깔려 있다. 영향력을 행사하는 것은 리더와 추종자들 간의 관계와 관련된다. 리더로서 또는 추종자로서 다른 개인들에게 영향을 주고, 다른 사람들도 역시 업무수행과정에서 영향력을 행사한다. 이처럼 업무수행과정에서 리더와 추종자들은 개개인이 다양한 형태의 짝관계를 경험하게 된다. 이 수준에서는 리더십 특성이론과 행위이론, 권력power, 상황적 리더십 등 리더로서 개인과 관련된 개인 수준의 분석에 초점을 둔다.

집단 수준

리더십이론의 두 번째 분석 수준은 리더와 추종자들의 집합체인 집단 간의 관계에 중점을 둔다. 때문에 이 수준을 집단과정이라고 한다. 집단과정이론은 리더가 집단 유효성에 어떻게 기여하는지에 초점을 둔다. 즉, 소집단과 관련된 연구들은 집단 유효성에 영향을 미치는 주요 결정요소들을 확인한다. 이 수준에서는 커뮤니케이션, 코칭, 갈등관리, 리더와 추종자 관계, 팀리더십 등의 집단과정을 다룬다.

조직 수준

리더십이론의 세 번째 분석 수준은 조직과 관련된 것이다. 그러므로 이 수준을 조직과정이라고 한다. 이 수준에서는 개인들과 팀이 조직의 성공에 어떻게 기여하는지를 다룬다. 궁극적으로 조직의 성과는 환경에 효과적으로 적응하고, 생존을 위해 필요한 자원을 획득하는 것에 달려 있고, 조직이 제품과 서비스를 생산하기 위해서 변환과정을 효과적으로 사용하는 것에 달려 있다. 현재, 조직 수준과 관련된 많은 연구들은 고위직 리더(관리자, 경영자 등)들이 조직성과에 어떻게 영향을 미치는지에 초점을 두고 있다. 예를 들면, GE의 제프 이멜트Jeff Immelt와 같이 성공적인 리더들은 조직성과에 긍정적인 영향을 주고 있다. 조직 수준에서는 카리스마적 리더십과 변혁적 리더십, 문화와 윤리, 전략적 리더십과 변화관리, 위기관리 리더십과 학습 조직 등 조직성과에 영향을 미치는 주요 결정요소들에 대해 중점을 둔다.

그림 3-1은 이상에서 논의한 리더십 이론의 분석 수준들 간의 상호연관성을 보여 주고 있다. 집단 및 조직의 성과는 개인의 성과에 기초하기 때문에 그림에서 개인이 삼각형의 하단에 위치하고 있다. 조직은 조직 내에서 모든 개인들 간의 교류의 총합이라고 할 수 있다. 집단과 조직의 규모에 따라서 개인의 성과는 집단과 조직의 성과에 긍정적이거나 부정적으로 영향을 미친다. 만약 조직 전체 차원에서 개인의 성과가 낮다면 확고한 토대를 가질 수 없기 때문에 그림 3-1의 삼각형은 균형을 잃고 쓰러지게 될 것이다.

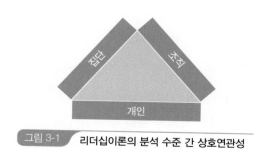

그림 3-1   리더십이론의 분석 수준 간 상호연관성

일반적으로 집단 수준의 접근법이 개인 수준의 접근법보다 리더십 유효성에 대한 이해를 돕는 데 더 많은 기여를 한다. 집단은 더 큰 사회시스템 내에서 기능한다. 그러므로 리더십 연구의 초점이 집단의 내부과정에만 한정된다면 집단 유효성을 이해할 수 없다. 그러므로 그림 3-1의 삼각형에서 집단 부분이 조직 측면을 지지하고 있는 것이다. 만약 집단이 효과적이지 못하다면 이 경우에도 삼각형은 균형을 잃고 무너질 것이다.

집단 및 조직성과는 개인의 성과에 영향을 미친다. 집단과 조직이 모두 높게 동기부여되고 생산적이라면 개인 또한 생산적일 확률이 높다. 성공은 전염되는 경향이 있다. 애플Apple 사와 같이 좋은 회사에서 근무하고, 하버드Harvard대학교와 같이 명성 있는 대학에서 공부한다는 것은 그 회사나 대학이 최고 수준을 유지하기 위해서 구성원들을 더 열심히 일하고 공부하도록 동기부여시킨다. 그러나 조직성과는 단순히 개인의 성과와 집단성과를 합한 것이라기보다는 그 이상이다.

리더십이론의 패러다임

리더십이론은 리더십의 어떤 측면을 설명한다. 리더십이론은 성공적인 리더십을 보다 잘 이해하고 예측하며 통제하기 위해서 사용되는 것이기 때문에 실제적인 가치가 있다. 리더십을 설명하기 위해서 사용되는 리더십이론 또는 연구의 접근법에는 네 가지 범주가 활용되고 있다. 즉, 리더십이론이 발전해 온 과정을 보면, 리더십이론의 범주는 특성이론, 행위이론, 상황이론 그리고 통합이론으로 구분된다.

리더십 패러다임paradigm은 리더십을 인식하고 연구하며 이해하는 것에 대해 생각하는 기초적인 방식을 나타내는 마인드셋이다. 리더십 패러다임은 리더십이 연구된 기간 동안, 즉 60여 년에 걸쳐서 변화 발전되어 왔다. 그러므로 이 리더십이론의 네 가지 주요 범주들은 리더십 패러다임에 있어서 변화와 발전과정을 보여 준다(Lussir, 2011). 이 절에서는 관리에서부터 리더십에 이르는 패러다임의 변화에 대해서 학습하게 될 것이다.

리더십 특성이론 패러다임

리더십에 대한 초기의 연구는, 리더는 만들어지는 것이 아니라 선천적으로 타고나는 것이라고 가정했다. 때문에 연구자들은 리더가 공통적으로 갖추고 있는 특성 그 자체, 즉 리더와 추종자들을 구별하게 하는 특성, 그리고 효과적인 리더와 비효과적인 리더를 구별해 주는 특성들을 확인하고 찾아내고자 하였다. 여기서 특성이란 개인의 특징적인 특질을 말한다.

이러한 연구방법의 근저에는 어떤 경우에도 리더를 특징짓는 것으로서 성격특성이나 사회적 특성 및 신체적 특성이 있음을 전제하고 있다. 이러한 견해에 의하면 개인의 선천적인 특성은 상황 여하에 불구하고 리더에게 필요한 특성이라고 할 수 있다. 더욱이 모든 사람이 그러한 특성을 가지고 있다고 할 수 없으므로 그러한 특성을 가진 사람만이 리더가 될 수 있다고 보는 견해이다. 따라서 특성이론은 리더십 유효성을 설명하는 차별화된 특질들을 설명하는 이론이다.

연구자들은 성공한 모든 리더들이 갖고 있는 특성들을 확인하기 위해서 높은 에너지 수준, 용모, 주도력, 자립심, 설득력, 지배력 등과 같은 신체적이고 심리적인 특질들을 분석했다. 이러한 특질들은 승진 후보자들을 리더십이 요구되는 직위에 승진시키고자 할 때 승진을 위한 선행조건으로 사용되기도 하였다. 특히, 1930년대와 1940년대에 이러한 자질들을 발견하기 위해서 많은 연구들이 수행되었다. 그러나 그 누구도 성공한 리더들이 갖고 있는 일반적인 특성이나 성공적인 리더십을 보장하는 특질들을 제시하지 못했다. 데이비스Davis는 리더의 이러한 특성들과 리더로서의 성공 사이에는 일관된 상관이 없다고 결론을 내렸다. 왜냐하면 리더의 모든 특성에 대한 측정의 신뢰성이 부족할 뿐만 아니라 리더의 개인적 특성이란 단지 전체적인 리더십 상황의 일부분에 지나지 않는 것이므로 리더의 특성이 과업수행에 결정적인 영향을 주지 않는다고 생각했기 때문이다. 그러므로 리더십 상황이 미치는 영향을 전혀 고려하지 않고 리더의 특성만으로 집단의 목표를 성공적으로 수행할 수 있다고 단정하는 것은 성급한 판단이다.

스토그딜Stogdill도 리더의 특성을 밝히기 위한 연구를 한 결과 리더의 특성을 지능, 성취동기, 책임감, 참여의식 등으로 분류하였다. 그러나 그는 보다 중요한 요인으로서 리더십 상황을 고려해야 한다고 강조하였다. 대부분의 연구결과, 효과적인 과업수행과 상관관계가 있다고 밝힌 리더의 구체적인 특성들이 정적正的이든 부적負的이든 서로 일치하고는 있으나 그 내용에 있어서는 대조적인 현상을 나타내는 경우가 많았기 때문이다. 그리고 이러한 대조적 현상을 설명하기 위해서는 상황적 측면을 고려해야 한다고 주장하였다. 그렇기 때문에 리더십을 리더로서 행동하는 개인의 성격특성이라고 생각하기보다는 집단의 직무상황 속에서 사람들 사이에 존재하는 관계성으로 보아야 한다고 주장하였다(Stogdill, 1948).

리더십이 리더와 집단구성원 간의 미묘한 인간심리를 연구대상으로 하고 있는 이상 인간의 기본요소인 성격특성을 완전히 배제시킬 수는 없다. 왜냐하면 소집단에서는 리더 개인의 성격특성이 실제로 중요한 역할을 수행하고 있음을 부인할 수 없기 때문이다. 그러나 특성이론의 관점에 의하면 리더십 훈련은 선천적으로 리더로서의 특성을 가지고 있는 사람에게만 도움이 될 뿐이라고 해석할 수 있다. 이러한 견해는 리더십 훈련의 무가치함을 시사하고 있는 것으로서 리더십은 훈련되어질 수 있다는 입장에서 볼 때 비판받고 있다.

성격을 분류하는 방법은 여러 가지가 있다. 그중에서 성격특성의 빅 5big five 모델은 연령, 성별, 인종 및 언어집단 등을 통틀어서 많은 지지를 받고 신뢰성을 갖고 있기 때문에 성격을 분류하는 데 있어서 가장 널리 인정받고 있는 방법이므로 이에 대해서 좀 더 구체적으로 학습하기로 한다.

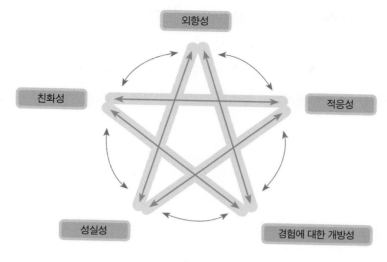

자료 : Judge, T. A., Heller, D. & Mount, M.(2002).

| 그림 3-2 | 빅 5 성격 차원 |

빅 5 모델

빅 5 모델은 그림 3-2에서 보는 바와 같이 수많은 특성들을 외향성, 친화성, 적응성, 성실성 및 경험에 대한 개방성이라는 다섯 가지 차원으로 분류한다. 이 모델을 이용하면 다른 누군가를 묘사하기 위해서 자신이 알고 있는 특성들을 전부 사용하지 않아도 다섯 가지 성격 차원 중에서 하나의 성격 차원으로 충분히 범주화시킬 수 있다. 그러므로 빅 5 모델 각각의 성격 차원은 복합적인 특성들을 포함하고 있다고 볼 수 있다.

외향성

외향성 성격 차원은 외향적인 특성들을 포함하는데, 일반적으로 '주도성'이라고도 한다. 외향성 성격특성을 강하게 갖고 있는 사람들은 책임자 역할을 선호한다. 주도적인 행동을 하는 사람들은 앞에 나서서 지휘하는 것에서부터 경쟁하고 영향력을 행사하는 것 등에 관심을 갖는다. 반면에 외향성이 약한 사람들은 추종자가 되기를 선호하고 경쟁하거나 영향력을 행사하는 것을 좋아하지 않는다. 외향성은 한쪽 끝이 외향적인 사람이고 다른 쪽 끝이 내성적인 사람의 연속선상에서 어느 한 지점에 위치한다. 내성적인 사람은 수줍어하는 반면 외향적인 사람은 활발하며 새로운 사람들을 만나는 것을 좋아하고, 적극적이며 다른 사람 앞에 나서기를 좋아한다.

친화성

친화성 성격 차원은 다른 사람들과 잘 어울리는 것과 관련된 특성들을 포함한다. 친화적인 성격을 가진 사람의 행동은 마음이 따뜻하고 배려심이 많으며, 느긋하면 서도 순응적이고, 연민이 많고 온화하며, 다정하고 사교적이다. 때문에 친화적인 성격이 강한 유형은 사교적이기 때문에 대부분의 시간을 다른 사람들과 함께 보내며 친구들 또한 많다.

적응성

적응성 성격 차원은 정서적 안정성과 관련된 특성들을 포함한다. 적응성은 정서적으로 안정된 상태와 불안정한 상태의 연속선상에 있다. 안정적인 특성은 자기통제를 잘하고 태연하며, 스트레스를 잘 견디고, 느긋하며 긍정적이고 다른 사람들을 칭찬하는 것 등과 관련이 있다. 반면에 불안정한 것(신경질적인 것)은 통제를 벗어나고, 스트레스를 견디지 못하며, 불안해하고 자신이 없으며, 부정적이고 적대적이며, 다른 사람들을 비판하는 것 등과 관련된다.

성실성

성실성 성격 차원은 성취와 관련된 특성들을 포함한다. 성실성은 책임감이 있는 것(믿을 수 있는 것)과 책임감이 없는 것(믿을 수 없는 것) 사이의 연속선상에 있다. 높은 성실성과 관련된 다른 특성들은 신뢰성, 순응성 등을 포함한다. 성실성 특성을 지닌 사람들은 열심히 일하고 많은 시간을 투자하며, 성공을 이루기 위한 목표달성에 집중하는 성향(다른 말로는 조직시민행동이라고 함)이 강하다.

경험에 대한 개방성

경험에 대한 개방성 성격 차원은 기꺼이 변화하고 새로운 것들을 시도하려는 것과 관련된 특성들을 포함한다. 경험에 대한 개방성과 관련한 성격특성을 약하게 갖고 있는 사람들은 변화와 새로운 것을 회피한다. 반면에 강한 개방성을 갖고 있는 사람들은 상상력이 풍부하고 순응하지 않으며 관습에 얽매이지 않고 자율적이다.

연구자들은 빅 5 모델의 성격 차원과 리더십의 상관관계를 조사한 73개의 연구 결과를 대상으로 메타분석을 실시했다. 메타분석 결과 리더십과 가장 높은 상관관계를 갖는 특성은 외향성(.31)이고, 그 다음이 성실성(.28)이며 경험에 대한 개방성(.24)이 그 다음 순이었다. 친화성(.08)은 낮은 상관관계를 보였고, 적응성(-.24)은 부적상관을 보였다(Wefald & Katz, 2007).

효과적인 리더의 특성

리더십 특성이론이 보편성을 갖기 위해서는 모든 리더들이 동일한 특성을 가져야 한다. 그러나 모든 연구자들이 인정하는 일반적인 특성이 발견되지 않았고, 효과적인 리더들이 모두 동일한 특성을 갖고 있지도 않다. 여기서 소개하는 내용은 긍정적인 측면에서, 특성연구 결과 효과적인 리더의 특성이라고 지지되고 있는 몇 가지 특성들을 소개한다(그림 3-3). 그러나 이러한 모든 특성을 갖고 있지 않다고 해서 성공적인 리더가 될 수 없다는 것을 의미하지 않는다. 더 나아가 우리는 노력을 통해서 이러한 특성들을 개발할 수 있음을 인식해야 한다.

주도성

주도성은 빅 5 모델의 외향적 특성 중 한 요소이다. 주도성은 리더십과 정적인 상관관계를 갖고 있다. 성공적인 리더는 관리자가 되는 것을 원하고 책임 맡는 것을 원한다.

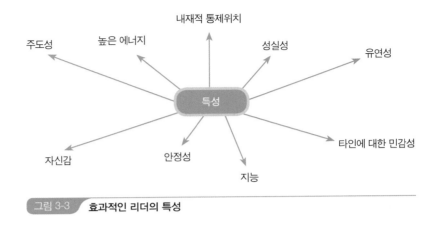

내재적 통제위치

주도성   높은 에너지   성실성   유연성

특성

타인에 대한 민감성

자신감   안정성   지능

그림 3-3   효과적인 리더의 특성

높은 에너지

높은 에너지는 빅 5 모델의 성실성 차원에 속한다. 효과적인 리더는 강력한 추진력을 갖고 목표를 달성하기 위해서 열심히 일하고자 하는 높은 에너지를 갖고 있다. 긍정적인 면에 초점을 두고 강한 체력을 갖고 있으며 스트레스를 잘 관리한다. 또한 열정을 갖고 긍정적인 태도를 보임으로써 포기하지 않는다. 이들 리더는 끈기를 갖고 장애를 극복하려고 노력함으로써 좌절감에 대한 높은 인내심을 갖고 있다.

자신감

자신감은 빅 5 모델의 성실성 차원에 속한다. 자신감은 자신의 판단, 의사결정, 아이디어 및 능력을 스스로 확신하고 있는 정도를 나타낸다. 효과적인 리더는 자신의 능력에 대해 스스로 확신하는 것을 보여 주고 추종자들에게서 자신감을 불러일으킨다. 자신감은 개인의 목표, 노력 및 과업 지속성에 영향을 미친다. 자신감 있는 리더는 스스로를 의심하지 않는다. 이들은 현실적으로 자신감을 갖고 있는 사람이다. 자신감 있는 리더는 오만하게 '아는 체하는 사람'도 아니고 다른 사람들을 무시하지도 않는다. 정서적으로 안정된 사람이다.

통제위치

통제위치는 빅 5 모델의 경험에 대한 개방성 차원에 속한다. 통제위치는 개인의 운명을 통제하는 것은 자신의 내부에 있다는 내적 믿음과 운명을 통제하는 것은 외부에 있다는 외적 믿음 간의 연속선상에 있다. 외재론자들은 그들의 운명을 통제하지 못하고 그들의 행동은 성과와 관련이 없다고 믿는다. 이들은 일반적으로 낮은 성과 수준을 보인다. 반면에 내재론자들은 그들의 운명을 스스로 통제하고 그들의 행동은 직접적으로 성과에 영향을 미친다고 믿는다. 이들은 자신의 행동과 성과에 책임을 지며 미래지향적이다.

안정성

안정성은 빅 5 모델의 적응성에 속하며, 관리적인 면에서 효과성과 관련되어 있다. 안정적인 리더는 자기 자신을 정서적으로 통제하고, 자신의 강점과 약점을 잘 알고 있으며, 방어적이기보다는 자기 발전적이다.

성실성

성실성은 정직하고 윤리적이며 개인을 믿을 수 있게 만드는 행동과 관련된다. 성실성은 다른 사람들을 희생시켜 자신의 이익을 추구하는 것과 반대되는 개념이다. 즉, 성실성은 거짓말하지 않고 속이지 않는 정직한 행위와 관련된 특성이다. 만약 추종자들이 자신의 리더가 정직하지 못하거나 리더 자신의 이익을 위해서 자신들을 이용했다는 것을 알게 된다면, 리더는 추종자들의 신뢰를 잃게 될 것이다.

지능

지능은 빅 5 모델의 경험에 대한 개방성 차원에 속한다. 지능은 비판적으로 생각하고 문제를 해결하며 의사결정을 하는 인지적 능력을 의미한다. 지능은 일반적으로 정신적 능력을 말하는데, 가장 믿을 만한 직무성과의 예측변수이다. 특히, 감성지능은 사람들과 함께 일하고 잘 지내는 능력으로 직무성과를 향상시키는 데 많은 영향을 미친다. 감성지능은 자기인식, 사회적 인식, 자기관리, 관계관리의 네 가지 요소로 대별된다(Goleman, 2002).

유연성

유연성은 각기 다른 상황들에 적응하는 능력을 말한다. 리더는 엄청나게 많은 변화의 소용돌이 앞에 서야 한다. 그리고 그 변화의 속도는 점점 더 빨라질 것이다. 만약 리더가 유연성을 갖고 있지 못하다면 성공할 수 없다. 효과적인 리더는 유연성을 갖고 상황에 적응해야 한다. 유연성은 빅 5 모델의 경험에 대한 개방성 차원에 속한다.

타인에 대한 민감성

타인에 대한 민감성은 빅 5 모델의 친화성과 관련이 있다. 타인에 대한 민감성은 집단구성원 개개인들과 그들이 하는 일을 잘 알고, 그들과 소통하며 그들에게 영향을 주는 가장 좋은 방법을 이해하는 것과 관련된다. 다른 사람들에게 민감하기 위해서는 감성지능이 필요하다. 민감성은 자신을 먼저 생각하는 데 있지 않으므로 다른 사람들에 대해 많은 관심을 보인다.

리더십 행위이론 패러다임

1950년대에 들어서면서부터 대부분의 리더십 연구는 성공적인 리더의 특성을 발견하고자 했던 특성연구로부터 효과적인 리더가 직무현장에서 실제로 행했던 것(행동)이 무엇이었는지를 밝히는 것에 초점을 두는 것으로 연구의 패러다임이 변화되었다. 이 이론의 지지자들은 리더의 성격특성보다도 리더가 취하는 행동에 중점을 두고 효과적인 리더십 유형을 발견하려는 입장을 취했다. 이들의 연구 중점은 리더에게 요구되는 역할이 집단의 성격과 상황, 집단성원과 리더와의 관계에 따라 다를 것이라고 가정하고 집단의 성공적인 과업수행을 위하여 요구되는 리더의 행동은 각 상황별로 어떤 유형인지를 밝히려는 것이었다.

리더십의 특성이론으로부터 벗어나 상황 및 행동요인을 찾으려고 처음 시도했던 오하이오Ohio주립대학과 미시간Michigan대학의 연구에서는 리더십 행동을 구조화構造化와 배려의 두 요인으로 분류하였다(Stogdill & Carroll, 1955). 이들의 연구에서는 배려적인 행동을 하는 리더가 속해 있는 집단이 비교적 높은 직무만족과 생산성을 얻는다고 밝혔다. 그러나 이와는 상반되게 화이트와 윌리암스Whyte & Williams가 수행한 페루비언peruvian의 연구에서는 종업원들이 구조화 행동을 하는 과업 지향적인 리더를 더 좋아했으며 생산성도 더 높았다는 연구결과를 얻었다(Whyte & Williams, 1963). 이러한 연구결과 역시 리더십 효과성은 상황에 따라 달라질 수 있다는 것을 암시하고 있다.

이 밖에도 블레이크와 뮤톤은 리더십 유형을 사교클럽형型, 팀리더형, 무기력형, 과업지향형, 중도형으로 구분하였으며(Blake & Mouton, 1964), 태넌바움과 슈미트Tannenbaum & Schmidt는 보스boss 중심적인 권위형과 부하 중심적인 민주형으로 리더십 유형을 분류하기도 하였다(Tannenbaum & Schmidt, 1958). 한편, 다른 연구자들은 과업지향 리더와 인간지향 리더십이라는 두 가지 리더십 유형으로 구분했다. 이처럼 리더십 행위이론은 리더십을 이해하는 데 도움을 주는 행위들을 분류하는 방법을 찾아내는 데 중점을 두었다. 그러나 리더십 행위와 리더십 유효성 간의 상관관계를 조사한 많은 연구결과에 의하면, 모든 상황에서 가장 훌륭한 리더십 스타일이 존재한다는 것에 대한 합의는 없었다. 이 절에서는 두 개의 대표적인 리더십 행위이론에 대해서 학습하기로 한다.

미시간대학의 연구 : 직무 중심과 종업원 중심 행동

미시간대학의 설문연구센터는 리더십 유효성을 결정하기 위한 연구를 수행했다. 이들의 연구목표는 생산성이 높은 조직들과 생산성이 낮은 조직들로부터 리더들의 행동을 비교하여 효과적인 리더와 비효과적인 리더를 분류하고, 효과적인 리더

직무 중심
리더십 스타일

종업원 중심
리더십 스타일

자료 : Adapted from R.(1961).

그림 3-4 **미시간대학의 리더십 모델(1개 차원)**

십을 결정하려는 것이었다. 연구결과 이들은 그림 3-4에 제시된 바와 같이 직무 중심과 종업원 중심이라고 불리는 두 종류의 리더십 스타일을 발견했다. 직무 중심적 행동은 리더가 과업을 완수하기 위해 책임을 지는 정도에 대한 것을 의미한다. 직무 중심적 리더는 명확한 역할과 목표를 가지고 부하직원들에게 철저하게 지시하는 행동을 한다. 반면에 종업원 중심적 리더는 구성원들과의 관계를 발전시키면서 그들의 인간적 욕구를 충족시키기 위해 노력하는 행동을 한다. 이러한 리더는 추종자들에게 민감하게 반응하고 복지에 관심을 기울이면서, 신뢰를 구축하고 지원해 주며 존중하는 태도로 의사소통을 한다.

오하이오주립대학의 연구 : 구조주도와 배려 행동

오하이오주립대학의 인사연구위원회는 리더십 스타일을 측정하는 도구인 LB-DQLeader Behavior Description Questionnaire를 개발하고, 설문을 실시하여 구조주도 행동과 배려 행동이라는 두 개의 리더십 스타일을 발견했다.

구조주도 행동

- 구조주도 리더십 스타일은 본질적으로 직무 중심적 리더십 스타일과 같다.
- 구조주도 행동은 과업을 완수하는 데 우선적인 관심을 둔다.

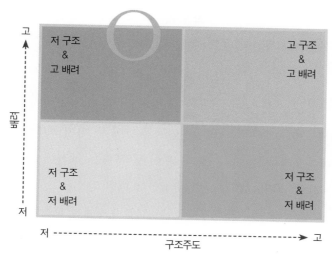

자료 : Adapted from R.(1961).

그림 3-5 **오하이오주립대학의 리더십 모델(2개 차원)**

배려 행동

- 배려적 리더십 스타일은 본질적으로 종업원 중심적 리더십 스타일과 같다.
- 사람들의 욕구를 충족시키고 관계를 발전시키는 데 우선적인 관심을 둔다.

그림 3-5와 같이, 오하이오주립대학의 리더십 모델은 낮은 구조와 높은 배려, 높은 구조와 높은 배려, 낮은 구조와 낮은 배려 그리고 높은 구조와 낮은 배려의 네 가지 리더십 스타일로 설명된다. 높은 구조와 낮은 배려 행동을 보이는 리더들은 일방향 커뮤니케이션을 사용하고, 일방적 의사결정을 하게 된다. 반면에 높은 배려와 낮은 구조 차원에 위치한 리더들은 양방향 커뮤니케이션을 사용하고, 의사결정을 공유하는 경향이 있다.

두 대학의 리더십 모델은 차이가 있다. 미시간대학의 리더십 모델은 두 가지 리더십 행동(직무 중심과 종업원 중심 행동)을 같은 연속선상의 양쪽 끝에 놓는 1개 차원을 사용하고 있다. 그러나 오하이오주립대학의 리더십 모델은 두 가지 행동(구조주도와 배려 행동)을 서로 독립적인 것으로 생각하고 2개의 차원을 사용하여 네 가지 리더십 스타일을 제시하고 있다.

리더십 그리드이론

리더십 그리드grid이론 역시 두 대학의 연구와 같이 두 가지 리더십 차원에 기초하고 있다. 블레이크와 뮤톤Blake & Mouton은 이 두 차원을 '생산에 대한 관심'과 '사람에 대한 관심'으로 명명하였다. 사람과 생산에 대한 관심은 질문지를 통하여 1~9까지의 척도로 측정된다. 그래서 그리드는 그림 3-6에서 보는 바와 같이 생산과 사람에 대한 관심에 따라 81개의 조합을 갖고 있다. 리더십 그리드이론은 이 조합을 기초로 리더십 유형을 무관심형 리더(1.1), 권위순응형 리더(9.1), 컨트리클럽형 리더(1.9), 중간형 리더(5.5), 그리고 팀 리더(9.9)로 구분했다(Blake & Mouton, 1964).

무관심형 리더(1.1)

- 생산과 사람에 대해 둘 다 낮은 관심을 보인다.
- 리더는 직위를 유지하는 데 필요한 최소한의 일만 한다.

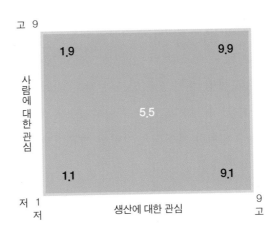

자료 : Blake & Mouton(1985).

그림 3-6 **블레이크와 뮤톤의 리더십 그리드**

권위순응형 리더(9.1)

■ 생산에 대해서는 높은 관심을 보이나 사람에 대해서는 낮은 관심을 갖는다.

■ 사람을 기계처럼 취급하며 과업을 완수하는 데 우선적인 중점을 둔다.

컨트리클럽형 리더(1.9)

■ 사람에 대해서는 높은 관심을 보이고 생산에 대해서는 낮은 관심을 갖는다.

■ 이러한 리더는 생산에 대한 고려 없이 우호적인 분위기를 유지하기 위해 노력한다.

중간형 리더(5.5)

■ 생산과 사람에 대해 균형을 유지하고 중간적인 관심을 보인다.

■ 이러한 리더는 적당한 성과와 사기를 유지하기 위해 노력한다.

팀 리더(9.9)

■ 생산과 사람에 대해 둘 다 높은 관심을 갖는다.

■ 이 유형의 리더는 최대의 성과와 종업원 만족을 위해 노력한다.

리더십 상황이론 패러다임

1960년대에 들어서면서 모든 상황에 맞는 이상적인 리더십 스타일은 없다는 것이 분명해졌다. 이 같은 물음에 대한 답은 리더십 효과성은 상황에 따라 다르다는 것이었다. 이러한 이유로 인하여 리더십 패러다임이 상황이론으로 전환되었다. 상황이론 패러다임에서는 연구의 관심을 리더에게 두는 것이 아니고 리더가 처해 있는 직무상황에 둔다. 즉, 리더는 최소한 리더로서의 자질을 갖추어야 하지만 그보다 더 중요한 것은 리더가 당면하는 직무 또는 리더십 상황이라고 가정하고, 리더십의 효과성에 영향을 미치는 상황변인을 발견하려는 데 연구의 중점을 두었다. 그러므로 리더십 상황이론은 리더와 추종자 및 리더십 상황에 기초하여 적절한 리더십 스타일을 설명하려고 노력한다. 다시 말해서, 상황변수가 주어졌을 때 어떤 특성이나 행위가 성공적인 리더십을 발휘하게 하는가? 이러한 관점에서 기본적으로 변하지 않는 리더십 스타일과 제반 상황변인들 간의 상호작용에 보다 큰 연구의 관심을 두게 되었다. 즉, 리더의 어떤 성격특질이 어떤 상황과 어떠한 관계에 있을 때 리더십 효과성이 증대되는 것인가에 대하여 연구의 초점을 맞추게 되었다. 이와 같은 여러 가지 분석적 연구방법을 대표하는 이론이 바로 피들러(Fiedler, 1951)의 상황적합 리더십 모델contingency model이다(이순창, 2002).

리더십이란 리더와 집단구성원 및 집단이 수행하는 직무상황에 따라 그 효과성이 달라지는 역동적 과정dynamic process이라고 허시Hersey가 말한 바와 같이 리더의 단일특성과 특정 리더십 유형이 모든 직무상황에 적합한 것은 아니다. 이러한 관점에서 볼 때 리더십이란 상황조건별 관계contingency relationship에 따라 그 효과가 다르다고 할 수 있다. 다시 말해서, 어떤 직무상황에서 효과적이었던 리더가 다른 상황에서는 비효과적일 수 있다. 이러한 가정을 배경으로 리더의 어떤 성격특질이 어떤 상황조건과 어울려 조합調合될 때 리더십 효과성이 더 증대되는가에 관한 연구들이 수행되었는데, 이러한 분석적 연구방법을 대표하는 것이 피들러Fiedler의 상황적합 모델이다. 이 모델에 의하면 리더십 효과성 또는 집단의 성과는 리더의 리더십 유형과 직무상황(상황 통제력)에 의해서 결정된다.

리더십 유형과 LPC(리더의 동기체계)

피들러는 리더십 유형을 과업지향적 리더(과업동기부여된 리더)와 관계지향적 리더(인간관계 동기부여된 리더)로 분류하였다. 이러한 리더십 유형은 리더가 소유하고 있는 기본적 동기체계motivational structure에 의해 결정된다. 이러한 동기체계는 LPCLeast Preferred Coworker 척도尺度로 측정하는데, 피들러에 의하면 고LPC(64점 이상) 리더는 원만한 대인관계를 유지하려는 데 강한 욕구를 가진 인간관계동기가 부여된 사람이며, 저LPC(57점 이하) 리더는 과업을 성공적으로 완수하려는 데 강한 욕구를 가진 과업동기가 부여된 사람이다. 이처럼 리더의 동기체계는 그의 리더십 유형을 결정해 주는 중요 요인이다. 리더의 동기체계는 집단구성원과 관계하면서 조직의 목표를 달성하려는 리더의 기본적인 동기, 즉 다양한 리더십 상황에서 리더의 행동에 동기를 부여하는 그의 마음속에 내재해 있는 욕구구조need structure를 의미한다.

상황 통제력(상황의 유리성 정도)

리더십은 본래 권한과 영향력을 수반하는 인간의 상호관계이다. 그렇기 때문에 상황적합이론에 있어서 두 번째로 중요한 요소는 리더가 권한과 영향력을 행사하는 데 있어서 직무상황이 리더에게 얼마나 유리한가의 정도를 나타내는 상황의 유리성 정도situational favorableness dimension이다. 이 상황의 유리성 정도는 세 가지 상황요인에 의해서 결정된다. 그것은 곧 리더와 집단성원과의 인간관계, 과업구조, 리더의 직위권한이다. 이와 같은 세 가지 리더십 상황조건이 어떻게 조합되느냐에 따라 리더에게 유리한 상황도 될 수 있고 불리한 상황도 될 수 있다. 유리한 직무상황에 있을 때 리더는 많은 통제권한을 행사할 수 있으나 이와는 반대로 리더가 불리한 직무상황에 놓이게 되면 그의 통제권한은 약해진다. 이러한 의미에서 상황의 유리성 정도를 '상황 통제력'이라고 한다.

리더와 집단성원 간 관계

리더와 집단구성원과의 관계leader-member relation는 리더가 권한과 영향력을 행사하는 데 있어서 가장 중요한 요인이다. 이것은 리더와 집단성원과의 관계가 좋은 정도를 나타내는 것으로서 리더가 집단성원에 의해 지지되고 있는 정도와 리더에 대한 성원들의 충성 정도를 나타낸다. 만약 리더와 집단성원들과의 관계가 좋다면 리더는 과업수행 동안 더 많은 권한을 행사할 수 있을 것이다. 리더와 성원 사이에 알력이 있고 성원들이 리더를 싫어하며 리더의 명령에 따르지 않는다면 리더는 많은 권한을 행사할 수 없을 것이다.

과업구조

과업구조task structure는 상황 통제력을 결정하는 데 있어서 두 번째로 중요한 상황요인이다. 과업구조는 과업수행의 절차와 방법이 분명한가의 여부를 나타내는 것으로서 집단성원들에게 과업을 지시하고, 과업수행 성과를 평가하는 리더의 권한에 영향을 미친다. 왜냐하면 과제가 구조화되어 있고 과제수행의 절차나 방법이 명백하며 프로그램화된 것이라면 과제가 비구조적이며 수행방법이 애매모호한 것일 때보다도 더욱 많은 통제력을 부하들에게 행사할 수 있기 때문이다.

직위권한

직위권한position power이란 리더가 가진 지위에 제공되는 지배권력을 말한다. 즉, 직위권한은 리더가 그의 집단성원들에게 보상이나 처벌을 가할 수 있는 재량권과 집단성원에게 일을 지시하고 감독하며 부하로 하여금 따르도록 강요하는 힘을 의미한다. 만일 리더가 그의 의지대로 부하들에게 보상과 처벌을 가할 수 있고 고용이나 파면을 할 수 있는 지위에 있다면 그렇지 못한 지위에 있는 리더보다 더욱 많은 영향력을 행사할 수 있다.

이상과 같은 세 가지 상황요인, 즉 리더와 집단성원과의 관계, 과업구조, 리더의 직위권한을 조합調合하면 여덟 가지의 리더십 상황이 구성된다. 여덟 가지의 상황은 표 3-1에서 보는 바와 같이 리더에게 아주 유리한 상황조건 'Ⅰ'로부터 아주 불리한 상황조건 'Ⅷ'까지로 분류된다.

표 3-1 리더십 상황의 분류

조 건	리더-성원 간 관계	과업구조	직위권한	상황 유리성
I	좋다	구조적	강	가장 유리한 상황
II	좋다	구조적	약	
III	좋다	비구조적	강	
IV	좋다	비구조적	약	중간 상황
V	별로 좋지 않다	구조적	강	중간 상황
VI	별로 좋지 않다	구조적	약	
VII	별로 좋지 않다	비구조적	강	
VIII	별로 좋지 않다	비구조적	약	가장 불리한 상황

리더십 유형과 상황 통제력과의 관계

피들러는 군軍의 보병 분대장(1964), 고등학교 농구단(1954), 기동훈련에 참여한 B-29조종사 및 탱크 조종수(1955), 수 개의 기업체(1959), 소집훈련에 참여한 방공 포병(1960), 육군과 해군의 ROTC 장교 후보생(1967), 미국과 독일의 대학생 집단 (1977) 등 여러 집단을 대상으로 실시한 실험결과를 분석하여 다음과 같은 결론을 얻었다.

과업동기가 부여된 리더(저LPC 리더)는 상황 통제력이 높은 유리한 리더십 상황과 상황 통제력이 낮은 불리한 리더십 상황에서 더 효과적인 과업수행을 하며, 관계동기 부여된 리더(高LPC 리더)는 직무상황이 유리하지도 않고 불리하지도 않은 보통의 상황, 즉 상황 통제력이 중간 정도인 리더십 상황에서 보다 더 효과적인 과업수행을 한다(Fiedler, 1967).

이상과 같은 리더십 유형과 상황 통제력과의 상관관계를 도시하면 그림 3-7과 같다. 그림 3-7에서 수평축은 리더의 상황 통제력, 즉 직무상황의 유리성 정도를 나타낸 것이며, 수직축은 리더의 LPC점수와 과업수행 점수(즉, 과업수행 성과)와의 상관관계를 나타낸 것이다. 그림의 중간선 위에 있는 계수(-.20~-1.00)가 보여 주

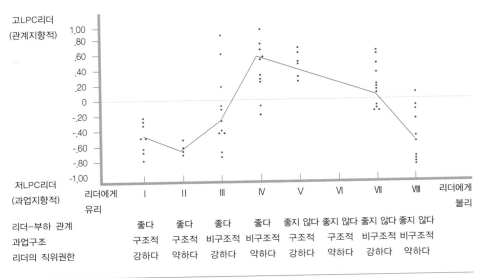

그림 3-7   **LPC점수와 상황 유리성(상황 통제력)과의 관계**

는 정적상관正的相關은 LPC점수가 높을수록 과업수행 성적도 높다는 것을 의미한다. 바꾸어 말하자면 LPC점수가 높은 리더(관계동기부여된 리더)의 과업수행 성과가 LPC점수가 낮은 리더(과업동기 부여된 리더)의 과업수행 성과보다 더 높다는 것을 의미하고 있다. 그림의 중간선 아래의 수치(-.20~-1.00)가 보여 주고 있는 부적상관負的相關은 LPC점수가 낮을수록 과업수행 성적이 높다는 것을 의미한다. 이는 저 LPC 리더(과업동기 부여된 리더)가 고LPC 리더(관계동기 부여된 리더)보다 더 효과적인 과업수행 성과를 달성하고 있음을 보여 주는 것이다.

이상의 상황이론은 리더가 집단의 성과를 향상시키기 위해서 그의 직무상황을 변화시키고 조정하는 인간의 자발성과 능동성을 무시하고 상황요인만을 중요시함으로써 리더십의 역동적 과정을 소홀히 다루고 있기 때문에 리더십 연구에 있어서 만족할 만한 답을 제시하지 못한다는 비판을 받고 있다.

리더십 통합이론 패러다임

1970년대 중반 이후부터 리더십 패러다임은 리더십의 모든 이론을 함께 고려하거나 통합하는 방향으로 전환되었다. 이 통합이론을 대표하는 이론이 곧 카리스마 charisma 리더십, 변혁적 리더십transformational leadership, 스튜어드십stewardship과 서번트 리더십servant leadership 이론 등이다.

용어에서 암시하고 있는 바와 같이 리더십 통합이론은 성공적이고 영향력 있는 리더와 추종자 관계를 설명하기 위해서 특성이론과 행위이론 및 상황이론을 통합하려고 시도한다. 연구자들은 왜 어떤 리더의 추종자들이 기꺼이 그리고 열심히 일하고, 집단과 조직의 목표를 달성하기 위해서 개인적으로 희생하려 하는지 또는 어떻게 효과적인 리더가 추종자들의 행위에 영향을 주는지를 설명하려고 노력한다. 통합이론은 리더의 유효성을 촉진시키는 행위와 특성을 확인하고, 상황에 따라서 리더의 동일한 행동이 추종자들에게 서로 다른 영향을 미치는 이유를 밝혀내는 데 중점을 둔다.

리더십 통합이론은 리더십 정의로부터 시작하여 리더십 전 분야에 걸쳐 영향을 미치는데, 특히 팀 리더십(커뮤니케이션, 코칭, 갈등관리, 리더-추종자 관계, 팔로어십, 의사결정 등)과 조직 리더십(카리스마적 리더십과 변혁적 리더십, 서번트 리더십, 문화 및 윤리, 전략적 리더십과 변화관리, 위기관리 리더십과 학습조직 등)에 관련되어 영향을 미친다. 여러분들은 통합이론을 대표하는 몇 가지 리더십에 대해서만 학습하기로 한다.

변혁적 리더십

변혁을 의미하는 'transform'이라는 단어는 우리가 일반적으로 사용하는 'change'라는 말과는 약간의 차이가 있다. 두 개의 단어 모두가 변화를 의미하는 것은 동일하지만, 일반적으로 'change'는 외형적 변화를 더 강조하는 반면 'transform'이라는 단어는 깊은 내면의 변화를 의미한다. 때문에 변화라는 말 대신에 변혁이라는 용어를 사용해서 변혁적 리더십이라 칭하고 있다.

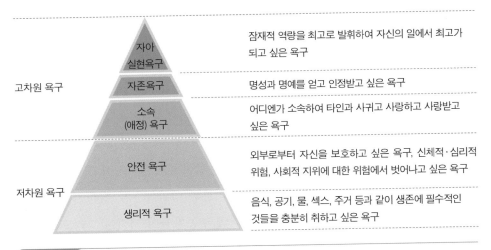

그림 3-8 　매슬로의 욕구 5단계이론

그렇다면 무엇을 깊이 있게 바꾼다는 말인가? 변혁적 리더십의 기본 관점에서 보면, 리더는 추종자들이 가진 내면의 욕구체계와 가치관을 저차원 욕구에서 고차원 욕구로 바꿔주는 사람을 의미한다. 그림 3-8에 제시된 바와 같이 매슬로Maslow는 인간의 욕구체계를 다섯 가지로 분류하고, 사람의 욕구를 저차원의 욕구와 고차원의 욕구로 대별했다. 우리는 대부분 하루하루를 현실적 필요를 충족시키기 위해서 살아간다. 그러나 변혁적 리더들은 저차원의 욕구에 의해서 살아가는 사람들을 미래의 비전과 원대한 목적을 가지고 살아가도록, 즉 고차원의 욕구에 의해서 살아가도록 만드는 사람이라고 할 수 있다.

변혁적 리더의 행동과 특성

변혁적 리더는 어떻게 추종자들을 변혁시킬 수 있는 것일까? 배스와 아빌리오Bass & Avilio에 의하면 변혁적 리더십은 카리스마(이상화된 영향력), 영감적 동기부여, 개인적 배려 그리고 지적 자극이라는 4개의 행동 차원으로 구성되어 있다(House, 1997). 변혁적 리더들은 이 4개의 행동을 추종자들에게 보여 줌으로써 그들 내면의 가치체계를 고차원화한다.

■ 카리스마

카리스마charisma(이상화된 영향력)는 변혁적 과정의 기본적인 요소이다. 카리스마는 조직구성원들에게 성공이나 성취에 대한 비전을 자신감과 열정으로 제시하여 조직구성원들로 하여금 그러한 비전을 강력히 지지하게 만들어 그들을 이끌어 나가는 능력이다. 카리스마를 갖춘 리더는 조직구성원들 마음속에 미래의 역할 모델상으로 인식되고 그들이 나아가야 할 방향과 성취의 상징으로 여겨진다.

■ 개인적 배려

개인적 배려individual consideration는 리더가 조직구성원 개개인에 대해 세심한 관심을 기울여 개개인이 갖고 있는 욕구나 역량을 파악하고, 개개인의 수준에 맞게 대우해 줌으로써 조직구성원들이 스스로 동기를 유발하도록 유도해 주는 것을 말한다. 즉, 조직구성원 개개인이 가지는 욕구의 차이를 인정하고, 자신의 욕구 수준을 보다 높은 수준으로 끌어올리며, 구성원들로 하여금 높은 성과를 올릴 수 있도록 잠재력을 개발해 주는 행동이다.

■ 지적 자극

지적 자극intellectual stimulation은 조직구성원들이 과거의 구태의연한 사고방식과 업무습관에서 벗어나 새로운 방식으로 문제를 인식하고 이를 해결하도록 유도해 나가는 행위를 의미한다. 즉, 문제해결방법에 대하여 새로운 인식을 갖고 창의적인 해결방법을 모색하도록 자극을 주는 행위를 말한다.

■ 영감적 동기부여

영감적 동기부여inspiration motivation란 리더가 절망의 수렁에 빠진 추종자들로 하여금 큰 희망을 갖게 하고, 슬퍼하는 사람들의 마음을 기쁨으로 충만하게 하며, 진부한 일상을 탈출하여 참신한 세계를 체험하게 해주는 것들과 같이 현재의 상태보다 훨씬 좋은 대안이며 공유될 수 있는 미래의 이상적인 목표를 향해 열정을 갖도록 의사소통하는 방법을 의미한다. 리더는 집단이 달성할 수 있는 것을 제시하기 위해서 환상적인 설명방법을 사용한다. 그러면 추종자들은 열광하게 되며 조직목적을 달성하기 위해서 동기화된다.

변혁적 리더십의 효과

변혁적 리더십의 반대 개념은 거래적transactional 리더십이다. 이것은 리더가 추종자들에게 혜택과 이익을 베풀면 추종자들은 그 보답으로 리더에게 더 충성을 바치는 것 등과 같이 리더와 추종자들 간의 거래현상을 지칭하는 개념이다. 거래적 리더십의 구체적 내용은 바로 리더의 조건적 보상행위와 예외적 관리행위이다. 즉, 리더는 추종자들에게 필요한 일을 주고 그 대신 보상을 제시한다. 예외적 관리라는 것은 일을 주고 내버려두었다가 하급자가 문제를 일으켰을 때만 리더가 관여하는 것을 말한다. 평소에는 전혀 관심을 가지고 있지 않던 리더가 문제가 터지면 모든 권한을 회수하고 잘못을 시인하게 하며 벌을 가하기도 한다. 이러한 행위들은 경제적·사회적 교환을 통해서 조직 내의 안정을 유지하기 위한 노력의 일환이다.

그러나 거래적 리더십의 교환은 추종자 자신의 이익에 만족을 주는 반면에 변혁적 리더십은 추종자들이 자기 이익을 넘어서 조직의 이익을 위해 행동하도록 고무하고, 더 높은 이상과 도덕적 가치관에 호소함으로써 추종자들을 동기부여시킨다. 변혁적 리더십은 개인, 조직 그리고 지역사회를 변혁시킴은 물론 개인, 집단, 조직의 성과에 긍정적인 영향을 미친다. 개인 수준에서 변혁적 리더들은 자기이익에서 집단이익으로 관심을 돌리도록 구성원들에게 영향을 미친다. 또한 카리스마와 힘을 사용하여 강한 몰입을 이끌어 내고, 추종자들에게 영감을 불어넣는다. 집단 수준에서 변혁적 리더들은 팀 성과 및 팀 잠재력에 긍정적 영향을 준다. 조직 수준에서는 변혁적 리더십이 조직의 분위기와 문화 모두를 변화시킬 수 있으며, 조직학습에도 강한 영향을 미친다.

팔로어십

팔로어십followership은 대학생에게 대인관계나 공동체생활에서의 바람직한 리더십 모델을 제시한다. 대학생은 아직 본격적으로 공식조직의 리더나 구성원으로서 활동하기보다는 자신의 가정, 학교, 동아리, 기타 활동단체 등에서 팔로어의 위치에 있는 경우가 대분분이다. 그러므로 자신이 속한 가정이나 학교, 단체에서 효율적인 팔로어가 되기 위한 교육훈련과정을 이수하는 것은 큰 의미가 있다. 예를 들어, 대학에서의 리더를 지도교수나 과대표라고 할 때 일반 학생들은 지도교수나 과대표의 리더 역할에 도움이 되고 긍정적 영향력을 행사하는 비판적 사고, 적극적인 태도와 협조, 헌신 봉사의 정신을 발휘하여야 할 것이다. 이와 같이 학교에서의 유능한 팔로어십은 곧 학교 바깥의 지역사회나 기타 조직의 리더십으로 전이되며, 효율적인 팔로어로서 일상적으로 실천되는 팔로어십은 직업세계와 조직사회에서의 리더십을 형성하는 중요한 기초가 된다. 따라서 대학생에게 바람직한 리더십 모델을 제시하는 팔로어십에 대해 구체적으로 소개한다.

팔로어follower라는 말은 '돕다, 후원하다, 공헌하다'라는 뜻의 고대 독일어인 'follaziohan'에서 유래했다. 즉, 팔로어는 원래 남을 돕고 남에게 봉사하는 사람을 뜻하는 말이다. 이와 같이 팔로어는 다른 사람의 도움을 필요로 하는 리더를 돕는 존재를 말하는데, 이는 팔로어가 명예롭지 못하고 낮은 위치에 선다는 것을 의미하는 것이 아니라 리더와 팔로어 간의 관계는 평등한 공생관계임을 의미한다. 그러나 이상과 같은 본래 의미와는 달리, 기존 연구들이 리더가 발휘하는 리더십에 연구의 초점을 둠으로써 팔로어에 관한 연구가 경시되어 왔으며, 팔로어가 발휘하는 팔로어십에 대한 연구도 리더십 연구의 한 부분으로서 진행되어 왔기 때문에 다양하고 깊은 연구가 이루어지지 않았다. 그 결과, 일반적으로 "팔로어란 다른 사람을 모방하는 사람" 정도로 가볍게 인식되어 왔다. 이러한 사전적 정의는, 팔로어란 리더로부터 명확한 지시를 받기 전까지는 아무것도 할 수 없고, 무조건 지시에만 복종하는 사람을 의미한다고 볼 수 있다. 그러나 21세기의 급변하는 환경 속에서 팔로어들이 성공적으로 직무를 완수하기 위해서는 보다 더 적극적이고 능동적인 역할이 요구된다. 또한 실제에 있어서 조직구성원들은 리더와 팔로어의 역할을 동시에 수행하기도 한다. 그러므로 팔로어의 적극적이고 능동적인 역할을 경시하는 사전적 정의는 팔로어의 역할에 대해 협소한 시각을 나타내고 있는 견해라고 볼 수 있다.

최근, 팔로어십에 관한 연구는 크게 두 가지 방향에서 진행되어 왔다. 하나는 리더십의 하위개념으로 접근하는 방법이며, 다른 하나는 리더십과 대등한 관계에서 독립적으로 접근하는 연구방법이다. 워트만(Wortman, 1986)은 팔로어십을 "주어진 상황에서 조직의 목표달성을 위해 리더가 의도하는 바에 따라 팔로어가 개인이나 집단적 노력에 참여함으로써 개인적 목표를 획득하는 과정"이라고 정의함으로써 팔로어십을 리더십의 하위개념으로 보았다. 이러한 정의는 고전적인 정의로서, 팔로어를 조직의 리더가 주도하는 대로 따라가는 리더십의 하위개념으로 보고 있는 것이다. 반면에 켈리(Kelly, 1992) 등은 팔로어십을 리더십에서 분리하여 독립적으로 접근하는 연구를 진행하였는데, 이는 팔로어의 중요성을 강조하는 입장이다. 켈리Kelly는 팔로어를 "나무와 숲을 동시에 보는 통찰력 그리고 타인과 잘 융합할 수 있는 사회적 역량을 지니고 있으며, 지위와는 상관없이 활동하고, 어떤 목적을 달성하기 위해 적극적으로 참여하고 노력하는 의지를 보유한 사람"으로 정의하고 있다. 한편, 트래비스(Travis, 2003)는 "기업의 목표를 달성하는 데 책임과 권한을 가지는 필수적인 존재"로 팔로어를 정의하고 있다. 이들의 정의는 팔로어를 단순한 추종자적인 존재로만 보는 관점에서 벗어나 리더와 거의 대등한 관계에 있는 존재로 보고 있는 것이다.

이상 두 가지 관점을 종합적으로 고찰해 볼 때, 팔로어십이란 "조직구성원이 사회적 역할과 조직 목적달성에 필요한 역량을 구비하고 조직의 권위와 규범에 따라 주어진 임무를 달성하기 위하여 바람직한 자세를 견지하여 제 역할을 다 하는 제반활동과정"이라고 정의할 수 있다.

켈리는 "조직의 성공에 대한 리더의 기여도는 10~20%에 불과하다. 팔로어십이야 말로 진정한 인적 요인으로서 성공의 80~90%를 좌우한다. 팔로어 없이 이루어질 수 있는 일은 극히 드물다. 팔로어가 있어야 산을 옮길 수 있다"라고 지적했듯이 실제로 아무리 지위가 높은 리더라 할지라도 리더로서 일하는 시간보다 팔로어로 보내는 시간이 많다고 할 수 있다.

우리는 21세기의 개막과 더불어 팔로어의 시대가 도래하고 있음을 보고 있다. 일찍이 러시아나 동유럽 그리고 아프리카의 시민들이 팔로어십의 잠재력을 발휘하여 자신들의 나라, 자신들의 삶에 대한 지배력을 회복했던 사실을 보아왔다. 베를린 장벽도 리더십의 행동에 의해 붕괴된 것이 아니고, 더 이상 참지 못하겠다고 부르짖은 수백만 명의 동독인들이 무너뜨렸던 것이다. 최근에도 '재스민혁명 Jasmine Revolution'으로 튀니지의 벤 알리 대통령이 퇴진하였고, 이를 시발점으로 하여 무바라크(이집트)와 카다피(리비아) 등이 비참한 최후를 맞는 등 재스민혁명은 전 중동을 휩쓸었으며, 중국에서도 재스민 열풍이 부는 등 팔로어들의 활약상이 SNS(twitter, facebook 등)를 타고 전 세계를 흔들고 있다. 이와 같이 역사와 사회의 흐름이 우리로 하여금 강하고 모범적인 팔로어를 만들어 내라고 요구하고 있는 것이다. 직장에서는 점차 팀, 공동 연구, 주인의식, 그리고 아래로부터의 자주관리 운동이 강조되고 있다. 이러한 현상은 리더가 강요하는 삶이 아니라 스스로의 삶을 원하는 팔로어들의 외침인 것이다. 이처럼 팔로어는 지속적으로 강화되고 있는 반면 리더 계급에 대한 분노는 나날이 높아지는 등 리더십은 약화되고 있는 추세이다. 이제 강력한 권위를 가진 리더십의 필요성을 느끼는 사람은 그리 많지 않다. 단지 직위나 조직에서의 위치 때문이 아니라 전문성이나 기대할 만한 목표에 기반을 둔 리더십을 믿고 따르고 있다. 이는 리더와 팔로어의 역할이 더 이상 과거처럼 확연하게 구분되지 않음을 나타내고 있는 증거이며, 팔로어십을 배제하고 리더십만을 강조하는 것은 맹목적 순응주의를 낳게 될 수 있다는 것을 시사하고 있다(Kelley, 1992).

실제로 팔로어십과 리더십은 조직이 성공으로 가는 데 있어서 경쟁관계에 있는 것이 아니라 상호보완적인 존재이다. 조직이 대성공을 거두려면 탁월한 리더와 탁월한 팔로어 이 둘이 다 있어야 가능하다. 팔로어십과 리더십은 서로 분리된 것이 아니라 상호작용하는 관계이며, 계급적인 것이 아니라 상보적인 관계이고, 변증법적인 관계에 있는 것이다.

켈리의 팔로어십 유형

켈리는 팔로어십 유형을 구분하기 위하여 팔로어와 리더를 대상으로 실증적 설문조사를 실시하여 그림 3-9와 같은 팔로어십 유형을 제시하였다. 켈리(1988)는 팔로어십을 "조직의 목표를 달성하는 데 기여하는 팔로어들의 효과적인 자질이나 역할"이라고 정의하고, 팔로어의 특징을 독립적·비판적 사고 대 의존적·무비판적 사고와 적극적·능동적 참여행동 대 소극적·수동적 참여행동의 두 차원으로 구

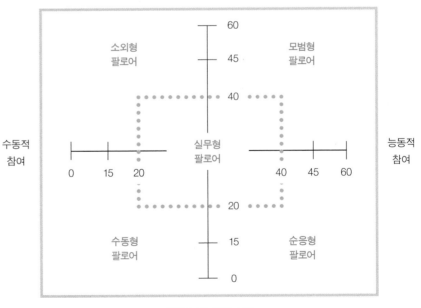

그림 3-9 켈리의 팔로어십 유형

분하였다(Stodgill, 1948). 이 그림에서 X축은 팔로어의 자세가 '수동적인가 적극적인가'를 나타내는 축이며, Y축은 팔로어의 사고방식이 '의존적 무비판적인가, 독립적 비판적인가'를 나타내는 축이다. 켈리는 요인분석 결과를 기초로 팔로어를 수동형passive, 순응형conformist, 소외형alienated, 실무형pragmatist, 모범형exemplary 등 다섯 가지 유형으로 구분하여 제시했다. 이 중에서 모범형 팔로어가 되는 것이 가장 바람직하다.

■ 소외형 팔로어

소외형 팔로어는 독립적이고 비판적 사고는 잘하지만 역할수행에 있어서 적극적 태도는 보여 주지 못하는 유형이다. 소외형은 자신을 리더로부터 부당한 대우를 받는 희생자라고 규정하는 경향이 있다. 소외형이 모범형으로 되기 위해서는 자신이 리더로부터 불공정한 대우를 받는다는 인식을 극복하는 것이 선결과제이다. 독립적이고 비판적인 사고는 유지하는 것이 바람직하므로 긍정적인 의식만 회복을 하면 적극적 참여와 기여가 가능해진다.

■ 순응형 팔로어

이 팔로어는 착하고 열심히 참여하는 스타일이다. 이들은 독립적 사고가 부족하여 항상 리더의 판단에 지나치게 의존하려는 성향을 띤다. 가정, 학교, 직장 등 사회가 전반적으로 순응을 장려하는 분위기에 젖어 있을 때 이러한 팔로어들이 많이 산출된다. 또한 전형적 리더들은 자신의 권력욕을 충족시키기 위해서 '예스맨yes-man' 스타일의 순응형 추종자들을 장려한다. 모범형이 되기 위해서는 독립적이고 비판적인 사고를 기르고 그것을 사용할 수 있는 담력을 키울 필요가 있다.

■ 실무형 팔로어

실무형 팔로어는 별로 비판적이지 않으며 리더의 결정에 의문을 품기는 하지만 자주 그렇게 하지는 않는다. 시키는 일은 잘 수행하지만 그 이상의 모험을 하지 않는 스타일이다. 모범형이 되기 위해서는 우선 목표를 정하고 다른 사람들의 신뢰를 회복할 수 있도록 해야 하며 다른 사람들의 목표달성을 돕는 일에 적극적이어야 한다.

■ 수동형 팔로어

수동형은 생각도 하지 않고 열심히 참여도 하지 않는 스타일이다. 모범형과는 정반대의 위치에 존재하는 스타일이다. 책임감이 부족하고 솔선수범하지 않으며 리더가 지시하지 않으면 움직이지 않는다. 이런 스타일은 팔로어십의 진정한 의미를 새로 배워야 한다. 스포츠게임에서 관중들이 갖는 자세를 버리고 선수로 참여하려는 자세가 필요한 스타일이다. 수동형이 많으면 리더십을 발휘하기도 매우 힘들어진다.

■ 모범형 팔로어

모범형 팔로어는 스스로 생각하고 알아서 행동할 줄 아는 스타일이다. 혁신적이고 독창적이며 건설적 비판을 내놓을 줄 아는 유형으로 잘못된 것에 대해서는 리더와 용감히 맞설 줄도 아는 팔로어이다. 이들은 자신이 맡은 일뿐만 아니라 모든 면에서 적극적인 자세를 보여 준다. 특히, 이들은 일에 대해 헌신하는 모습을 보이며, 일을 추진할 때는 결정적인 방법을 찾아내어 집중할 줄 아는 능력을 갖고 있다.

이상에서 살펴본 바와 같이 구성원들이 모범형 팔로어로서의 바람직한 자세를 갖는 것이 좋은 리더십을 발휘하도록 하는 것 못지않게 중요하다고 할 수 있다.

이상적 팔로어십의 지향

조직의 성과를 높이는 데 있어서는 팔로어십도 중요하지만, 조직이 어떤 특성(성격, 가치관 등)을 갖는 사람들로 구성되는가도 중요하다. 이것은 곧 리더와 팔로어의 제반 특성이 서로 잘 부합fit되어야 한다는 의미이다. 팔로어들은 하나의 팀을 이루어 과업을 수행하게 된다. 이들은 서로간에 협력도 하지만 경쟁도 한다. 서로 한마음이 되어 목표와 비전을 달성하기 위해서 함께 노력하도록 만드는 것이 중요하다. 그러므로 성격적 측면이나 가치관 차원에서 조화를 이룰 수 있도록 배치하고 파괴적 경쟁의 함정에 빠지지 않고 서로 협력할 수 있는 조직 분위기를 만들어 가는 노력이 요구된다. 무엇보다도 팔로어들은 장차 리더의 직위를 물려받을 사람들이다. 팔로어로서 바람직한 스타일을 갖추어 행동하는 연습을 해두면 리더의 직위를 맡았을 때 더 좋은 리더십을 발휘하는 데 큰 도움이 된다. 또한 자신의 성격적 특성 때문에 잘못된 함정에 빠지지 않도록 자신을 잘 관찰하여 관리하는 노력도 요구되며, 진취적이고 합리적인 가치관을 갖추는 것도 장차 효과적인 리더십을 발휘하기 위해서 준비해야 할 요소이다. 이런 관점에서 보면, 올바른 팔로어십을 발휘한다는 것은 미래를 위해서도 대단히 중요하다(Kelley, 1992).

서번트 리더십

서번트 리더십servant leadership은 조직구성원의 욕구나 바람을 충족시키는 것에 우선을 두며, 그 과정에서 봉사와 희생을 통해 영향력을 발휘하는 리더십을 말한다. 대학생 시기에 서번트 리더십은 다양한 자원봉사활동의 참여를 통해 체험되고 훈련시켜 나갈 수 있다. 왜냐하면 대학생 시기야말로 자신이 갖고 있는 시간과 능력, 기술 등을 자유롭게 도전적으로 활용할 수 있는 기회와 자원이 제공되는 시기이기 때문이다. 자원봉사활동에 직접 참여함으로써 봉사와 나눔, 희생이 자신에게 어떤 의미와 보상을 주는가를 체험하는 것이야 말로 서번트 리더십의 출발점이다.

서번트 리더십은 AT & T에서 경영 관련 교육과 연구를 담당했던 그린리프(Greenleaf, 1977)에 의해 처음으로 제시되었는데, 강한 도덕적 입장에서 리더십을 본다(백기복 외, 2011). 그에 의하면 도덕적 권위는 양심과 원칙의 준수, 섬김, 봉사, 희생을 통해 얻어지고, 그러한 도덕적 힘과 우월성은 겸손에서 나온다. 그리고 도덕적 권위가 높을 때 팔로어들이 리더를 진정으로 따르게 되기 때문에 서번트가 리더가 된다. 따라서 서번트 리더십은 테레사Mother Teresa 수녀처럼 팔로어를 우선으로 생각하고, 팔로어를 진정으로 섬기며, 그들의 욕구를 만족시키기 위해 헌신하는 팔로어 중심의 리더십이라고 할 수 있다. 이는 팔로어들을 동기부여시키고, 팔로어들의 잠재역량을 개발하는 데 초점을 맞춘다는 점에서 카리스마 리더십, 변혁적 리더십과도 공통점을 갖고 있다.

그린리프(Greenleaf, 1997)는 이러한 서번트 리더십의 기본 아이디어를 헤르만 헤세Herman Hesse의 작품인 《동방으로의 여행journey to the east》으로부터 얻었다고 한다. 주인공 레오Leo는 여행단의 잡일을 도맡아 처리하는 서번트로서 여행단의 일원이 되지만, 여행단이 지치고 힘들어 할 때에는 노래를 불러 활기를 불어넣어 주었다. 그는 평범한 존재가 아니었다. 덕분에 여행길은 순조로웠다. 그러나 그가 사라지면서 여행단은 혼란에 빠지고 결국 여행 자체를 포기하기에 이르렀다. 그들은 충직한 심부름꾼이었던 레오 없이는 여행을 계속할 수 없었던 것이다. 사람들은 레오가 없어진 뒤에야 그가 없으면 아무것도 할 수 없다는 사실을 깨달았다. 그 여행단의 일원이자 이 소설의 화자話者는 몇 년 동안 찾아 헤맨 끝에 레오를 만나서 여행을 후원한 교단으로 함께 가게 되었다. 거기서 그는 그저 심부름꾼으로만 알았던 레오가 그 교단의 책임자인 동시에 정신적 지도자라는 것을 알게 되었다. 레오는 서번트 리더의 전형이었다. 이처럼 진정한 리더십은 팔로어로부터 나오고 그들의 잠재력을 극대화했을 때 목표를 달성할 수 있다.

리더는 레오처럼 먼저 섬겨야 한다. 많게 섬기든, 적게 섬기든 사람들을 섬기는

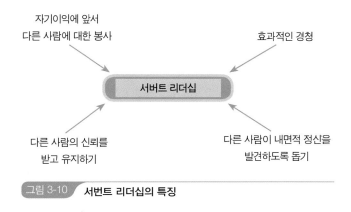

자기이익에 앞서
다른 사람에 대한 봉사

효과적인 경청

서번트 리더십

다른 사람의 신뢰를
받고 유지하기

다른 사람이 내면적 정신을
발견하도록 돕기

그림 3-10　서번트 리더십의 특징

것은 좋은 조직과 사회를 건설하는 주춧돌을 놓는 것과 같다. 더 나은 조직과 사회를 만들기 위해서는 리더로서의 잠재능력을 구비한 유능한 서번트가 되어야 한다. 이러한 서번트 리더십은 그림 3-10에서 보는 바와 같이 기본적으로 네 가지 특징을 갖고 있다.

자기이익에 앞서 다른 사람에 대한 봉사

이것은 서번트 리더십의 가장 중요한 첫 번째 특징으로, 자기희생적인 봉사를 의미한다. 서번트 리더는 남 위에 군림하고, 권력으로 강요하고 지시하는 것이 아니라 자기 스스로를 낮추고, 하인이 짐을 들듯이 조직의 부담과 걱정을 짊어지고 가는 리더이다. 자기희생적인 봉사와 설득을 통해 팔로워들의 자발적이고 지속적인 헌신과 충성을 유발한다. 그리고 자기희생적 봉사를 통해 집단과 조직의 가치를 창출함으로써 모두가 함께 발전하도록 한다.

다른 사람으로부터 신뢰를 받고 유지

서번트 리더는 솔직함과 진실성으로 추종자의 신뢰를 얻는다. 리더가 신뢰를 얻었을 때 추종자들이 자발적이고 열정적으로 따르게 된다. 최고의 리더십은 직위와 계급에 의해서가 아니라 추종자들에 의해 주어지는 것이다. 그러므로 꼼수를 쓰지 않고, 기꺼이 자신의 권력, 보상, 명예 그리고 통제하는 것을 멀리한다. 그리고 세상의 문제를 남의 탓이 아니라 내 탓이라고 여기고, 자신의 약점과 약한 모습을 남에게 보여 주는 것을 두려워하지 않는다. 자기 스스로 결함 있는 인간이라고 인정하지 못하면 나로부터 변화할 수가 없고, 다른 사람으로부터 신뢰를 얻을 수 없다.

효과적인 경청

서번트 리더는 강요하기보다는 우선 경청하고 이해하려고 하는 사람이다. 그리고 자신의 의사를 관철시키려고 하지 않는다. 오히려 다른 사람들이 직면하고 있는 문제가 무엇인지를 주의 깊게 경청하고, 그 문제에 대한 최선의 해결책을 찾도록 도와준다. 서번트 리더는 맹신자가 아니라 헌신자이다. 맹신자는 해답을 알기 때문에 다른 관점을 수용하지 못하고 겸손할 수 없다. 그러나 헌신자는 의문을 떨쳐 내지 못하는 사람이다. 그렇기 때문에 다른 의견에 대해 관용이 가능하고 겸손할 수 있다. 의문을 가질 때만 다른 사람의 말을 경청할 수 있고 학습이 가능하다.

다른 사람이 내면적 정신을 발견하도록 돕기

서번트 리더의 네 번째 특징은 타인의 자기인식self-awarness 및 잠재능력 개발을 돕는다는 것이다. 서번트 리더는 다른 사람들이 올바른 자기인식을 하고, 자신의 강점과 잠재능력을 이끌어 낼 수 있도록 봉사하고 지원한다. 또한 서번트 리더는 헌신적 열정을 보여 줌으로써 추종자들이 지속적으로 자발적인 헌신을 하도록 하고, 조직의 발전과 목표달성에 기여하도록 힘을 북돋아 주는 임파워링 리더empowering leader이다. 따라서 서번트 리더가 되기 위해서는 타인에 대한 인식능력과 자기 자신부터 변화시키겠다는 적극적인 의지가 있어야 한다.

간디, 마틴 루터 킹, 넬슨 만델라, 김구 선생 같은 리더들은 카리스마와 더불어 이러한 서번트 리더로서의 자질을 구비하고 있었다고 할 수 있다. 자신의 이익보다는 다른 사람의 이익을 우선시했고, 지지자들의 신뢰를 얻었으며, 다른 사람들의 문제를 주의 깊게 경청했다. 그리고 지지자들이 내면의 소리를 듣고, 그에 따라 행동하도록 영감을 불러일으켰다.

셀프 리더십

셀프 리더십self leadership은 대학생 시기의 자기개발과 자기관리, 진로결정에 유용한 기본 전제와 실천원리들을 제시해 준다. 즉, 셀프 리더십에서는 긍정적이고 건설적인 사고와 행동의 지속적인 실천을 강조하는데, 특히 자신의 목표를 설정하고 실천해 나가기 위해 행동을 스스로 관찰, 실천, 평가, 보상하는 방법을 강조한다. 생각해 보기에서 소개하는 두 마리의 개구리 이야기를 음미해 보자.

두 마리의 개구리 이야기

어느 날, 개구리 두 마리가 하얀 크림통에 빠졌다. 첫 번째 개구리는 이 하얀 액체 속에서 도저히 빠져나갈 방법이 없다고 생각했다. 그래서 일찌감치 죽을 운명이라고 받아들이며, 빠져나올 방법을 생각하지도 않은 채 크림통 속에서 익사했다. 두 번째 개구리는 결코 죽고 싶지 않았다. 그래서 크림 위에 떠 있기 위해서 심하게 몸부림치면서 한순간도 멈추지 않고 헤엄을 쳤다. 몇 시간 후, 두 번째 개구리가 빠져 있던 크림통은 그 개구리의 몸부림 때문에 버터로 변해버렸다. 이렇게 해서 두 번째 개구리는 버터를 딛고 무사히 크림통을 빠져 나올 수 있었다.

이야기 속 첫 번째 개구리는 세상이 자신을 지배하도록 내버려두었기 때문에 죽을 수밖에 없었다. 두 번째 개구리는 주어진 상황을 극복하려고 열심히 몸부림쳤기 때문에 살 수 있었다. 이처럼 셀프 리더십이란 세상이 나를 지배하도록 방치하는 것이 아니라, 내가 나 스스로를 통제해 나아가도록 동기부여하는 것에 초점을 두는 리더십을 말한다. 그러므로 셀프 리더십은 '개인이 자기 자신에게 영향을 미치는 지속적인 과정'이라고 정의된다. 반면에 슈퍼 리더십super-leadership이란 다른 사람들을 셀프 리더로 만드는 리더이다. 리더 육성에 초점을 맞춘 이론이라고 볼 수 있다. 이렇듯 셀프 리더십과 슈퍼 리더십은 불가분의 관계에 있다.

만츠Manz는 셀프 리더십의 내용을 자기관찰, 힌트전략, 자기목표 설정, 자기보상, 자기벌칙, 연습 등으로 요약했다. 리더는 다른 사람들을 이끌려고 하기 전에 자기 스스로부터 제대로 이끌 줄 알아야 한다는 것이 셀프 리더십의 핵심 내용이다.

자기관찰

이는 언제, 왜, 어떤 상황에서 내가 특정한 행동을 보이는가를 알아보는 것을 말한다. 예컨대, 하루 종일 하는 일 없이 시간만 낭비하면서 지낸다고 느껴지면 '나의 나태함'에 대해서 언제부터, 왜, 어떤 경우에 나의 나태함이 나타나는지를 성찰하여 스스로를 바로잡아야 한다. 어떤 학생은 하루에 5시간을 동료들과 수다를 떨면서 보낸다. 5시간을 이런 식으로 보내도 된다면 좋은 팔자라는 생각이 들기도 하겠지만, 그 시간을 좀 더 생산적인 곳에 투자하고 있지 못하다는 점에 주목해야 한다. 어떤 방법으로든지 이러한 자신의 행동을 변화시키지 않고서는 가정과 조직은 물론 개인적으로도 발전할 수 없다.

자기관찰과 변화의 포인트는 자기관찰기록을 통해서 찾아낼 수 있다. 작은 카드나 수첩을 사용하여 자신의 행동을 상세하게 기록해 보자. 이 자기관찰기록에 기초하여 다양한 변화전략을 개발해 낼 수 있다. 자신의 행동을 바람직한 것과 바람직하지 않은 것으로 나누어 횟수와 기간을 파악하고 왜 그러한 행동이 발생하는지를 적는다. 표 3-2를 사용하면 도움이 많이 될 것이다.

표 3-2　아자! 아자! 나는 나의 유일한 리더이다

행동의 내용	발생 일자 및 시간	왜(외부·내부적 이유)	문제점, 장점과 강화방안
과도한 음주(소주 5병, 6시간)	3월 2일 저녁 7시부터 새벽 2시까지(3차까지 감)	동아리 회식(회장이 술고래라서 빠져나오기 힘듦)	■ 술을 너무 좋아한다. ■ 술로는 질 수 없다는 오기를 부리지 말자. ■ 동아리 분위기를 바꿀 수는 없을까?
친구와의 갈등(김연아의 이기적인 행동을 직접 그리고 공개적으로 지적했다가 그 반발로 언쟁을 함)	3월 5일 오전 11시(동아리 모임에서, 동아리 회장이 중재를 했지만 아직도 앙금이 남아 있음)	■ 연아는 항상 다른 사람 생각을 안 한다. ■ 다른 사람들과 협조가 안 된 사안을 밀어붙이면 나중에 반드시 문제가 발생할 것이다.	■ 직설적·공개적으로 공격한 것은 잘못이다. ■ 평소에는 별로 소통이 없었기 때문이다. ■ 유연하면서도 스마트하게 일 처리하는 방법을 습득하자.

힌트전략

중요한 것을 잘 기억해 내고 관심을 집중하기 위해 포스트잇이나 점검표와 같은 도우미를 활용하는 전략을 말한다. 많은 방법이 있을 것이나 가장 많이 쓰는 방법은 '해야 할 일 목록'을 만들어 사용하는 것이다. 이것은 기억을 촉진하고 관심을 집중시키는 역할을 한다. 1일 활동 리스트의 작성, 역할 모델의 사진 부착, 바꿔야 할 행동리스트를 책상 앞에 부착하는 것 등은 무엇이 중요한지를 알려 주고 관심을 집중하도록 하는 힌트전략의 예이다.

자기목표 설정

자기목표 설정은 자신을 안전한 곳, 바람직한 곳으로 인도하는 역할을 한다. 앞만보고 열심히 달려갔는데, 끝에 벼랑이 있다고 생각해 보자. 명백하고 구체적인 목표 없이 달려가다 보면 위험한 곳, 원하지 않은 곳에 이를 수 있으며 또한 비효율적인 방법을 따르는 결과를 가져오기도 한다. 효과적인 목표설정은 우선 인생의 목적을 분명히 하여 장기목표를 설정하고 그에 입각하여 단기적인 목표를 수립하는 데서 출발한다. 목표는 구체적이고 명확하며 도전적이라야 한다. 목표를 설정했으면 실행을 위해서 구체적인 실행계획을 마련해야 한다. 장기목표달성을 위해서 필요한 능력이 무엇이며 그것을 어떻게 개발할 것인가를 계획해야 한다. 그리고 효과적인 실천방안들을 창의적으로 개발해야 한다.

자기보상

이는 자신이 일을 잘했다고 판단될 때 스스로에게 보상을 주는 것을 뜻한다. 자기보상은 자기 자신을 새로운 성취, 새로운 목표로 이끄는 데 있어 가장 강력한 동기유발방법이다. 자신의 바람직한 행동에 대해서 스스로 물질적·정신적 보상을 부여함으로써 다음 행동에 긍정적인 동력을 부여한다. 이보람 학생은 시험을 잘 치를 때마다 스스로 맛있는 저녁식사를 즐기거나, 근사한 극장에서 영화를 본다. 자기보상을 위해서는 자기 자신을 동기부여시키는 물질적·정신적 요인들이 무엇인

대학생 리더십 개발의 기본전제

모든 대학생에게는 리더가 될 잠재력이 있다

과거 전통적인 리더십이론에서 강조하는 선천적인 특성은 리더십이 소수의 특정인에 한정되어 있다는 오해를 낳았다. 그러나 연구결과에 의하면, 역사적으로 뛰어난 능력과 리더십을 발휘한 인물들이나, 신체적·환경적 장애를 극복한 위인들에게서 발견되는 특성들은 그들에게서만 발견되는 특성이 아니라 모든 사람들이 자기능력과 꿈을 최대한 발휘하기 위해서 노력하면 훈련되고 길러지는 것으로서 그 의미가 강조되고 있다. 왕성한 체력과 지력, 모험정신과 성취동기를 지닌 대학생은 인생의 어떤 단계에서보다 리더십의 잠재력을 발휘할 수 있는 시기이다.

리더십은 일상생활에서 실천하는 과정을 통해 개발된다

리더십은 일시적 훈련이나 조직생활을 통해 갑자기 개발되는 것이 아니라 일상생활에서 자기훈련과 노력에 의해서 지속적으로 개발되는 과정이다. 그러므로 리더십은 가족과의 일상생활, 학교에서 공부하며 친구들과 관계를 맺고, 취미생활과 봉사활동을 하는 등 일상생활의 작은 단위 속에서 배우고 실천하는 가운데 개발된다. 일상에서 축적된 리더십이야말로 더 큰 조직사회에서 필요로 하는 리더십 개발의 효과적인 방법이다.

리더십은 지속적이고 체계적인 노력과 훈련에 의해 개발된다

리더십은 순간의 노력이나 특정 상황조건에 의해 갑자기 이루어지는 것이 아니고 끊임없이 실천하고 닦아나가야 하는 과정이다. 그리고 이러한 과정은 일정 수준의 리더십에 도달했다고 해서 더 이상의 노력과 개발을 할 필요가 없는 완성의 개념이 아니라 지속적으로 더 나은 수준이나 상황에 맞게 개발되는 과정적 개념이다. 즉, 체계적으로 계획하며 꾸준한 시도와 보완을 통해 훈련되는 과정이다.

리더십은 개인의 인성, 사고, 행동, 습관 등 모든 분야에서 포괄적으로 개발된다

리더십은 단순한 기술이나 특성을 연마함으로써 개발되는 것이 아니다. 대화기술과 의사결정기술의 습득뿐만 아니라 자신의 성격이나 가치관, 태도 등에 대한 성찰과 변화 노력, 적극적이며 창조적인 사고로의 전환, 일상적 습관 및 태도의 변화를 통해서 이루어진다.

각 생활 장면에서의 리더십은 상호 연관되어 개발된다

가정에서 실천되는 리더십은 학교나 직장에서 실천되는 리더십의 기초가 되며, 자기개발 및 변화를 위해 훈련되는 리더십은 개인이 속한 집단의 대인관계나 공동체의 리더십에도 적용되고 조직 발전의 기반이 된다.

대학생 시기에 개발되는 리더십은 자유로운 선택과 탐색을 전제로 한다

교과공부와는 달리 무조건적으로 적용하는 것이 아니라, 자신의 성향이나 상황에 맞게 적용하고, 비판적이고 창의적인 방법으로 시도해 보면서 자기에게 적합한 리더십 실천원리를 개발하는 것이 중요하다.

자료 : 김광수(2008).

가를 정확히 알아야 한다.

자기벌칙

자신을 바람직한 방향으로 이끌어 가는 데 있어 효과적인 방법 중 하나가 자기벌칙을 활용하는 것이다. 그러나 자기벌칙을 너무 많이 사용하면 습관적 죄의식과 불필요한 자기비판의 함정에 빠지므로 유의해야 한다. 이것은 결국 동기유발과 창의성에 부정적 결과를 가져온다. 자기보상이 바람직한 행동을 강화시키는 것이라면 자기벌칙은 부정적 행동을 감소시키는 것이다.

연 습

연습은 자기 자신을 실질적으로 변화시키는 전략이다. 피겨여왕 김연아는 연습의 중요성을 다음과 같이 말한 바 있다. "No pain No gain", "14년 동안 훈련을 하면서 그 수를 헤아릴 수 없을 만큼 엉덩방아를 찧었고, 얼음판 위에 주저앉아 수도 없이 눈물을 흘렸다. 하지만 그런 고통이 있었기 때문에 지금의 자리에 한 걸음 한

걸음 올라설 수 있었을 것이다." 브라이언 오서 코치는 "김연아의 유일한 결점은 연습을 지나치게 많이 하는 것"이라고 말했다.

연습은 실전에 들어가기 전에 필요한 행동을 반복함으로써, 자신의 문제를 알아차려 수정할 수 있게 해준다. 연습은 이처럼 큰 대가를 치러야 하는 실수를 피할 수 있게 해준다. 연습은 실전에 필요한 역량을 강화시켜 주지만 효과적으로 해야 큰 성과를 거둘 수 있다. 틀린 방법으로 필요 없는 행동을 많이 연습한다는 것은 바람직하지 않다. 그러므로 체계적이고 과학적이며 효과적인 연습계획을 수립하여 연습에 임하는 것이 좋다. 김연아 선수나 박태환 선수를 생각해 보자. 이들의 성공 뒤에는 매우 과학적이고 체계적인 연습계획이 있었다는 사실을 잊지 말아야 한다.

셀프 리더십은 매우 현실성이 있고 적용하기 쉽기 때문에 대학생 누구나 시도해 볼 만한 내용이다. 리더는 다른 사람을 이끌려고 하기 전에 먼저 자신을 이끄는 셀프 리더가 되어야 한다. 하지만 학술적으로는 아직 더 많은 연구를 필요로 하는 이론이다.

리더십 패러다임의 전환

관리자와 리더는 표 3-3에서 보는 것처럼 분명한 차이가 있다. 관리자는 주어진 일을 올바르게(효율적으로) 수행하는 것doing things right을 강조하고, 리더는 올바른 일을 효과적으로 수행하는 것Doing the right things에 초점을 둔다. 관리가 주로 기존의 틀 내에서 계획을 수립하고 업무활동을 관리·감독하는 과정이라면, 리더십은 새로운 변화와 혁신을 추구하면서 비전을 수립하고 추종자에 대한 커뮤니케이션과 동기를 부여하는 과정이라고 할 수 있다. 관리자는 업무를 수행하는 데 있어서 안정성과 최선의 방법에 관심을 두고 복잡한 문제를 해결하고 통제하는 역할을 수행하는 데 중점을 두지만, 리더는 변화에 대처하고 변화를 선도하는 역할과 혁

표 3-3 관리자와 리더의 차이

관리자(manager)	리더(leader)
■ 행정	■ 혁신
■ 유지	■ 개발
■ 통제	■ 신뢰
■ 시스템과 구조에 초점	■ 사람에 초점
■ 단기적 관점	■ 장기적 관점
■ 수행방법과 시기에 관심	■ 수행 목적과 이유에 관심
■ 모방	■ 창조
■ 현상유지	■ 현상에 도전
■ 효율적(일을 올바르게 함)	■ 효과적(옳은 일을 함)

신에 초점을 둔다.

　이상에서 관리자(공식적인 권한을 갖는 지위에 있는 사람)와 리더(다른 사람들에게 영향을 주는 능력을 갖고 있는 사람) 간에 나타나는 몇 가지 차이점에 대해서 설명했다. 왜냐하면 전반적인 패러다임이 관리에서부터 리더십으로 전환되었기 때문이다. 관리자가 조직구성원들과 관리적인 책임감을 공유하거나 그 책임감이 관리자로부터 조직구성원들에게 이전될 때, 성공적인 관리자는 진정한 형태의 참여적 리더십을 발휘하는 것이다.

　오늘날의 글로벌 환경에서는 옛날의 명령과 통제방식에 의한 관리 모델은 효과가 없다. 낡은 방식의 명령과 통제 모델을 구사하는 관리자는 오늘날의 지식정보화사회를 이끌어가지 못한다. 오늘날 관리자는 관리를 할 뿐만 아니라 다른 사람들을 동기부여시키고 성공을 위한 최상의 조건을 만듦으로써 조직구성원을 리드할 수 있어야 한다.

　사람은 조직에서 가장 중요한 자산이다. 이런 측면에서 리더와 팔로어(추종자)는 좋은 관계를 유지해야 한다. 리더와 추종자들은 함께 목표를 설정하고, 조직을 지속적으로 성장시키는 데 필요한 변화를 일으키기 위해서 서로 영향을 준다. 그러므로 관리 패러다임에서 리더십 이론 패러다임으로의 전환은 예전의 낡은 관리 스타일이 새롭고 참여적인 리더십 스타일, 역할창조자의 리더십 패러다임으로 전환되는 것을 의미한다(Greenleaf, 1979).

관리자와 리더의 차이를 비교했지만 성공적인 리더가 관리도 잘하고, 성공적인 관리자가 훌륭한 리더라는 것을 인식해야 한다. 두 가지 패러다임에는 공통적인 부분이 있다. 즉, 성공한 조직은 관리자와 리더를 모두 필요로 한다는 것이다. 우리의 관심은 관리와 리더십을 통합하는 방법과 관리자와 종업원들의 리더십 기술을 개발하는 것이다. 고정관념을 가지고 이분법적으로 사람을 단순히 관리자가 아니면 리더라고 생각하는 것은 리더십에 대한 이해를 높이는 데 도움을 주지 못한다. 또한 관리자라는 용어 자체가 직업적인 직책이기 때문에 관리자에 대해서 부정확하고 부정적인 생각을 갖지 않도록 유의해야 한다.

역할 창조자(role-maker)	역할 관리자(role-taker)
■ 자신의 역할을 스스로 정의하고 찾는다. ■ 전략적 조직생활을 추구한다. ■ 스스로 자신의 인식 영역을 확대한다. ■ 광범위한 지식 중심의 네트워킹을 형성한다. ■ 지속적인 변화와 상승을 목적으로 삼는다. ■ 무한한 자기성장과 독자적 생존 잠재력이 크다.	■ 역할이 주어지기를 기다린다. ■ 관리적 조직생활에 만족한다. ■ 피상적 문제의 인식에 머물고 만다. ■ 다른 사람들과의 사교적 관계형성에 그친다. ■ 단기적 직무수행을 목적으로 삼는다. ■ 자기 발전이 없고 독자적 생존능력이 없다.

그림 3-11 　역할창조 리더십 패러다임

 참고문헌 reference

차동옥 · 서재현 외(2010). 리더십. 한경사.

김광수 · 신명숙 · 이숙영 · 임은미 · 한동숭(2008). 대학생과 리더십. 학지사.

백기복 · 신제구 · 김정훈(2011). 리더십의 이해. 창민사.

이순창(2002). 디지털시대의 리더십 모델과 자기훈련. 도서출판 창.

_____(2010). 리더십 역량개발 프로그램 연구. 국방대학교.

Adapted from R.(1961). Likert. *New Patterns of Management*. New York: McGraw-Hill.

Bass, B. M., & Avilio, B. J.(1994). *Improving Organizational Effectiveness Through Transformational Leadership*. Thousand Oaks, CA: Sage

Blake, R. R., & Mouton, J. S.(1985). *The Managerial Grid III : The Key to Leadership Excellence*. Houston : Gulf Publishing Co.

Blake, R. R., & Mouton, J. S.(1964). *Managerial Grid*. p.6-10. Houston,Gulf Pub Co.

Boytzis, R. E., & Goleman, D.(2001). *The Emotional Competence Inventory*. Bostone: Hay Group.

Fiedler, F. E.(1967). *A Theory of Leadership Effectiveness*. N.Y: McGraw Hill.

Greenleaf, R. K.(1977). Servant Leadership: A Journey into the Nature of Legitimate Power and Greatness. NJ: Paulist Press.

House, R. J.(1997). The Social Scientific Study of Leadership: Quo Vadis? *Journal of Management, 23*(3), pp. 409-474.

Judge, T. A., Heller, D. & Mount, M.(2002). Five-Factor of Personalty and Job Satisfaction: A Meta-Analysis. *Journal of Applied Psychology, 87*, p. 530.

Kelley, R. E.(1992). *The Power of Followership*. New York: Doubleday Dell Publishing Group, Inc.

Kelley, R. E.(1988). In Praise of Followers. *Harvard Business Review, 11-12*, pp. 142-148

Stogdill, R. M. & Carroll L. Shartle.(1955). *Methods in the Study of Administrative Leadership*. Columbus, Ohio: Bureau of Business Research, The Ohio State Univ.

Robert N, Lussir., Christopher F. Achua.(2011). *Leadership* (4th ed.). CENGAGE Learning.

Stogdill, R. M.(1948). Personal Factors Associated With Leadership : A Survey of the Literature, *Journal of Psychology, 25*, pp. 35-71.

Tannenbaum, R., Schmidt, W. H.(1958). How to Choose a Leadership Pattern. *Harvard Business Review, 3-4*, p. 96.

Wefald, A. J. & Katz, J. P.(2007). Leaders: The Strategies for Taking Charge, *Academy of Management Perspective, 21*(3), pp. 105-106.

Whyte, W. F., Williams, L. K.(1963). Supervisory Leadership: An International Comparison, in Proceedings, CIOS XII International Management Congress. p.481-488. N.Y: Council for International Progress in Management, Inc. In Davis(1977). Human Behavior at Work. pp. 107-120. New Delhi: McGraw Hill.

PART 02

대학생 리더십
계발의 요소

CHAPTER 04

한국인의 문화와 리더십

심리학 분야에서 '문화'는 개인의 사고, 정서 및 행동에 많은 영향을 주는 것으로 밝혀지고 있다. 결혼하여 동반자가 오랜 시간 같은 공간에서 같이 살다보면 닮아 가는 경향이 있다. 닮아 가는 이유는 같은 공간에서 같은 생활문화를 나누는 과정을 거치기 때문이다. 개인주의적이며 수평적 관계를 중시하는 미국과 같은 서구에 비해 우리나라는 '집단주의' 문화이다. 따라서 우리나라에서 요구되는 리더십은 서구 사회에서 요구하는 리더십과 동일하게 볼 수 없으며, 이런 점에서 우리나라의 리더십 교육을 위해 우리 문화에 맞는 한국형 리더십 모형을 검토해야 한다.

바람직한 리더십은 문화에 따라 다를 수 있다. 국가마다 다른 문화를 지니고 있을 뿐만 아니라, 같은 국가 내에서도 기업, 정부조직, 학교, 군대 등은 각기 다른 조직문화를 지니고 있기 때문에 각 조직에서 훌륭한 리더가 지녀야 할 역량이 다를 것이다. 즉, 군대에서의 바람직한 리더십 역량은 행정조직이나 기업체와 다를 수 있다.

한국인과 집단주의 문화

우리민족은 고유한 문화와 전통을 가꾸어온 단일민족이다. 10세기 초 고려 건국 이후 단일의 정치, 경제, 문화공동체를 유지해 왔으며, 또한 통일신라 이후 강력한 중앙집권형 국가체제를 유지해왔다. 문화 유형에 따라 그 문화권 사람들의 세계관에 차이가 나타나고, 이것 때문에 문화마다 사람들의 행동과 심리적 특성이 다르게 나타난다. 문화심리연구에서 대표적인 문화 분류체계로 인정받는 것은 개인주의-집단주의indivisualism-collectivism의 틀이다. 자유주의liberalism사상이 배경이 된 서구의 개인주의 문화와는 달리 우리나라의 문화는 유교confucianism사상이 배경이 된 전형적인 집단주의 문화이다.

한국인의 심성과 행동특성을 이해하기 위한 근원으로서 유학사상의 체계를 들수 있다. 즉, 유학사상이 한국인의 인간관에 영향을 주었고, 이것에 의해 한국인이 집단주의 문화의 특징을 지니게 되었다는 가정이다. 여러 관련 연구들의 증거로 볼 때 서구의 문화와 비교하여 한국의 문화는 분명히 집단주의 문화로 분류된다 (조긍호, 2003).

집단주의collectivism란 개인의 이익이나 목표보다는 가족이나 사회를 먼저 생각하는 가치관, 태도 및 행동경향성을 의미한다. 개인주의는 그 반대이다. 대부분의 학자들은 우리나라를 집단주의적인 나라로 분류한다. 이런 증거 중의 하나가 '우리' 라는 말이다. 우리말 중에는 '내'라고 해야 하는 경우에도 '우리'라는 표현을 자주 쓴다. 예를 들면, 우리가족, 우리학교, 우리지역, 우리회사, 우리나라, 우리부인, 우리식구들, 우리집 등이다. 나의 부인이라고 하면 어색하다.

한국사회는 그중에서도 장유유서長幼有序와 같은 수직적 문화를 엿볼 수 있다. 아시아 지역에서도 매우 강한 유교적 전통을 간직해 왔을 뿐만 아니라, 개인보다는 집단을 중시하는 다양한 관행과 정서가 있다. 한국인들은 사회 속에서 상호작용할 때 '비인격적인' 규범에 의존하기보다는 특정 '인간'을 중시하는 유교의 가족주의적 전통을 따르는 경향이 있다. 한국 사람들은 가족관계, 종친관계, 인척관계, 친구관계, 지연관계 등 소규모 단위의 공동체 문화를 중요시한다.

유교적 인간관계의 이상은 가족적 인간관계에서 사회적 인간관계의 기본 모형을 도출하는 것이다.

유교의 인간관계가 이해관계나 계약관계보다 인간관계 그 자체에 최우선의 가치를 부여했다는 사실에서 이를 찾아볼 수 있다. 이러한 인간관계에서는 물질적 또는 경제적 이익이나 손실은 부차적인 문제이며, '인간적 가치' 그 자체가 관심의 초점이 되는 것이다. 따라서 이와 같은 인간관계에서 현대인이 겪고 있는 '비인간화' 현상과 같은 것은 일어날 수 없다. 오늘날 서구사회에서 인간소외와 고독이 대표적인 사회병리현상으로 대두되고 있다는 사실에 비추어 볼 때 유교적 가치에서 추구하는 '인간화'의 논리는 재평가되어야 할 것이다.

집단주의 문화와 개인주의 문화에서 '나'에 대해서 부여하는 의미가 서로 다르다고 보아야 한다. 집단주의 문화에서 '나'의 의미는 '나'의 일부로서의 '우리'를 의미한다. 물론 이때 의미하는 '우리'는 자기가 속한 내집단in-group으로 제한된다. 내집단 밖의 외집단out-group은 '우리'가 아니다. 그것은 '남'인 것이다. 따라서 집단주의 문화에서의 '나'와 '남'의 구분은 '내집단'과 '외집단'의 구분이 된다고도 볼 수 있다. 그러나 개인주의 문화에서의 '나'의 의미는 이것과 다르다. '나' 이외에 모든 사람이 '남'이 된다. 그 사람이 내집단이건 외집단이건 관계없다. '나' 밖의 사람은 모두 '남'인 것이다.

따라서 집단주의 문화와 개인주의 문화에서 내집단원과 외집단원에 대해서 취하는 행동이 달라질 수밖에 없다. 집단주의 문화에서는 내집단원과 외집단원에 대해서 차별적으로 행동한다. 왜냐하면 내집단과 외집단의 차이가 바로 '나'와 '남'의 차이가 되기 때문이다. 반면에 개인주의 문화에서는 이와 같은 차별이 나타나지 않게 된다. '나' 이외에 사람은 모두 '남'이 되므로 내집단원과 외집단원을 모두 똑같이 '남'으로 대하는 것이다.

한국인의 심성과 정서적 성숙성

한국의 문화와 학문을 외국의 문화와 학문의 잣대로 판단하는 것은 근본적으로 잘못된 발상이다. 특정 문화에서의 인간의 행동은 그 문화의 맥락 속에서만 이해가 가능하다. 다른 문화의 잣대를 가지고는 진정한 이해가 이루어질 수 없다. 따라서 외국의 문화나 학문의 잣대를 가지고 자기의 문화와 학문을 판단하는 것은 자기의 문화나 학문을 진정으로 이해하는 행위가 아닌 것이다.

한국의 전통사상과 문화에 대한 연구는 서구의 문화적 전통과는 현격하게 다른 우리만의 문화적 전통을 가지고 있는 우리 문화권에서 필요한 작업이다. 가장 한국적인 것이 가장 세계적인 것이다.

첫째, 한국인 관심의 초점은 '관계'이다.

집단주의 성향이 강한 한국인들은 주의의 초점이 자기 자신보다 자기 밖으로 지향되어 있을 가능성이 높다. 주의의 초점이 자기 밖의 타인, 타인과 자신과의 관계 및 상황에 쏠려 있으므로, 기존 관계의 유지와 그 속에서의 조화의 추구에 관심이 집중될 가능성이 높다.

한국인은 자기를 일차적인 참조대상으로 하는 자기중심적 정서보다는 관계 속의 타인을 일차적인 참조대상으로 하는 타인 중심적 정서에 더 민감하고, 이를 더 많이 체험하게 될 것이다. 그리고 한국인들은 개인의 이익추구를 일차적으로 추구하는 이기적 동기보다는 대인관계 속의 타인에 대한 배려와 책임을 우선하는 도덕적 동기를 중시한다. 한국인들이 자기 자신보다는 타인과의 관계를 중시하고 그 관계의 유지와 조화를 추구하는 경향이 강하기 때문에 강한 내집단응집력으로 인해 집단 간 갈등(예 : 지역 간의 갈등)이 심하고, 부모의 자식에 대한 희생, 지연과 학연을 중시하는 연고주의 등 다양한 한국인의 특성이 나타난다고 볼 수 있다.

둘째, 한국인은 자기의 속을 드러내지 않는다.

한국을 비롯한 유학사상의 영향을 강하게 받은 동아시아 집단주의 사회에서는 개인의 욕구, 바람, 목표보다는 사회집단의 조화와 질서를 더 중시한다. 따라서 집단주의 사회에서는 대인관계의 조화를 해칠 가능성이 높은 경우, 자신의 개인적 욕구나 바람 및 감정의 표출은 가능하면 드러내지 않고 억제하기를 권장한다. 행동의 통제소재를 환경이 아니라 자기 자신에게서 찾음으로써, 자기억제와 자기은폐를 지향하는 경향이 강해진다.

한국인들은 자기감정의 표출을 억제하는 경향이 강하다. 이는 특히 대인관계의 조화를 깨뜨릴 가능성이 있는 정서(예 : 분노)의 경우에 심하며, 기본정서라 할 수 있는 칠정七情의 경우에도 합당한 조건을 벗어나거나, 너무 넘치거나 부족하지 않도록 조절하려는 경향이 강하다.

셋째, 한국인은 자신의 단점을 수용하여 발전시킨다.

집단주의와 유학사상에서는 인간을 무한히 발전가능한 가변적인 존재로 본다. 그러므로 자신의 부적 측면을 찾아 이를 개선하는 일이 자기향상의 방안이라고 본다. 따라서 집단주의 문화에서 사람들은 스스로의 단점을 인정하고 수용하며, 이것의 개선과 승화를 통해 자기개선을 이루려는 노력을 중시하게 된다. 집단주의 문화에서 사람들은 자신의 단점 및 부적 정서의 수용과 이의 수정을 통한 자기 개선을 지향한다.

단점의 수정을 통한 자기개선을 자기향상의 방안으로 보는 이러한 경향은 스스로의 단점이나 부적 특성을 찾아 이를 자기의 일부로 받아들이는 경향을 낳는다. 이러한 단점 수용은 차후 단점 수정의 기초가 될 것이기 때문이다. 성취 장면에서도 한국인들은 능력보다 노력을 중시하고, 성공과 실패의 원인도 능력보다 노력에서 찾는 경향이 강한데, 이는 모두 자기개선에의 지향에서 비롯되는 심리적 경향성이라 볼 수 있다. 유학사상에서는 모든 잘못된 일의 책임을 자기에게 돌리도록 가르친다(조긍호, 2003).

한국인에게는 한국인다운 특징적인 정서가 있다. 우리 주변에 보이는 한국인의 정서성의 특징은 다음과 같이 정리되고 있다(문용린, 1992).

첫째, 정서의 급변성이다. 예컨대, 음식점에 들어가서 음식을 시키기 전까지는 친절하고 상냥하게 대하던 주인이, 기대에 못미치는 주문을 하거나, 맞는 식단이 없어서 되돌아 나오면, 표정이 순식간에 바뀐다. 우리 주변에서 이러한 정서 급변성의 사례는 엄청나게 많고, 이것이 우리 사회에서의 인간관계를 품위 없게 만든다. 이득이 되면 호들갑을 떨고, 불이익이 되면 매몰찬 눈으로 바라보는 정서의 급변성이 우리 사회를 미성숙한 인간관계가 가득한 사회로 이끌어 가는 것이다.

둘째, 단순성이다. 사회의 여러 곳에서 네 편, 내 편이 언제나 갈려서 내편인 사람은 무조건 좋고, 반대편은 무조건 나쁘다. 이른바 정서의 흑백논리현상이 나타난다. 모든 대상에 대한 감정을 좋고, 나쁨의 두 차원으로만 구획을 짓고 있는 것이다. 미묘한 정서의 표현은 '사쿠라'라고 지적받는다. 모든 것에 대해서 딱 부러지는 자기 의견을 개진해야지, 머뭇대거나 어중간한 정서 표현을 하면 분명치 못한 사람으로 보인다.

이렇듯 분화되지 못한 정서는 모든 인간관계를 네 편-내 편의 관계로 이원화시켜서 어색하게 만들고, 모든 대상물을 쾌-불쾌, 좋고-나쁨의 두 차원으로만 구분하게 하여 삶의 의미를 제한시킨다. 이혼한 부부는 언제나 적의에 차서 살며, 부부도 아니면서, 적도 아닌 중간적인 정서를 갖지 못한다. 이혼한 부부끼리도 친구처럼 만나는 것은 그런 중간적인 정서가 생기기 때문이다. 죽어가는 적군을 보면서도 연민과 동정, 그리고 슬픔을 느끼는 것이 성숙한 정서의 소유자이다.

셋째, 폭발성과 격정성이다. 조그만 스트레스와 긴장에도 큰 소리를 지르고, 걷어차고, 머리를 쥐어뜯고, 주먹으로 친다. 도로 상에서 조그만 접촉사고가 일어나도 두 운전자는 한두 마디 건네다가 금방 멱살을 잡고 주먹질, 발길질로 발전하는 경우가 허다하고, 교통 단속을 하는 경관을 화가 난다고 문에 매단 채 그대로 질주한 운전자의 예가 한두 케이스가 아니다.

정서를 폭발시킴으로써, 합리적인 사고와 계산이 무위로 끝난다. 정서가 폭발하고, 격정적일수록 현실적 삶의 세계는 더 어려워지고 불행해진다. 정서가 폭발하고 격정적인 사람이 많을수록, 그 사회에는 애꿎은 피해자가 많아진다. 정서의 통제력이 결여된 사람에게서 보이는 미성숙의 특징인 셈이다.

넷째, 표현이 너무 표면적이고 직접적이다. 성숙한 사람은 정서표현이 간접적이고 우회적이다. 특히, 그것이 다른 사람에게 영향을 주는 것일 경우에는 더욱 그렇다. 비록 우스꽝스런 사람이 앞에 있어서 웃음을 참기가 어렵더라도, 그 사람의 체면을 생각해서라도 그의 면전에서는 정서표현을 삼가는 것이 성숙한 사람이다. 그런데 우리는 요즈음 그렇게 정서표현을 직접적으로 하는 사람을 많이 목격한다. 남을 의식해서 정서표현을 삼가거나 우회적으로 하거나 간접적으로 표현하려는 노력의 결여를, 특히 어른들 사이에서도 자주 목격한다. 지하철에서 외국인(특히, 유색인)을 직접적으로 바라보면서, "그놈 참 묘하게 생겼다."라고 직설적으로 표현을 하고, 친구와 함께 낄낄대는 철없는 어른을 목격한 사람이 한둘이 아닐 것이다. 정서표현을 자제하고, 우회적으로 할 수 있는 것은 어릴수록 어렵다. 그러나 어른이 되어서도 그런 자제력이 모자란다면 그것은 문제가 있는 것이다.

생각해 보기

백호 임제가 잔칫집에 갔다가 술이 거나하게 취하였다. 집에 돌아가려고 잔칫집을 나와 말을 타려는데, 하인이 말하였다. "나으리! 신발을 잘못 신으셨습니요. 왼발에는 가죽신을, 오른발에는 나막신을 신으셨네요." 그러자 백호가 대답하였다. "이놈아! 길 왼편에서 보는 자는 내가 가죽신을 신은 줄로 알터이고, 길 오른편에서 보는 자는 내가 나막신을 신은 줄 알터이니 무슨 상관이란 말이냐? 어서 가자." 하였다 한다.

이 일화는 우리가 사물을 바라볼 때 어느 한쪽에서만 바라보면 안 되며 양쪽에서 동시에 바라보아야 한다는 것을 빗대어 말하고 있다. 여기서는 말의 앞쪽에서 바라볼 때 신발이 다른 것을 알게 된다는 것이다. 연암은 진정한 견식은 이쪽과 저쪽 중에 어느 한쪽에서 볼 때에는 나타나지 않으며, 이쪽과 저쪽의 '사이'에서 볼 때 나타난다고 생각하였다. 이쪽과 저쪽의 사이에 설 때 우리의 인식이 특정한 인식의 틀에서 얻어진 산물이라는 것을 돌아볼 수 있다는 것이다.

한국인의 인간관계 : 정(情)

전통적 한국문화는 인간관계 안에서의 '정'을 중시하는 대표적인 문화로 볼 수 있다. 한국인의 민족성을 고찰한 연구들에서 정은 대표적인 특성으로 간주되어 왔으며, 외국인의 견문록에서도 한국인의 특성을 '정겨웁다'와 '인심이 후하다'로 거론되었다. 이수원(1984)은 한국인의 인간관계 구조와 정을 관계시켜, 우리 문화에서는 나와 너의 공유적 관계로서의 '우리'가 강조되고 여기에서 발생되는 감정을 정으로 간주하였다.

한국인의 인간관계에는 정情으로 표현되는 공간이 있다. 이 공간은 '나'도 아니고 '너'도 아닌 '우리'가 우선하는 공간이다. 마치 한국의 초가지붕 처마와 같이 집 안도 집 밖도 아닌 공간이 우리의 인간관계에 있다. 이 공간 안에서는 너와 나가 분리된 단위가 아니기 때문에 이를 시인하는 표현이나 행동은 용납되지 않는다. 정을 주고받는 사이에서 시비를 따지거나 이해를 가리는 행위는 정떨어지는 행위로 배척된다. 이 공간 안에 있는 사람들은 시비와 이해를 초월하는 것이다.

이러한 인간관계는 물질적 교환을 위한 경제적·수단적 관계가 아니라 인본적 관계이며, 따라서 합리성과 원칙성보다는 개인 간의 사회 정서적·감정적 측면이 중시되는 관계이다. 이러한 관계에서는 앞서 고찰한 개인지향적, 교환적, 공정성 중심적 관계에서 야기되는 비인간화 현상이 있을 수 없는 것이다.

한국인의 인간관계에서 이런 공간이 나타나게 된 것은 한국사회의 지배적 가치였던 유교와 무관하지 않다. 유교적 인간관계의 이상은 가족적 인간관계에서 사회적 인간관계의 기본 모형을 도출하는 것이다. 유교에서는 가족적 인간관계를 이상적 인간관계의 한 모형으로 보고 이를 가족 밖의 사회적 인간관계에까지 확대시켰다고 볼 수 있다. 한국사회에서 사람들 사이의 친분을 "한집안 식구처럼 지내라"라고 표현한다든지, 예의를 나타내는 말로 "너는 부모형제도 없느냐"라고 한다는 것은 가족관계를 사회관계에까지 확대하려는 것으로서 한국인의 이상적 인간관계에 대한 생각을 잘 드러내 준다.

　그런데 이와 같은 가족적 인간관계는 다른 형태에서 찾아보기 힘든 몇 가지 특징을 갖고 있다. 가족적 인간관계는 무엇보다도 혈연관계에서 나타나는 '육친의 정'을 그 바탕에 깔고 있다. 육친의 정으로 맺어진 혈연관계는 이해와 득실을 따지는 교환적 관계와는 다르다. 육친의 정에는 그런 것들보다 더 본질적인 무엇이 있다. 유교의 인간관계가 이해관계나 계약관계보다 인간관계 그 자체에 최우선의 가치를 부여했다는 사실에서 이를 찾아볼 수 있다. 유교를 이상으로 받아들인 가족적 인간관계에서는 인간관계 그 자체가 최우선으로 가치가 될 수밖에 없는 것이다.

　또한 유교적 인간관계의 특징은 개인의 삶보다 가족의 일원으로서의 삶에 보다 가치를 둔다. 유교의 효도사상, 조상숭배, 친족관계 등은 개인으로서보다는 가족의 일원으로서의 요구를 우선하는 풍토를 낳았다. 이 상태에서 개인과 가족이라는 경계는 사라지고 가족이 곧 나의 일부가 된다. 한국사회에서 '나'라는 말보다 '우리'라는 말을 즐겨 쓰는 것은 이같은 사실을 잘 드러낸다. 이 '우리'로 표현되는 공간 안에서는 타인의 곤경을 곧 자신의 곤경으로 느낀다. 따라서 타인의 곤경을 보고 방관하지 않고 자신의 곤경처럼 적극적으로 이에 개입하는 것이다.

　그러나 가족관계에서 나타나는 이같은 인간관계의 원리를 사회관계에까지 적용하려 들 때 여러 가지 부작용이 나타난다. 가족관계는 관계의 양식이 본질적으로 개인적이고 '사적'이다. 반면에 사회관계는 공식적이고 '공적'이다. 또한 사회관계는 주로 이해interests관계의 기반 위에서 성립된다. 따라서 개인적 만남에서의 인간관계의 원리를 공식적 만남의 사회관계에까지 일반화시킬 때 여러 가지 문제가 발생한다. 그 대표적인 예가 한국인의 특성으로서 자주 언급되는 '공'과 '사'의 혼동이다. 공적으로 처리해야 할 일을 사적으로 처리함으로써 여러 가지 부조리를 낳는 것이다. '인정에 끌린다'나 '인정에 치우친다'는 말은 이를 단적으로 표현해 주고 있다.

　한국사회에서는 앞에서도 본 것처럼 인정을 우선하는 풍토가 오랫동안 지배하여 그것이 한국인의 독특한 특성으로까지 등장하게 되었다. 한국사회에서 인정은 사람이면 누구나 갖추어야 할 기본 덕성이다. 측은지심惻隱之心을 갖지 않은 자는 금수와 같다고 보았다. 인정은 한국인에게 있어 보편적 도덕률이었던 것이다.

한국인에게서 보편적 도덕률로서 인정에 대한 책무는 공정에 대한 책무보다 종종 강력한 힘을 발휘한다. 오늘날 우리 사회에 살고 있는 사람치고 인사문제와 같은 것에서 '공정'을 기하여야 하는가 '인정'을 베풀어야 하는가를 놓고 갈등을 경험하지 않은 사람이 없을 것이다. 이 같은 갈등은 그 동안 한국사회가 겪어온 급격한 변화와도 무관하지 않다. 특히, 한국사회의 급격한 산업화는 그 주요한 원인 중에 하나가 될 것이다.

산업사회에서는 농경사회에 비해 사람들의 만남이 표면적이며 공식적이다. 필요에 의해서 만나며 이해가 없으면 끊어진다. 이 같은 인간관계는 사람들의 만남을 상품들의 거래로 전락시키며 또한 그렇게 변질시킨다. 따라서 이런 사회에서 인간관계를 규율하는 기본 덕목은 '공정'이 될 수밖에 없다. 이 사회에서 '인정'은 거추장스러운 짐이 될 뿐이다. 사실 한국사회가 산업화되면서 '인정'을 전근대적인 유물로서 우리사회의 발전을 가로막는 장애물로 보는 시각도 나타났다. 이들은 한국인의 인정지향적 가치가 연고주의, 정실주의 나아가 파벌주의를 낳아 우리사회를 파행적으로 몰고 갔다고 보고 있다.

그러나 인정의 덕목도 앞에서 본 것처럼 순기능만 있는 것이 아니다. 인정의 역기능은 무엇보다도 집단 간 차별의식을 낳는다는 것이다. 한국사회의 병폐로 지적되어온 연고주의, 정실주의, 파벌의식 등은 모두 인정이 낳은 부산물이라고 볼 수 있다.

한국인의 인간관계에서 나타나는 정은 이와 같이 '너'와 '나'가 '하나'가 될 때 유발되는 감정이라고 볼 수 있다. 그런데 오늘날 우리사회에서 인정이 메말라 간다는 소리가 높다. 연령층에 따라 정을 주고받는 행동이 어떻게 달라지는가를 조사하였다. 나이가 많은 사람일수록 인간관계에서 '정을 주는 사이'와 '정을 주지 않는 사이'의 구별이 뚜렷하게 나타났다. 정을 주는 사이에서는 서로 주고받는 정표가 다양하며, 빈도도 잦고, 동기도 순수하며, 부담도 덜 갖는다. 또한 도움을 받을 때는 고마움을 크게 느끼며, 못 받을 때는 섭섭함도 크다. 도움을 베풀 때 보람을 크게 느끼고, 못 베풀 때 갖는 미안함도 크다. 그러나 세대가 달라지면서 정을 주고받는 사이에서 나타날 수 있는 이와 같은 현상이 사라지고 있다.

오늘날 한국사회에서 문제가 되고 있는 많은 비리나 부조리는 이와 같은 '인정주의'와 연관되어 있다. 한국인의 특성으로 자주 열거되는 공공심의 부족, 혈연이나 지연에 따른 정실주의 및 공익을 생각지 않는 집단이기주의 등은 모두 '인정주의'와 직접 또는 간접적으로 관련되어 있는 것이다. 이들 부조리나 비리는 '공적'으로 처리해야 하는 것을 '사적'으로 처리함으로써 빚어지는 것들로서 이런 의미에서 기본적으로 한국인의 '인정주의'가 낳은 부산물들이다. '공적'으로 부여된 책무와 '사적'으로 부여된 책무에서 공적 책무는 무시하고 사적 책무에만 충실하였기 때문에 빚어지는 부조리인 것이다.

선행은 곤경에 빠졌거나 궁핍한 사람을 도와주는 것이다. 여기서의 기본 덕목은 '인정'이라고 볼 수 있다. 그런데 어떤 특정한 상황에서는 이 두 덕목이 갈등관계에 놓일 때가 있다. 공정을 기하기 위해서 인정을 희생해야 하는 경우도 있으며, 인정을 베풀다 보면 공정을 기하기가 어려울 때도 있다. 사실 위에서 한국인의 특성으로 지적된 정실주의와 같은 것은 이와 같은 갈등상황에서 인정에 치우쳐 공정을 기하지 못한 경우라고 볼 수 있다.

한편, 인정의 순기능적 측면은 위에서 지적한 공정의 역기능적 측면인 '비인간화' 현상을 막아주는 기능을 한다. 인정은 '우리'라는 공간 안에 있는 타인의 안녕에 대한 관심이다. 앞에서도 말한 것처럼 '너'와 '나'가 하나가 된 '우리'의 공간에서는 시비와 이해를 초월한다. 여기서는 '너'와 '나'가 분리된 단위가 아니기 때문에 이를 시인하는 표현이나 행동은 용납되지 않는다. 시비와 이해를 따지는 것은 '너'와 '나'가 분리된 개체가 되어 물질적 내지는 경제적 '교환'을 하게 되었다는 것을 의미하기 때문이다.

사실 한국인의 인간관계에서 타인을 도와주는 것은 되돌려 받는 것을 기대하는 행위가 아니다. 불교의 '보시'처럼 준다는 생각조차도 없이 주는 행위를 말하는 것이다. 타인을 도와준다는 것은 그의 곤경이 나의 곤경처럼 느껴져 나를 구제하기 위해서 조건없이 도와주는 것이다. 이러한 인간관계에서는 물질적 또는 경제적 이익이나 손실은 부차적인 문제이며, '인간적 가치' 그 자체가 어디까지나 관심의 초점이 되는 것이다. 이러한 인간관계에서 인간적 가치 이외에 다른 어떤 가치를 개입시키는 행위는 오히려 관계의 순수성을 해치는 것으로 간주된다. 따라서 이와 같은 관계에서 '비인간화' 현상과 같은 것은 일어날 수 없다고 보아야 한다.

한국인과 리더십

다양한 문화와 국가의 구성원들은 각기 다른 가치관, 신념, 태도를 지니고 있다. 그러므로 각 국가나 집단의 문화 특성에 따라 훌륭한 리더가 지녀야 할 리더십 역량이 다를 것이다.

우리사회와 같은 집단주의 문화권에서 이상적 인간형은 남과 더불어 조화롭게 사는 사람이다. 집단주의에서는 개인의 이해관계가 집단의 이해관계와 밀접히 연관되어 있기 때문에 집단구성원 간에 상호의존적 관계가 형성된다. 집단주의 문화에서 개인 간 역할의 분화는 집단의 효율성을 높여주는 첩경이 된다. 집단효율성은 마치 서로 다른 악기소리가 화음을 이루는 오케스트라와 같이 개인들이 서로 역할을 분담하여 전체를 위해서 각자가 맡은 일을 수행할 때 최고 수준에 도달하게 되는 것이다.

집단주의 문화에서 사람들은 자신의 개인적 목표보다는 집단의 목표를 우선시한다. 그러므로 집단목표 달성을 위해 내집단의 통합과 조화를 강조하고, 내집단 규범이 개인의 자율을 제한하더라도 그것을 정당한 것으로 이해하며 잘 참는다. 또한 내집단을 자기의 확장으로 받아들여 내집단에 대한 강한 집단정체감을 갖게 되며, 내집단에 대해 강한 정서적 애착을 갖는다. 반면에 개인주의 문화에서 사람들은 개인의 목표추구를 집단의 목표보다 더 우선시하기 때문에 그것이 집단목표 달성에 해가 되더라도 개인의 목표를 달성하고자 한다. 또한 자신을 내집단과는 분리된 존재로 생각하기 때문에, 집단의 결속에는 관심이 없으며, 내집단에 애착이 작고, 정서적으로도 거리감을 갖는다.

집단주의 문화에서 인간은 타인과의 관계(예 : 부자관계, 상사-부하관계) 속에 존재하고, 관계 속에서 개인이 규정되며, 사회는 구성원 각자가 이러한 관계에서 맡은 역할을 충실히 수행함으로써 유지된다고 본다. 반면에, 개인주의 문화를 지닌 사회에서는 사회구성의 기본 단위를 독립적인 각자의 개인이라고 보며, 사회는 이러한 개별적 개인들의 집합에 불과하다고 본다.

정치학자 나이(Nye, 2004)는 '당근과 채찍'을 이용하는 보상권력과 강제권력 등에 해당하는 권력을 하드 파워hard power라 부른 반면, 참조권력과 전문성권력에 해당하는 권력을 소프트 파워soft power라 부르고 있다. 남기덕(2007)은 급변하는 현대 사회에서 그리고 집단의 조화를 중시하는 동양의 집합주의 문화일수록 소프트 파워가 바람직하다고 주장하였다.

'팔은 안으로 굽는다'라는 말이 있다. 이 말에는 사람들이 대부분의 경우에 타집단(타 가족, 타 사회)에 비해 자기집단의 이익을 우선한다는 뜻도 담겨 있다. 이처럼 우리사회에는 지연, 학연, 혈연 등에 의해 맺어진 자기집단을 그렇지 않은 타 집단에 비해 더 선호한다는 경향이 있다. 이와 같은 자기 집단 편애는 정치계, 경제계, 학계 등 거의 모든 분야에서 오랫동안 암적인 존재가 되어 왔다.

사회생활은 사람들 간의 관계맺음으로 이루어진다. 어느 사회에서나 이러한 현상은 보편적이지만, 관계맺음을 유지해 가는 양상은 문화권에 따라서 상당한 차이가 있다. 옛날과 비교해서 상당한 차이가 있지만 여전히 볼 수 있는 우리들의 관계맺음의 특징을 정情지향성과 서열의식성이라는 두 가지로 정리할 수 있다.

우리사회에서 다양한 집단들은 그 성원들에게 연계망을 제공하는 구조로서의 기능을 하며, 사람들은 집단에 속했을 때, 그 소속의식에 의해서 영향을 받기보다는 자신이 관여되어 있는 인간관계의 동학動學에 의해서 더 큰 영향을 받는다. 이러한 점 때문에 한국사회에서는 '공과 사가 구분되지 못한다'느니, '되는 일도 없고 안 되는 일도 없다'느니 식의 지적들이 이해될 수 있다.

유학儒學은 인간을 개별자적인 존재가 아니라 다양한 관계맺음을 본질로 하는 관계자로서 파악하고 있다. 이 다양한 관계맺음에는 서열의식이 내재해 있다. 삼강오륜에서 친우관계를 제외한 모든 관계는 서열화된 관계로서, 각기의 관계에서 중시되어야 하는 덕목을 제시하고 있다. 서열의식은 집단의 화목을 중시하는 문화에서 성원들 간의 갈등을 조절하는 순기능을 한다.

서열상 위에 있는 사람은 아랫사람에 비해 책임과 아울러 특권도 많이 누린다. 더욱이, 집단 내에서 일단 서열이 확정되면 이 관계는 지속적이므로, 서열의 협상에서 아래에 놓이지 않으려 애를 쓴다. 특히, 우리말에는 경어가 발달하여, 말을 건네는 것 자체가 상대와의 관계에 대한 서열정보를 전하게 되므로 경/비어의 사용에 사람들은 매우 민감하게 반응한다.

통신수단의 비약적인 발전으로 세계화의 진전은 가속화될 것이다. 아울러 문화권 간의 교류가 활발히 전개되고 있어, 관계맺음에 있어서의 문화 간 이질성도 상당히 줄어들 것이다. 그러나 정지향성과 서열의식성이라는 두 가지 특징은 우리의 대인관계가 지닌 특징적 정서로서 오랫동안 유지되어 왔고, 앞으로도 상당히 지속될 것이다.

한 사회 내에서도 생산방식이 변화함에 따라 개인과 집단 중에서 어느 것을 강조하느냐는 점이 변화하기도 한다. 즉, 같은 한 사회도 시대의 변화에 따라 생산방식이 변화하면 문화도 변화한다고 볼 수 있다. 예를 들어, 한국인들도 농업사회에서 산업사회 및 정보화 사회로 변천함에 따라 기성세대에 비해 젊은 세대는 개인주의적 특징을 지니게 된다는 것이다. 즉, 전적으로 생태적 조건에 의해 삶의 양식이 결정되는 자급자족 경제체제(공동사회Gemeinschaft)로부터 인간의 노력 크기에 의해 생산성이 창출되는 시장경제체계(이익사회Gesellschaft)로 이동하게 됨에 따라, 구성원들도 집단을 강조하던 입장에서 개인을 강조하는 입장으로 인식이 변하게 된다는 것이다.

수직성향이 강한 문화에서는 사람들 간의 관계가 서열을 바탕으로 전개된다. 서열은 나이, 직위, 신분, 경륜, 역할 및 관행에 의해 매겨진다. 두 사람 사이에서 매겨진 서열은 둘 사이의 관계에서는 지속적으로 작용한다. 매겨진 서열에 따라 상위의 서열에 있는 사람은 많은 권리를 행사할 수 있으며, 이를 인정받고, 의견이 존중되며, 대접을 받고, 개인적인 행위도 용납이 된다.

반면에, 하위의 서열에 있는 사람은 권리보다는 의무를 많이 지니고, 상대의 의견을 구하고 존중해야 한다. 수직적인 사회에서는 서열이 중요하므로 상위 서열을 차지하고자 하는 경쟁이 심하고 상위 서열자의 과시적 행위가 두드러지게 나타난

생각해 보기

조직 갈등의 동양적 지혜 : 중용

조선시대 초기에 명재상이었던 황희(黃喜)정승에 관해서 아래와 같은 일화가 전해져 오고 있다. 어느 날 집에서 부리는 하인들이 싸움을 하다가 그중 한 하인이 공에게 가서 자기의 옳음을 하소연하였다. 그러자 공은 "네가 옳다"하고 돌려보냈다. 그런데 이번에는 상대방 하인이 와서 자기가 옳다고 주장하였다. 그러자 공은 다시 그에게도 "네가 옳다"고 말하였다. 옆에서 이를 지켜보던 부인이 어이가 없어서 "한쪽이 옳으면 한쪽이 그른 것이지, 어떻게 다 옳을 수 있습니까?"하고 한마디하자 공은 다시 부인에게도 "그 말도 옳다"고 하였다고 한다.

이 일화에는 갈등을 다루는 황희정승의 기지가 잘 나타나 있다. 그는 누가 옳고 누가 그르고의 시비차원에서 이 갈등을 보고 있지 않다. 시비차원(是非次元)을 초월하고 있는 것이다. 그럼으로써 그는 두 하인 중에서 어느 쪽에도 치우침이 없이 중립적 입장에 설 수 있었다. 뿐만 아니라 하인들이 진정으로 바라던 주인의 인정을 양쪽 모두에게 줄 수 있었다. 이 일화는 옳고 그름의 시비를 초월하여 중용(中庸)의 방법에 좇아 갈등을 해결하는 길을 보여 주고 있다. 중용은 누가 옳고 누가 그르고의 시비를 초월하여 글자 그대로 어느 쪽에도 치우침이 없이 중립적 입장에 서는 것이다. 그리하여 양쪽 모두가 만족할 수 있는 방식으로 갈등을 해결하는 것이라고 볼 수 있다.

다. 그러나 이러한 서열 매김 방식이 집단주의 문화권에서는 나이, 출신, 신분, 연공 등의 변수에 의해서 주로 결정되는 반면에, 개인주의 문화권에서는 능력, 자질, 업적 등에 의해서 주로 결정되는 차이를 보인다.

가장 탁월한 성과를 얻는 리더는 협력을 잘 이끌어 내는 사람이다. 불완전한 사람들이 함께 모여 완벽한 팀을 만드는 것이 리더십의 본질인 것이다. 나 자신의 부족한 점을 겸허히 성찰하고, 다른 사람의 장점을 살려 줌으로써 공동체의 창조적 가치를 더욱 크게 할 수 있다. 냉철한 지성과 따뜻한 감성이 조화를 이루면서 폭넓은 공감대를 이룩할 수 있는 진정한 리더십이 필요하다.

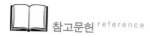

참고문헌 reference

고재홍(1996). 집단이기주의. 경남대학보.

고재홍(2005). 조긍호(저)-한국인 심리 이해의 개념틀- 서평. 사회과학논평(한국사회과학연구협의회), 2005년, 25호, 13-28.

남기덕 (2007). **소프트 파워 리더십**. 육사 : 화랑대연구소.

문용린 (1992) "한국인의 정서성숙을 위한 교육적 과제 : 발달 심리학적 처방과 과제". 민주문화논총. 제3권 제8호 통권 27호 (1992. 12). pp. 27-52.

문용린(2004). **발달의 관점에서 본 한국인의 성숙성**. 한국인간발달학회.

백기복 · 서재현 · 구자숙 · 김정훈(2009). 한국형 리더십 개발을 위한 탐색적 연구.

이수원(1990). 한국인의 인간관계와 정공간, 개인주의와 집단주의 : 동서양 심리학의 만남, 국제학술회의.

조긍호(2003). **한국인 이해의 개념틀**. 도서출판 나남.

최준식(1997). **한국인에게 문화는 있는가?**. 사계절.

한규석(2000). 한국인의 인간관계. 단국대학교 신문 1021호 게재(2000. 3. 7. 간행)

한규석 · 신수진(1999). 한국인의 선호가치 변화수직적 집단주의에서 수평적 개인주의로. **韓國心理學會誌: 社會 및 性格**. Korean Journal of Social and Personality Psychology 1999, Vol. 13, No. 2.

CHAPTER 05

대학생활과
의사결정 · 갈등관리

대학생활을 성공적으로 그리고 만족스럽게 영위하는 것은 결코 쉬운 일이 아니다. 중·고등학교 생활이 정해진 길을 따라 나아가는 육지여행이라면, 대학생활은 드넓은 망망대해로 떠나는 항해와 같다. 자신만의 나침반으로 방향을 잡으며 암초와 거친 파도를 헤쳐 나가야 한다. 그만큼 수많은 의사결정을 올바르게 해야 하고, 수많은 갈등상황을 극복해야 한다는 말이다. 특히, 신입생 시절에 첫 단추를 잘못 끼우면 대학생활 전반은 물론 사회생활에서도 많은 어려움을 겪을 수 있다.

한 사람이 평생 동안 거치는 다른 조직(가족, 중·고교, 직장 등)들과 비교해 보면 대학교는 매우 독특한 구조를 지니고 있다. 대학교에는 정해진 등하교 시간과 학생 개인을 위한 지정석도 없으며, 학생에게 정해진 수업시간을 부여하지도 않고, 매일 고정적으로 만날 수 있는 담임교사나 학급친구가 없다. 그리고 대학교에는 학생의 사생활에 규제를 가하는 사람도 없으며 정해진 교복도 명찰도 없다. 경범죄에 해당하는 것이 아니라면 무제한의 자유가 허용된다. 이처럼 대학생활의 가장 큰 특징은 자유이다. 대학교는 학생에게 최대한의 자유를 허용하며 거의 모든 것을 학생의 자율적인 의사결정에 맡긴다.

　그러나 모든 것에는 양면성이 있듯이 자유는 대학생활의 가장 큰 매력인 동시에 가장 위험한 함정이기도 하다. 자유를 누릴 준비가 되어 있지 않은 사람에게는 갑자기 부여되는 자유가 혼란과 방종으로 이어질 수 있기 때문이다. 자유는 의사결정, 즉 선택의 자율성을 의미한다. 인생은 크고 작은 수많은 결정(선택)과 그 결과로 이루어지는데, 현명하지 못한 선택은 파괴적인 결과를 초래한다. 그러므로 대학생활의 성공과 실패도 자신에게 주어진 자유를 어떻게 자율적으로 잘 관리하느냐에 달려 있다고 할 수 있다. 이것은 곧 자신의 의사결정이 그만큼 중요하다는 것을 의미한다. 즉, 자신의 삶을 주체적으로 이끌어 가기 위해서는 현명한 의사결정을 할 수 있는 능력과 더불어 그 결과를 책임지는 역량이 필요하다.

　또한 대학생 시기는 청년기 초기로, 인생의 발달단계에서 가장 많은 변화를 경험하는 전환기이고 불안정한 시기이다. 망망대해를 항해하면서 대학생은 스스로 결정해야 하는 다양한 과제에 직면하게 된다. 학업문제, 음주와 흡연, 친구 및 이성관계, 성생활, 군복무, 아르바이트, 진로선택과 취업준비 등과 같이 스스로 결정해야 할 다양한 과제에 직면하면서 고민과 갈등이 늘어나고 정서적으로 불안정한 혼란에 빠지기 쉽다.

　이처럼 대학생 시기는 다양한 변화를 겪게 되는 인생의 전환기이므로 필연적으로 갈등과 방황이 수반된다. 이러한 관점에서 합리적 의사결정과 갈등해결에 참고할 수 있는 몇 가지 원칙적인 이론들을 학습하기로 한다.

갈등하지 마라! 이 세상에는 변화시킬 수 있는 것과 없는 것이 있다

우리가 불만스럽게 여기는 것 중에는 우리의 노력을 통해서 변화시킬 수 있는 것과 변화시킬 수 없는 것이 있다. 변화시킬 수 없는 것은 수용함으로써 갈등을 피하고 평안한 마음을 갖도록 노력해야 한다. 그러나 변화시킬 수 있는 것은 용기를 내어 과감하게 바꾸도록 노력해야 한다. 자신의 노력으로 변화시킬 수 있는 것과 없는 것을 지혜롭게 구분할 줄 알면 갈등을 감소시킬 수 있다. 그런데 변화시킬 수 있는 것과 없는 것을 판단하는 일은 결코 쉬운 일이 아니다.

그러나 몇 가지 분명한 것들이 있다. 변화시킬 수 없는 것의 첫 번째는 지나간 과거이다. 이 세상에 지나간 과거를 돌이킬 수 있는 사람은 없다. 둘째는 선천적으로 타고난 특성이다. 즉, 부모로부터 물려받은 신체적 특징은 바꾸기가 어렵다. 세 번째는 다른 사람의 성격이다. 부모나 친구의 성격을 바꾸는 일은 매우 어렵다. 인간의 성격은 성인이 되면 어느 정도 고정된다. 많은 노력을 통해서 다소 유연하고 융통성 있게 만들 수는 있지만, 성격을 변화시키는 일은 매우 어렵다. 이처럼 변화시키기 어려운 일은 의사결정과 갈등관리과정에서 그대로 수용하는 것이 바람직하다. 아무리 노력해도 바꿀 수 없는 것에 대해서 불만을 느끼고 갈등하는 것은 자신의 고통을 증가시킬 뿐이다. 그보다는 변화시킬 수 있는 것에 관심을 갖는 것이 훨씬 더 현명한 일이다.

그렇다면 변화시킬 수 있는 것은 무엇일까? 아마도 무수히 많을 것이다. 그러나 그 중에서도 내가 가장 쉽게 변화시키기 쉬운 것은 무엇일까? 아마도 그것은 자기 자신을 변화시키는 일일 것이다. 자기변화의 시작은 자신의 생각을 바꾸는 것이다. 생각의 변화를 통해서 행동이 변하고, 행동 변화가 지속되면 습관이 바뀌며, 습관의 변화는 인격을 변화시켜 자신의 운명을 바꿀 수 있게 해주기 때문이다. 영국의 웨스트민스터 대성당 지하묘지에 묻혀 있는 한 성공회 주교의 묘비명에는 다음과 같은 글이 새겨져 있다. 한 번쯤 깊이 음미해 볼 내용이다.

내가 젊고 자유로워서 상상력에 한계가 없었을 때 나는 세상을 변화시키겠다는 꿈을 가졌었다.
좀 더 나이가 들고 지혜를 얻었을 때, 나는 세상이 변하지 않으리라는 것을 알았다.
그래서 내 시야를 약간 좁혀 내가 살고 있는 나라를 변화시키겠다고 결심했다.
그러나 그것 역시 불가능한 일이었다.
황혼의 나이가 되었을 때, 나는 마지막 시도로 내 가족을 변화시키겠다고 마음을 먹었다. 그러나 아무것도 달라지지 않았다.
이제 죽음을 맞이하기 위해 자리에 누운 나는 문득 깨닫는다.
만약 내가 나 자신을 먼저 변화시켰더라면, 그것을 보고 내 가족이 변화되었을 것을…
또한 그것에 용기를 내어 내 나라를 좀 더 좋은 곳으로 바꿀 수 있었을 것을…
그리고 누가 아는가? 세상까지도 변화되었을지를!

자료 : 권석만, '대학생활' 중에서

대학생활과 의사결정

의사결정과정

의사결정이란 "문제를 인식하여 진단하고 문제해결에 필요한 대안들을 찾아 평가한 후 최적의 대안을 선택하는 일련의 과정"이라고 할 수 있다. 그림 5-1과 같이 의사결정과정은 대안의 선택과 평가까지를 말하나, 문제해결의 개념은 대안이 집행(적용)되고 유지·조정(사후관리)되는 단계까지를 포함한다. 의사결정과정은 다음과 같다.

문제인식 및 진단

문제란 자신의 현재 상태와 기대하는 상태가 차이 날 때 발생한다. 문제인식단계에서 중요한 것은 조기인식이다. 개인에게 있어서 뿐만 아니라 집단이나 조직의 입장에서도 문제의 정확한 조기인식은 매우 중요하다. 특히, 조직을 관리해야 하는 리더는 조직 목표와 현재의 상태를 정확히 인식하고 있어야 한다. 문제인식단계에서 또 한 가지 중요한 것은 의사결정자와 결정 관련자들 간의 인식차이다. 의사결정자의 판단은 지각, 인지, 성격 등에 따라 영향을 받는다. 같은 현상에 대해서도

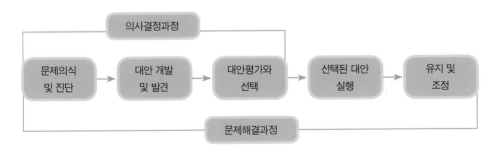

자료 : Huber, G. P.(1980). ; Scott, Foresman

그림 5-1 의사결정과정

혹자는 문제로 인식하지만 다른 사람은 전혀 문제로 인식하지 않는 경우도 있을 수 있다. 때문에 인식의 차이는 문제인식에 있어서 고려되어야 할 중요사항이다.

대안의 개발 및 발견

해결해야 할 문제가 무엇인지를 정확하게 파악했다면 문제해결을 위한 대안들을 찾아내야 한다. 때문에 이를 정보 수집 및 조직화 단계라 부르기도 한다. 이 단계에서는 대안 마련을 위한 다양한 정보원(情報源)의 확보가 매우 중요하다.

대안의 평가와 선택

이 단계는 의사결정에 소요되는 비용, 각 대안의 장·단점 그리고 해결책의 실천 문제를 검토하는 단계이다. 즉, 의사결정자가 수집된 각종 정보를 활용해서 여러 가지 대안을 마련했다면 각 대안에 대한 평가가 이루어져야 한다. 이 평가결과에 따라서 하나 또는 그 이상의 대안이 선택된다. 대안평가 시는 경제적 합리성 모델, 사이먼의 제한적 합리주의 모델, 정치적 선택 모델 등을 활용할 수 있다.

선택된 대안의 실행

선택된 대안은 실행되어야 하는데, 이 단계에서는 실행자의 실행의지(동기)가 무엇보다도 중요하다. 선택된 대안에 다소의 문제가 있을지라도 실행에 옮기는 단계에서 이를 조정하고, 실행자가 최고의 능력을 발휘한다면 그 효과는 달라진다. 반대로 아무리 훌륭한 대안을 선택했더라도 실행을 나태하게 하면 성공가능성은 낮아진다.

유지 및 조정

이는 후속조치 또는 사후관리단계라고도 한다. 의사결정자는 어떤 문제에 대한

대학생들의 가장 큰 고민은?

대학생들이 평소에 고민하는 주요 문제는 학업(23.0%), 진로 및 적성(19.4%), 학자금 및 경제문제(13.9%), 대인관계(12.9%), 이성관계 및 성문제(8.8%), 성격(7.7%), 외모(6.6%)의 순으로 나타났다. 이 중에서 의사결정 및 갈등과 관련해서 대학생들이 고민하는 문제 중에서 가장 흔한 것이 바로 진로결정에 관한 문제이다. 현재의 전공분야가 자신의 적성에 맞지 않을 뿐만 아니라 졸업 후 진로도 마음에 들지 않는다고 호소한다. 그렇다고 뾰족한 대안이 있는 것도 아니다. 졸업 후에 진출하고 싶은 직업분야가 있기는 하지만 준비과정이 너무 어렵고 경쟁이 치열해서 자신이 없다는 것이다. 그래서 진로를 결정하지 못한 채 세월만 보내고 있는데, 저만치 졸업이 다가오니 매우 불안하다는 것이다.

진로결정에 어려움을 겪는 학생들은 몇 가지 공통점을 지니고 있다. 우선, 자신의 인생에서 무엇을 하고 싶은지에 대한 분명한 생각이 없다. 즉 인생의 비전과 목표가 없는 것이다. 둘째, 자신의 흥미나 적성에 대한 이해가 부족하다. 자신이 어떤 일을 좋아하고 잘 할 수 있는지에 대해서 잘 알지 못한다. 셋째, 진출 가능한 직업이나 전공분야에 대한 정보가 부족하다. 우리 사회에 어떤 다양한 직업이 있고, 장·단점은 무엇이며, 그러한 직업을 갖기 위해서는 어떤 요건, 자질, 노력이 필요한지에 대한 구체적인 정보를 갖고 있지 못하다. 넷째, 부모의 기대와 학생 자신의 바람이 일치하지 않는 경우가 많다. 부모가 강력히 권하는 직업분야는 학생이 수용하기 어렵고, 학생이 원하는 분야는 부모의 기대에 미치지 못할 때 등이다. 이상과 같은 경우에 학생들은 진로에 관한 의사결정을 하지 못하여 갈등하고 방황하게 된다.

여러분은 진로를 결정하셨습니까? 아직 못했다면 언제까지 어떻게 진로를 결정할 예정이신지요? (진로결정과정은 이 절의 후반부에 다시 논의됨)

성공적 의사결정방법을 기억이나 잠재의식 속에 축적하게 되고(유지), 이후 유사한 문제발생 시 저장된 의사결정방법을 활용하여 문제를 해결하게 된다. 이와 같이 기억이나 잠재의식 속에 문제해결에 대한 자기 나름대로의 방법, 즉 사고의 틀을 형성한다. 그런데 이러한 사고의 틀은 시간의 흐름에 따라 새로운 정보의 첨가, 상황의 변화 등으로 말미암아 조정되고 변화되어 간다. 기존 사고의 틀을 활용하여 당면문제에 대한 해결책을 얻지 못할 경우에는 의사결정과정을 수정해야 한다. 이 새로운 과정을 통해 기존 사고의 틀은 수정되고 변화된다. 따라서 의사결정과정은 개인이나 집단에게 '하나의 학습과정'이라고 할 수 있다. 학습에 의하여 사고의 틀이 형성되고, 형성된 하나의 개념이 집단구성원들 사이에 공유되면 의사결정을 재실행하는 데 긍정적인 영향을 미친다. 그러므로 이 단계는 학습내용을 정리하고 재실행을 준비하는 단계라고 볼 수 있다.

개인과 집단의사결정

조직에서의 의사결정은 개인이 혼자서 전체 과정을 담당하는 경우보다는 여러 명이 집단으로 또는 조직 차원에서 선택을 하고 실행을 하는 경우가 더 많다. 그런데 개인의사결정과 집단이나 조직 차원의 의사결정은 여러 면에서 차이가 있다. 물론 집단이나 조직 수준의 의사결정에 있어서도 개인의 의사결정에서와 마찬가지로

자료 : Harrison, E. F.(1975).

그림 5-2 **의사결정자의 차원**

구성원 개개인의 판단, 선택, 정보수집 등이 포함된다. 그러나 혼자가 아닌 다수에 의한 결정의 경우에는 개인의 선택과 판단이 다른 구성원들의 그것과 조정되고 융합되어 동의나 합의를 이끌어 내야 하는 경우가 많다. 집단의사결정에 있어서 구성원들 간의 교류를 통하여 문제에 대한 해결책이나 합의를 이끌어 내는 과정이 효과적일수록 의사결정의 질은 높아진다.

의사결정의 수준은 그림 5-2와 같이 개인 수준, 집단 수준, 그리고 조직 수준으로 구분된다. 본 장에서는 개인 수준과 집단 수준의 의사결정만을 다루기로 한다.

개인의사결정

개인의사결정은 개인이 혼자서 판단, 선택, 결정하는 과정을 대상으로 한다. 물론 사안에 따라서는 정보를 얻기 위해서 다른 사람에게 질문을 한다든가 의견을 묻는 것까지를 개인의사결정의 범주에 포함시킬 수 있다. 의사결정자가 스스로 결정을 할 것인가 아니면 집단을 구성하여 결정하도록 할 것인가는 결정자의 선택이다. 혼자서 권한의 범위 안에서 독단적으로 판단을 하여 선택을 할 수도 있고, 타인들을 제한적으로 참여시켜 결정을 하는 경우도 있을 수 있으며, 아예 결정권 자체를 집단에 위임해 줄 수도 있다. 물론 사람들이 모여서 문제를 해결하는 경우에도 구성원 각자의 판단이나 선택을 포함하지 않을 수 없다. 때문에 이런 개인의사결정에 영향을 주는 요소와 개인의사결정 시에 발생할 수 있는 오류들을 학습함으로써 보다 효과적인 의사결정을 하는 능력을 함양할 수 있다.

개인의사결정에 영향을 주는 요인들로는 스키마, 창의력, 정보처리능력, 휴리스틱스, 개인의 속성 등 개인의 성품과 성향에 관계된 요소들이 대부분이다.

스키마

스키마Schema란 과거의 경험에 의해서 형성된 개인의 인지구조이다. 스키마는 개인이 어떤 문제에 대하여 개념화하고 판단하여 선택하는 데 영향을 미친다. 스키마란 어떤 사람, 사물 또는 사건에 대해서 각 개인이 머릿속에 과거부터 형성해 놓은 의미체계이므로 특별하지 않은 일상적 현상에 직면한 경우에는 그에 대한 심도 있는 분석과정을 생략하고 자동적·습관적으로 스키마가 제공하는 대안을 선택하게 된다. 그러나 현상이 제공하는 정보가, 또는 해결해야 할 문제가 비일상적일 때에는 그에 대한 스키마가 형성되어 있지 않기 때문에 주어진 정보와 갖고 있는 정보를 융합, 분석하여 보다 의식적인 판단과 선택을 하게 된다.

대학생활에 익숙하지 않은 학기 초에는 스키마가 별로 형성되어 있지 않아 모든 것이 신비롭기 때문에 하나하나 조심하여 판단을 하게 된다. 그러나 학교생활에 익숙해지면 그에 관한 스키마가 형성되기 때문에 어떤 문제에 직면하게 될 때 자동적으로 합당한 선택이나 결정을 하게 되는 경우가 좋은 예이다.

창의력

창의력이란 비범한 대안을 찾아낼 수 있는 능력을 말한다. 즉, 과거의 방식이나 상식적 대안과 비교하여 보다 많은 이익을 얻을 수 있는 대안을 찾아내든가 그것을 보다 효율적으로 현실화시킬 수 있는 능력 등을 일컫는다. 따라서 창의력은 개인 의사결정에 있어 대안을 마련하고 평가하는 데 지대한 영향을 미친다.

정보처리능력

개인의 판단과 선택에 영향을 미치는 또 다른 요소는 개인이 갖고 있는 정보처리 능력이다. 오늘날과 같이 무수히 많은 정보들이 쏟아져 나오는 상황에서는 하나 하나의 정보에 똑같은 비중을 두고 주의를 기울이기가 힘들다. 보다 정확한 상황 판단과 문제정의를 위해서는 정보의 가치를 정확히 평가하여 신속히 처리할 수 있는 능력이 요구된다.

개인의 속성

스키마, 창의력, 정보처리능력뿐만 아니라 개인이 갖고 있는 성격이나 가치관 등의 속성들도 개인의사결정에 영향을 미칠 수 있다. 가치관은 의사결정의 전 과정에 영향을 미친다. 문제정의에 있어서 가치관에 따라 문제의 심각성 인식에 차이가 생길 수 있으며, 대안선택에 있어서도 보수 또는 진보적 가치관에 따라 선택의 내용이 달라질 수 있다. 또한 성격도 개인의사결정에 영향을 미친다. 권위주의적 성격의 소유자는 대안선택에 있어 보다 제한적일 수 있으며 자율적·독립적 성향이 강한 사람도 대안의 선택이나 실행에 있어 차이를 보인다. 특히, 위험감수형의 경우는 위험회피형의 경우보다 실패의 위험이 큰 대안을 선택할 가능성이 크다.

휴리스틱스

정보처리과정과 관련된 의사결정 모델로서 휴리스틱스Heuristics가 있다. 이 모델은 카너먼과 트버스키Kahneman & Tversky에 의해 제시된 것으로서, 의사결정을 하는 데 있어 판단오류의 문제를 설명하고 있다. 즉, 의사결정자가 어떤 결정이나 판단을 할 때 단순사고와 주먹구구식 사고에 의존하는 경향이 있음을 지적하고 있다. 이로 인해 판단오류가 발생하게 되므로 그러한 오류들을 인식함으로써 왜곡된 대안선택을 예방하고, 올바른 의사결정을 할 수 있어야 한다. 카너먼과 트버스키가 제시한 오류의 유형들 중에서 중요한 것 세 가지를 정리하면 표 5-1과 같다.

표 5-1 정보처리과정의 오류 유형

오류 유형	내용
유용성	자주 접하여 기억되기 쉬운 사건이 판단에 영향을 미친다. 자주 보도되는 사건은 과대평가되고 그렇지 않은 사건은 과소평가된다. 판단현장에 존재하는 특정 정보나 단서가 판단에 영향을 미친다.
대표성	어떤 사건이나 사람이 특정집단의 속성을 갖고 있다고 하여 진실을 확인하지 않고 그 집단의 일원으로 판별하는 성향을 말한다.
고착과 조정	특정 값이나 수치를 근거로 미래의 값을 예측하고 난 후, 현재의 상황을 고려하여 예측치에 약간의 수정을 가하는 방법이다. 최초에 선택되는 값에 따라 선택되는 결과에 큰 차이를 보이므로 오류의 소지가 크다.

집단의사결정

집단의사결정은 개인의사결정과 비교해 볼 때, 집단의 특수성(공동목표, 연대감, 상호작용)으로 인하여 여러 가지 특성을 갖는다. 개인 수준의 의사결정과는 달리, 집단합의에 의한 의사결정이 중요시되고 다수결, 독단, 참여, 설득 등의 방법이 동원된다. 개인의사결정 시에 개인적 성품과 지적(인지적) 능력 등의 요소들이 영향을 미친다면, 집단의사결정에서는 이런 개인적 요소들보다는 집단 역학적 요소가 더 많은 영향을 준다.

개인 및 집단 간 의사결정의 차이

개인과 집단의사결정의 차이점 중 하나는 의사결정의 최종단계에 있어서 개인의사결정은 선택을 하는 것이고, 집단의사결정은 '집단합의'에 이르는 것이라고 볼 수 있다. 집단의사결정의 특징을 요약하면 표 5-2와 같다.

개인의사결정은 의사결정의 시간을 단축할 수 있고, 집단의사결정은 의사결정의 정확도와 의사결정에 필요한 정보를 충분히 활용할 수 있다는 장점이 있다. 크레이트너Kreitner는 표 5-3과 같이 집단의사결정의 이익과 손실을 구분하고 있다.

표 5-2 **집단의사결정의 특징**

- 집단의사결정은 문제해결에 시간이 많이 소요되나 정확도는 높다.
- 어려운 문제해결 시 집단 내 구성원이 가지고 있는 모든 자원을 활용할 수 있다.
- 집단성원의 능력이 우수한 경우, 이들은 서로 자원을 공유하려 하지 않는 경향이 있다.
- 우수한 능력을 가진 개인의 의사결정이 평범한 능력을 가진 집단의 집단적 의사결정보다 나은 결과를 가져올 수 있다.

표 5-3	집단의사결정의 이익과 손실
구 분	**내 용**
이 익	▪ 구성원으로부터 다양한 정보를 얻을 수 있다. ▪ 문제에 다각도로 접근할 수 있다. ▪ 구성원의 합의에 의한 것이므로 수용도와 응집력이 높아진다. ▪ 의사결정에 참여한 구성원들의 교육효과가 높게 나타난다.
손 실	▪ 집단 내 정치적 힘이 작용한다. ▪ 의사결정 시간이 지연된다. ▪ 서로의 의견에 비판 없이 동의하는 경향이 있다. ▪ 차선책을 채택하는 오류를 범한다. ▪ 집단사고의 함정에 빠질 수 있다.

집단사고

집단의사결정 시에 나타날 수 있는 좋지 않은 현상 중에 하나가 집단사고현상이다. 집단사고란 집단구성원들 간의 잘못된 의견일치 추구성향을 말한다. 집단사고에 빠진 구성원들은 자신이 속한 집단이 최고라는 착각에 빠지게 된다. 즉, 자기가 속한 집단의 역량을 과도하게 높이 평가하려는 성향을 가지고 타 집단에 대해서는 폐쇄적이며, 반대의견이 있더라도 수용하지 못하는 등의 획일성 추구성향을 보이게 된다. 또한 집단사고에 빠지게 되면 문제해결책이 처음 제시된 범위에서 벗어나지 못하게 되며, 새로운 정보나 변화에 민감하게 반응하지 못한다. 전문가의 조언이나 자문을 무시하며 문제인식에 소극적인 태도를 보이는 등 상황적응능력이 떨어지게 된다. 그리하여 결국에는 집단의사결정이 역기능적 결과를 초래하고, 최적의 대안 선택을 할 수 없게 된다.

집단사고가 나타나게 되는 전제조건은 세 가지로 요약된다. 첫째는 집단의 응집력이 높은 경우이며, 둘째는 집단이 외부로부터 고립되어 있다든가 충분한 토의가 이루어질 수 없는 등의 구조적 결함을 갖고 있는 경우이고, 셋째는 외부로부터의 위험이 임박하여 구성원들 간에 스트레스가 고조되어 있는 경우이다. 때문에 집단사고의 위험을 극복하기 위해서는 리더 없는 집단토론방식을 채택하거나 자유로운 토론 분위기를 조성하는 방법brainstorming 등을 고려할 수 있다.

애쉬의 동조현상

동조현상은 1950년대 애쉬Asch 교수의 실험에서 유래된 말로서, 사람들이 심리적으로 다른 사람의 의견을 따라가는 성향을 나타내는 말이다. 애쉬는 실험에 참가한 대학생들을 7~9명 단위로 묶어서 31개의 소집단을 만들었다. 그리고는 이들 각자에게 그림 5-3과 같이 기준선 카드 하나와 비교선 카드 하나가 한 쌍을 이루도록 하여 총 12쌍의 카드를 제공했다. 문제는 이들 12쌍에 대하여 기준선 카드의 선과 길이가 같은 선을 비교선 카드의 선들 중에서 찾아내는 것이었다. 각 피험자는 자신이 선택한 선을 다른 구성원들 앞에서 공표하도록 되어 있었고, 각자에게는 12쌍의 카드가 주어졌으므로 그들 각자에게도 12번 선택할 수 있는 기회가 부여되었다. 같은 잡단의 구성원들에게 똑같은 카드가 주어졌다.

각 실험집단의 구성원들(7~9명) 중, 한 사람을 뺀 나머지 참가자들은 12번 중 일곱 번은 의도적으로 틀린 답을 하고, 나머지 다섯 번은 옳은 답을 하도록 사전에 조작되어 있었다. 12쌍의 카드 모두는 그림 5-3의 예에서 보듯이 누가 봐도 답

지각테스트 : 오른쪽 비교카드에 제시된 세 개의 선들 중에서 왼쪽 카드의 기준선과 길이가 같은 선은 어느 것인가?

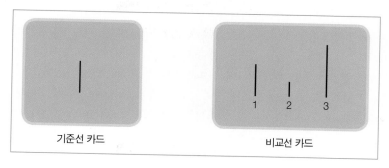

기준선 카드　　　　　　　　비교선 카드

자료 : Asch, S.(1955).

그림 5-3　**애쉬의 동조실험**

진로 결정을 어떻게 할 것인가?

졸업 후의 진로결정은 늦어도 대학생활 중반기까지는 해야 한다. 그렇다면 어떻게 진로선택을 할 것인가? 앞에서 배운 의사결정 모델을 기초로 가장 합리적인 결정을 해보자. 진로선택과 관련해서 올바른 의사결정을 하려면 다음과 같은 노력을 해야 한다. 단, 합리적인 의사결정을 위해서는 원칙을 준수하고 의사결정에 영향을 미치는 여러 가지 고려사항들을 이해하고 또 필요한 능력을 구비해야 한다.

- **문제인식 및 진단** : 먼저 자신의 개인적 특성을 잘 파악해야 한다. 선택한 직업이 자신에게 잘 맞지 않으면 정말 힘들고 괴롭다. 직업만족도를 결정하는 가장 중요한 요소는 개인과 직업의 적합성이다. 정말 내 인생에서 하고 싶은 일은 무엇인가? 내가 좋아하는 일은 어떤 일인가? 내가 잘 했고 또 잘 할 수 있는 일은 무엇인가? 내가 보람과 의미를 느낄 수 있는 일은 무엇인가?
  이러한 물음을 기반으로 하여 자신에게 적합한 몇 가지 진로를 모색한다.
- **대안의 개발 및 선택** : 몇 가지 대안을 구상하고, 가능한 대안으로 떠오르는 몇 가지 진로를 선택하여 그에 관한 정보를 수집한다. 직업의 장·단점, 안정성과 처우, 구체적인 직무 내용, 전망, 필요한 자격 및 자질, 경쟁 정도 등에 대한 정보를 탐색한다. 인터넷 검색, 관련 도서 읽기, 선배에게 조언 구하기, 전공 교수와 면담, 직업 종사자와의 면담, 취업박람회 참석 등과 같은 다각적 노력을 통해서 구체적인 정보를 입수한다. 올바른 대안선택을 위해서는 적극적인 노력을 기울여야 한다.
- **대안의 평가와 선택** : 고려하는 몇 가지 진로의 장·단점을 비교 평가하여 우선순위를 정한다. 우선순위를 정하는 일은 진로선택에서 매우 중요하지만 가장 어려운 일이기도 한다. 인기직종은 경쟁이 치열해서 성공 가능성이 희박한 반면, 성공 가능성이 높은 분야는 비인기 직종이라서 망설여진다. 이 또한 갈등을 유발한다. 그러나 졸업 후에 펼쳐질 인생극장의 무대를 선택하는 일이므로 최선을 다해 신중하게 선택해야 한다. 나름대로의 기준과 판단에 따라 적어도 두세 가지 진로의 우선순위를 정한다. 만약 선택이 어렵다면 전공 교수 등 다른 사람의 도움을 받아야 할 것이다.
  또한, 부모의 의견을 고려해 보는 것도 필요하다. 부모의 기대와 학생의 바람이 현저하게 다를 때는 문제가 발생할 수도 있기 때문이다. 그러나 부모의 의견을 존중하되 최종적인 선택은 학생 자신의 몫임을 명심한다. 대안을 평가하고 선택할 때 가장 우선적으로 선택한 진로와 자신의 전공학과와의 관련성을 고려해야 한다. 희망하는 진로와 자신의 전공이 잘 부합된다면 다행한 일이나, 현저하게 불일치하게 되면 문제이다. 따라서 진로를 탐색할 때는 자신이 전공하고 있는 분야와 밀접하게 연관된 진로를 탐색하는 것이 무난하다. 전공과 진로가 불일치하는 경우에 대비해서 부전공, 복수전공을 이수하는 것도 한 방법이며, 최후에는 전과도 고려해야 한다.

- 선택된 대안의 실행 : 이 단계에서는 실행의지가 중요하므로 평가단계에서 고려된 요소들을 강력한 의지를 가지고 실천하는 것이 중요하다.

은 명백한 것이었다. 그리고 각 실험집단에서 조작되지 않은 나머지 한 사람(실험대상)이 매번 제일 마지막에 선택(답)을 하도록 순서를 정해 놓았다.

이 실험의 목적은 정답을 분명히 알고 있음에도 불구하고 실험대상자가 대다수 구성원들이 선택한 답(명백히 틀린 답)을 얼마나 쫓아가는지를 알아보는 것이었다. 실험 결과에 따르면, 31명의 실험대상자들(31개 집단) 중에서 한 번도 흔들리지 않고 정답을 말한 사람들은 전체의 20%에 불과하였고, 나머지 80%는 적어도 한 번은 집단의견(압력)에 굴복하여 틀린 답을 선택하였다. 또한 두 번 이상 틀린 답을 선택한 사람들도 58%나 되었다. 이처럼, 다수가 공유하는 틀린 생각 때문에 개인의 옳은 판단이 영향을 받게 되는 현상을 '애쉬효과' 또는 동조현상이라고 한다.

대학생활과 갈등관리

대학에서의 인간관계와 갈등

대학에서의 인간관계

대학생활을 즐겁고 보람차게 영위하기 위해서 가장 중요한 것은 인간관계이다. 대학시절의 다양한 대인관계 경험은 졸업 후 사회에 진출하여 성공적인 조직생활을

인생의 동반자 그리고 그들과의 갈등

인간은 사회적 존재이다. 그러므로 인간은 다른 사람과 관계를 맺고자 하는 본능적인 욕구를 지니고 있다. 다른 사람과의 깊은 유대관계 속에서 애정을 나누고 도움을 주고받으면서 인생의 활력을 얻고 의미를 찾게 된다. 인간관계는 행복한 삶의 필수요소이자 가장 중요한 원천이다. 그래서 다른 사람들로부터 고립되거나 그들과 갈등관계에 있을 때 우리는 외로움과 불행감을 느낀다. 인간관계 연구자들에 따르면, 인생에는 네 가지 유형의 동반자가 필요하다.

그 첫째는 가족이다. 부모, 형제자매, 가까운 친인척과 같이 가족애를 나눌 수 있는 혈연적인 동반자이다. 가정은 인생에 있어서 가장 중요한 베이스캠프이다. 매일 숙식을 같이하고 화목한 분위기 속에서 에너지를 재충전하는 곳이다. 이런 가족과의 관계는 평생 동안 지속되는 가장 안정된 인간관계이다.

둘째는 친구이다. 즐겁게 놀고 이야기하며 우정을 나눌 수 있는 또래 친구들이다.

비슷한 연령대인 친구들은 서로를 가장 잘 이해하고 공감할 수 있는 인생의 중요한 동반자이다. 친구관계는 친밀감을 바탕으로 하여 다양한 활동을 공유할 수 있는 가장 편안하고 자유로운 인간관계이다. 이 친구관계는 많은 사람들과 맺어질 수 있는 반면, 멀어지거나 해체되기도 쉽다는 특성을 지닌다. 한 연구결과에 의하면, 대학생들이 가장 중시하는 교우대상은 같은 학과 친구(29.5%), 같은 대학의 동문회 친구(19.7%), 중·고교 친구(14%), 동아리 친구(11.4%), 학생회나 학회 친구(5.6%) 순으로 나타났다.

셋째는 낭만적 동반자, 즉 연인이다. 연애감정을 느끼며 낭만적 사랑을 나눌 수 있는 이성을 말한다. 연인관계는 상대방에 대한 강렬한 감정과 집착이 수반될 뿐만 아니라 육체적인 접촉을 통해서 성적인 욕구를 표현하려는 독특한 특성을 지닌다. 강렬하지만 불안정해지기 쉬운 관계가 연인관계이다. 이 연인관계가 안정적으로 발전하면 결혼을 통해 부부관계로 진전된다.

넷째는 직업적 동반자이다. 이는 직무를 함께 수행하는 직장동료를 의미한다. 공동의 목표를 위해서 협력적인 활동을 하는 업무 중심적인 인간관계다. 직업적 동반자는 대학을 졸업한 이후에 취업을 하게 되면 매우 중요한 인간관계 대상으로 부각된다. 직업활동을 함께하면서 친밀감과 우정이 깊어지면 친구관계로 발전될 수도 있지만 직업적인 이해 관계가 얽혀 있다는 점에서 친구와는 다른 개념이다.

인생에는 이처럼 네 가지의 동반자가 필요하다. 이러한 동반자 중 한 가지 또는 그 이상의 동반자가 결여되거나 그들과의 관계에서 갈등을 경험하게 되면, 인간은 결핍감과 외로움을 느끼게 된다. 행복한 삶을 위해서는 네 가지 동반자와 긍정적인 인간관계를 유지하는 것이 매우 중요하다. 대학생들 중 30.5%가 친구와의 인간관계에서 심한 스트레스를 받고 갈등을 겪는다. 상담실을 찾는 대학생들 중 많은 인원이 친구관계에서의 심각한 다툼과 갈등으로 인한 어려움을 호소한다. 즉, 학과나 동아리의 동료들과 갈등이 심화되어 서로를 미워하고 반목하며, 동료집단에서 주도권 싸움을 하거나 의견대립이 격화되어 서로의 관계가 악화되는 경우에는 대학생활이 힘들 뿐만 아니라 이러한 갈등을 어떻게 해결해야 할지 모르겠다고 고민하는 학생들이 많다.

자료 : 권석만, '인생의 2막 대학생활' 중에서

하는 데도 밑거름이 된다. 대학생활에서 유념해야 할 인간관계의 네 가지 영역은 친구 및 이성관계, 교수 및 부모와의 관계이다.

친구관계

대학생들이 가장 많은 시간을 함께 보내며 교류하는 상대가 친구이기 때문에 교우관계는 대학생활에서 가장 중요한 관계이다. 넓은 의미에서 친구관계란 동기생뿐만 아니라 교분을 맺는 선배와 후배들을 포함하는 다양한 지인들을 포함한다. 따라서 대학시절에는 나이, 성별, 전공, 관심사, 성격, 가치관 등에 있어서 다양한 사람들과 폭넓은 인간관계를 형성하는 것이 중요한 과제이다. 폭넓고 원만한 대인관계를 형성하기 위해서는 서로 다른 관심사로부터 발생하는 갈등을 잘 관리할 수 있어야 한다.

이성관계

이성교제는 대학생활에서 경험하는 행복의 주된 원천이자 고통과 눈물의 씨앗이기도 하다. 대학생 시절에 이성과 사랑을 나누고 싶은 마음은 극히 자연스러운 일이다. 성인으로 성장하는 과도기로서 이성교제 경험을 통해 이성의 다양한 속성을 이해하고 이성관계를 심화시키는 방법을 배우게 되며, 자신에게 적합한 이성상대(배우자)를 탐색한다. 그런데 이성교제과정에서 증폭되는 서로에 대한 실망과 오해 그리고 갈등을 극복하지 못하면 연인관계로 발전하지 못하게 되고 급기야는 상처를 주고받으며 결별하게 된다.

교수와의 관계

교수는 학생의 스승이자 멘토이며, 학생은 교수의 제자이자 정신적 자녀이다. 그러나 중·고교와는 달리 대학에서는 학생 스스로가 먼저 찾아가지 않으면, 교수와 인간적 유대를 형성하기가 어렵다. 교수는 전공 분야의 권위자이자 인생의 선배로서 전공과 진로선택 등 대학생활과 인생 전반에 대한 조언을 구할 수 있는 가장 좋은 상담자이다. 학생은 지도교수가 아니더라도 자신이 관심을 지니는 학문 분야의 전공교수나 인격적으로 존경하는 교수와 적극적으로 인간관계를 맺는 노력을 해야 한다.

부모와의 관계

대학생 시기에 흔히 경험하게 되는 부모와의 갈등을 건강하게 극복하는 일은 이 시기에 역시 중요한 과제이다. 부모와의 관계에서 일어나는 갈등의 원인은 부모의 지나친 간섭과 통제(성적, 이성관계, 옷차림, 귀가시간 등), 자녀의 진로에 대한 일방적 강요, 세대차 등이다. 이처럼 부모와 자녀의 견해가 타협점을 찾지 못하면 심각한 갈등으로 발전한다.

이상과 같은 대학생활의 중요 과제를 수행하기 위해서는 갈등에 대한 깊은 이해가 필요하다.

갈등이란?

갈등conflict이란 개인이나 집단과 같은 어느 한 편의 관심사가 다른 편의 관심사와 대립하거나 다른 편에 의해 부정적인 영향을 받는 것을 지각하는 과정이다. 즉, 갈등이란 인간관계에서 상대방에 대한 기대와 자신의 기대가 상호 불일치하면서 발생하는 심리적 불안상태이다. 이러한 정의 속에는 갈등 당사자 간에 상반되는 관심사항과 다양한 갈등 이슈 및 사안들이 수반된다. 그리고 갈등은 처음에는 사소한 부분에서 발생하더라도 갈등상황이 지속되면 더욱 심화되는 것이 일반적인 현상이다. 갈등관리conflict management는 진단과정과 대인관계 스타일, 불필요한 갈등을 피하고 과도한 갈등을 줄이거나 갈등을 해소하기 위한 협상전략 등으로 구성된 개념이다. 따라서 갈등을 이해하고 정확하게 진단하는 능력은 갈등관리에 있어서 필수적이다.

갈등은 주체에 따라 개인 내 갈등, 개인 간 갈등, 집단 내 갈등, 집단 간 갈등, 조직 내 갈등 그리고 조직 간 갈등 등으로 구분할 수 있다. 심리학에서는 개인 내 갈등에 초점을 맞춘다. 개인의 내적 갈등은 마음속에 존재하는 두 개 또는 그 이상의 동인動因, motive이 모순되어 충돌할 때 발생한다. 개인 내적 갈등에는 다양한 형태가 존재하는데, 그 형태는 다음과 같다. 긍정적인 욕구가 동시에 나타나서 어떻게 행동해야 좋을지 모를 때 나타나는 갈등으로 두 개의 좋은 대안 중에서 하나를 선택해야 하는 경우에 발생하는 접근–접근 갈등($\oplus \leftarrow P \rightarrow \ominus$), 부정적인 욕구가 동시에 나타나서 이럴 수도 없고 저럴 수도 없는 경우, 즉 두 개의 대안 모두를 회피하고 싶지만 그것들 중 덜 나쁜 것을 선택해야 할 때 발생하는 회피–회피 갈등($\oplus \rightarrow P \leftarrow \ominus$), 그리고 끌리는 목표와 싫은 목표가 동시에 존재하는 경우 그 장면으로부터 도피함으로써 해결하려 하나 $\oplus$의 유의성誘意性이 있기 때문에 욕구가 완전히 없어지지 않고 오히려 긴장이 더 커지는 상태로 남아 있게 되는 경우에 발생하는 갈등인데, 이는 시험에는 합격하고 싶은데, 공부는 하기 싫고 놀자니 시험이 걱정되는 경우에서와 같이 상반되는 욕구를 가진 대안 중 하나를 선택해야 할 때 발생하는 접근–회피 갈등($P \leftrightarrow \oplus\ominus$)이 그것이다.

그러나 조직생활 또는 리더십과 관련하여 중요한 유형의 갈등은 개인 간 갈등과 집단 간 갈등으로 대표되는 조직 내 갈등이다. 조직구성원들끼리 또는 집단 간에 업무를 수행하고 목표를 달성하는 과정에서 발생하는 갈등은 성과를 떨어뜨리는 결과를 가져올 수 있기 때문이다. 따라서 본 절에서는 개인 간 갈등과 집단 간 갈등에 초점을 맞춰 설명하도록 한다. 조직 내 갈등은 한 개인이나 집단이 다른 개인이나 집단과의 상호작용이나 활동으로 상대적 손실을 지각한 결과, 대립·다툼·적대감이 발생하는 행동의 한 형태이다(J. Litterer, 1970).

갈등은 나쁜 것인가?

사람들은 일반적으로 갈등을 부정적인 것으로 여긴다. 그러나 갈등은 조직에 긍정적인 영향을 미치는 좋은 것일 수도 있고, 부정적 영향을 미치는 나쁜 것일 수도 있다. 갈등이 효과적으로 해소되지 않을 때는 부정적인 결과를 초래한다. 이처럼 조직목표달성을 방해하는 갈등을 '부정적 갈등' 또는 '역기능적 갈등'이라고 한다. 그러나 갈등은 긍정적인 역할도 하는데, 이를 '긍정적 갈등' 또는 '순기능적 갈등'이라고 한다.

    갈등에 관한 초기 연구는 과학적 관리를 주장했던 테일러Frederik W. Taylor로부

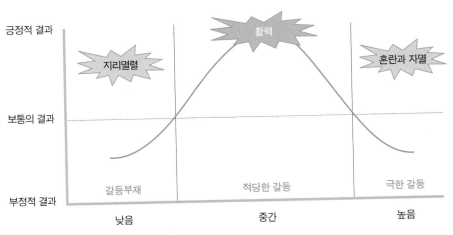

자료 : Brown, L. D. (1986).

그림 5-4   **갈등의 정도와 그 결과**

터 이루어졌다. 그는 모든 갈등이란 결국 관리자의 권위를 위협하는 것이기 때문에 가능하면 피해야 하며, 갈등상황이 전개되면 이를 곧 해결해야 한다고 주장하였다. 그러나 1950년대 이후, 인간관계론자들은 갈등이란 피할 수 없는 것이므로 관리자들은 오히려 갈등의 존재를 인정하고 갈등과 더불어 사는 방법을 터득해야 한다고 제시했다. 그러나 1970년대에 들어서면서부터 갈등이란 그 근원과 강도에 따라서 긍정적인 결과를 낳을 수도 있고 부정적인 결과를 낳을 수도 있음이 밝혀졌다. 갈등의 강도와 결과와의 관계는 그림 5-4와 같다.

갈등이 별로 없는 개인과 조직은 구성원들 간에 무관심, 창의력 결핍, 우유부단 그리고 업무에 대한 긴장감 결여 등의 문제들을 안고 있는 경우가 많다. 무사안일이 만연하고 환경변화에 적절히 대응하지 못하면 매너리즘에 빠져 혁신하지 못함으로써 생존이 위협받게 될 수도 있다. 반면에 지나치게 심한 갈등을 겪고 있는 조직은 조직 내의 권력 획득을 목적으로 한 정치적인 분쟁, 불만족, 팀워크의 상실 그리고 이직 등을 유발하여 조직의 성과를 떨어뜨리게 된다. 그림 5-4에서 보는 바와 같이 적당한 갈등은 오히려 개인과 조직에 긍정적인 결과를 가져다준다. 그리고 긍정적인 갈등은 집단의사결정의 질을 높이고 혁신적인 변화를 가져온다.

때문에 중요한 질문은 갈등이 좋은 것이냐 나쁜 것이냐 하는 것이 아니라 어떻

표 5-4 건설적 비판과 파괴적 비판

건설적 비판	파괴적 비판
■ 상대방의 자존심을 보호해 가면서 사려 깊게 비판함	■ 빈정거리면서 신랄하고 가혹하게 비판함
■ 위협적 요소가 없음	■ 위협적 요소를 포함함
■ 비판받을 일이 발생한 후 가능하면 빠른 시간 내에 비판이 가해짐	■ 이유도 없이 한참 뒤에 비판이 시작됨
■ 잘못을 상대방의 내적 요인에 귀인하지 않음	■ 잘못을 상대방의 내적 원인으로 돌림
■ 구체적으로 잘못된 부분에 대해서만 비판함	■ 모든 것을 싸잡아 비판함
■ 사람 자체가 아니라 그의 행동에 초점	■ 사람 자체에 대한 비판
■ 상대방이 개선할 수 있도록 돕는 것이 목적	■ 상대방에 대한 지배와 복수 심리를 충족시키는 것이 목적
■ 개선을 위해 구체적인 제안을 함	■ 개선을 위한 제안이 없음

게 갈등을 관리하여 개인과 조직의 발전을 도모하느냐 하는 것이 되어야 한다. 따라서 갈등을 건설적으로 처리하는 것은 중요한 리더십 기술 중 하나이며, 갈등을 관리하는 능력은 리더십의 성공 여부에 직접적인 영향을 미친다.

우리는 흔히 건설적 비판이라는 말을 많이 쓴다. 건설적 비판이라는 개념이 무엇인지를 정확히 알기 위해서는 파괴적 비판과 대비시켜 살펴보는 것이 도움이 된다. 건설적 비판은 순기능적 갈등을 낳고 파괴적 비판은 역기능적 갈등을 가져오게 되는데, 그 내용은 표 5-4에 제시하였다.

개인 간 갈등과 집단 간 갈등

개인 간 갈등

개인 간 갈등의 원인

모든 인간관계는 심리적 계약에 의존한다. 그러므로 개인 간 갈등이든 집단 간 갈등이든 갈등의 근본 원인은 심리적 계약파기에 기인한다. 심리적 계약이란 인간관계에 포함되어 있는 사람들이 가지고 있는 묵시적인 기대를 말한다. 이 묵시적인 기대, 즉 심리적 계약이 파기되면 갈등이 발생하는데, 심리적 계약은 두 가지 주요 이유로 인하여 파기된다. 첫째, 우리는 조직생활을 하면서 조직에 어떤 방법으로 기여(노력, 시간, 기술 등)해야 하는지에 대한 일종의 기대치를 가지고 있다. 그런데 이 기대치를 명확하게 하지 않고, 다른 사람들이 어떤 기대를 갖고 있는지를 잘 알고 있지 못할 때 심리적 계약이 파기될 수 있다. 둘째, 다른 사람들이 자신과 같은 기대치를 가지고 있다고 가정하고 있는 경우 그들이 자신의 기대치를 만족시켜 줄 경우에는 문제가 없으나 자신의 기대치가 만족되지 않을 때에는 심리적 계약이 파기된다. 따라서 부정적 갈등 발생을 예방하기 위해서는 정보를 공유하고 상호간의 기대치를 적극적으로 조정하는 것이 중요하다.

조직 내에 존재하는 개인 간 갈등원인들은 다양하다. 일반적으로 갈등은 사람

표 5-5 개인 간 갈등의 원인들

개인적 요인	직무 관련 요인	조직 관련 요인
▪ 상반된 가치관 ▪ 지나친 기대감과 경쟁심 ▪ 미해결된 갈등 ▪ 다른 사람의 마음을 상하게 하는 말과 행동 ▪ 학업 및 적성 문제 등	▪ 불명확하고 중복되는 업무 ▪ 공동 책임의 업무 ▪ 무리한 업무마감 시간과 시간적 압박	▪ 제한된 자원 ▪ 의사소통 결핍 ▪ 조직계층의 복잡성 ▪ 정책, 원칙, 규범의 부재 ▪ 산만한 의사결정 ▪ 만장일치의 요구

들 사이에 의견일치를 보지 못하거나 의견대립이 있을 때면 언제나 존재하는데, 그 이유는 사람들이 하나의 현상을 같은 방법으로 보지 않기 때문이다. 지금까지 진행된 연구결과에 의하면, 개인 간 갈등의 원인은 개인적 요인, 업무 관련 요인 그리고 조직 차원의 요인 등 세 가지로 구분되며, 요약하면 표 5-5와 같다.

개인 간 갈등의 과정

갈등은 갈등의 인지로부터 시작된다. 갈등은 상대방 때문에 자신의 이익이 손실을 입게 되고, 어떤 사안에 대하여 커다란 의견 차이가 있다고 인식하게 될 때 발생한다. 이러한 일종의 위협에 대한 인식은 갈등심리를 자극한다. 즉, 갈등상황과 관련하여 개인은 자신의 정당성을 확신하며 이에 대하여 대처방안을 궁리하기 시작한다. 갈등을 인식하고 갈등심리를 자극받은 개인은 갈등에 대처할 의지를 갖게 된다. 이러한 의지는 곧 행동으로 이어지고 개인의 이러한 행동에 대해 상대방은 어떠한 방법으로든지 반응을 보일 것이다. 상대방의 반응은 자신의 갈등심리에 다시 영향을 미치게 된다. 이러한 갈등대립의 사이클이 반복되면서 다양한 결과를 낳게 된다. 이상의 과정을 요약하면 그림 5-5와 같다.

개인 간 갈등관리를 위한 상황이론적 접근

연구결과를 종합해 보면 갈등은 아래와 같은 세 가지 속성을 지니고 있다.

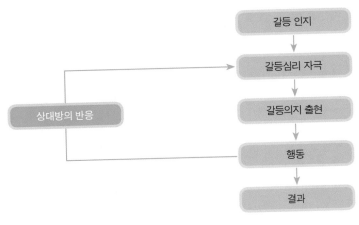

자료 : Thomas, K. W.(1992), p. 658.

그림 5-5   갈등의 진행과정

- 갈등이란 피할 수 없는 것이며 여러 가지 징표에 의하여 갈등의 발생 가능성을 알 수 있다.
- 갈등의 부재는 갈등의 심화만큼이나 비생산적인 것이다.
- 갈등을 해결하기 위한 최선의 방법이란 있을 수 없다. 각 갈등상황별로 적합한 기법을 적용하는 것이 바람직하다.

상황론적 관점에서 보면, 갈등해결을 위한 최선의 방법은 존재하지 않으며 상황과의 적합성을 고려해야 효과적인 갈등관리가 가능하다. 서로에 대한 무관심이나 창조력의 결핍 등과 같이 무기력한 상황에서는 적절한 갈등의 조장이 필요하다. 또한 집단 내에서 너무 쉽게 합의에 도달하는 경향이 있는 경우와 변화를 시도해야 할 경우에도 갈등조장이 필요하다. 반면에 역기능적인 갈등상황에서는 이를 해소하기 위한 적절한 갈등극복방안이 요구된다. 조직 목표보다는 내부 목표를 우선시하거나 갈등 때문에 시간과 노력의 낭비가 우려되는 상황에서는 갈등관리를 위한 적절한 대안을 강구해야만 한다. 갈등관리를 위해 유념해야 할 사항은 다음과 같다.

- 도전적이고 명확한 목표를 설정한다.
- 건설적이고 합리적인 방법으로 반대의사를 표명한다.
- 반대의사에 대해 지나치게 민감한 반응을 보임으로써 오히려 더욱 심각한 갈등을 초래하는 상황은 피해야 한다.

집단 간 갈등

조직에서는 개인 간에서 뿐만 아니라 팀과 같은 단위조직들 간에도 갈등이 야기된다. 조직 내의 팀이나 집단은 상호의존적인 협력관계로 발전하기도 하지만 갈등을 빚는 경우도 많다. 예를 들어, 기업의 생산부서와 판매부서, 학교조직의 교수-행정직원, 교양과목 담당교수-전공 교수 간에는 전통적으로 갈등관계에 있다. 본 절에서는 집단 간에 존재하는 갈등의 원인과 결과에 대하여 알아보고 집단 간의 갈등을 효과적으로 관리하기 위한 다양한 기법들을 학습한다.

집단 간 갈등의 원인

모든 집단은 상호 관련을 맺고 있는 다른 집단과 대부분(부분적으로라도) 갈등을 겪게 마련이다. 집단 간 갈등을 유발하는 원인은 크게 집단이해의 차이와 인식의 차이를 들 수 있다.

집단 간 이해관계의 차이

조직 내의 하위집단들은 각기 다른 이해관계를 가지고 있다. 조직의 자원은 제한되어 있는데, 각 집단은 자기 측의 이해를 먼저 실현시키려 하므로 집단 간에 갈등이 발생한다. 하위집단들의 이해관계가 상충되는 원인은 표 5-6과 같다.

표 5-6 **집단 간 이해 차이의 원인**

구 분	내 용
제한된 자원	자원이 제한적일수록 집단 간의 의존성은 높아지고 경쟁이 심화된다. 한정된 자원 때문에 자원 확보를 위해서 집단 간에 역기능적인 갈등이 발생한다.
보상제도	조직 내 보상제도가 전체 조직 차원에서보다는 각 집단별로 이루어질 때 집단 간 갈등이 발생할 수 있다. 집단별 보상제도를 실시하게 되면 각 집단별로 경쟁이 발생하기 때문에 역기능적인 갈등이 초래될 수 있다.

인식의 차이

집단구성원들의 인식 차이differences in perceptions도 집단 간 갈등의 원인이 된다. 표 5-7에서 보는 바와 같이 조직 내 집단들이 현실에 대한 인식을 달리하게 되는 요인은 주로 목표의 차이, 인식의 차이, 지위의 차이 그리고 부정확한 지각 등이다.

표 5-7 **인식 차이의 원인**

구 분	내 용
목표의 차이	목표가 다르면 인식의 방향과 내용이 달라진다. 예를 들어, 교수들의 목표는 학생들의 실력향상이다. 교수들은 학생들의 수강선택권 보장 차원에서 유사과목의 타 학과 수강을 장려하지만, 행정부서에서는 복잡한 행정을 이유로 타 학과 교차수강을 꺼려한다. 이상과 같이 목표 차이에 의해서 고질적인 갈등이 발생한다.
시간 인식의 차이	시간 인식의 차이는 집단이 현실을 인식하는 데 영향을 미친다. 예를 들어, 대학 내 연구개발부서는 몇 년간의 시간적인 여유를 갖고 연구를 하지만, 교무처에서 근무하는 직원의 경우에는 정해진 시간 내에 부여된 일을 마쳐야 한다. 이처럼 집단들이 서로 다른 시간적 인식을 가질 때 갈등이 발생한다.
지위의 차이	집단 간에 존재하는 지위의 차이(예 : 교수와 행정부서)는 갈등 유발 대상이 된다. 지위로 인한 갈등은 종종 업무상의 관계 때문에 발생하기도 한다.
부정확한 지각	부정확한 지각은 때로 한 집단으로 하여금 다른 집단에 대한 편견을 갖게 한다. 실제로는 집단 간 차이가 작은 데 비해 각 집단은 서로의 차이를 과장하는 경향이 있다. 집단 간의 차이가 강조될수록 편견은 커지고 집단 간 관계는 악화되며 갈등의 정도 또한 심해진다.

집단갈등의 역기능적 결과

앞에서 설명한 것처럼 집단 간 갈등 또한 역기능적인 측면과 순기능적인 측면을 동시에 갖고 있다. 역기능적 갈등은 조직 전반에 걸쳐 부정적인 결과를 초래한다. 이러한 역기능적 갈등은 조직 내에 여러 가지 변화를 야기하기도 한다. 조직변화에 대한 내용은 여기서 다루지 않는다. 본 절에서는 역기능적 갈등으로 인하여 일어나는 집단 내의 변화, 집단 간의 변화 그리고 집단갈등의 기능적 결과에 대하여 학습하기로 한다.

집단 내의 변화

집단 간에 발생하는 경쟁이나 갈등, 그리고 위협은 집단에 대한 왜곡된 충성심을 자극하며 역기능적 응집력을 높이는 결과를 낳는다. 특히, 외부 원인에 의해서 갈등이 발생한 경우, 외부로부터의 위협을 막기 위해 집단의 구성원들은 보다 강력한 리더를 원하기 때문에 리더의 독재적인 성향이 더욱 강화되는 결과를 낳는다. 또한 집단의 업무에 전념하면서 타 집단에 대한 경계심을 높인다. 그리고 갈등상황에서는 집단규범이 강조되며, 개인목표보다는 집단목표를 우선하고, 타 집단과 관계 맺는 것을 규범 위반으로 간주한다.

집단 간의 변화

갈등 상황에서 집단구성원들은 지나친 집단의식으로 인하여 왜곡된 인식을 갖게된다. 타 집단에 대하여 근거 없는 우월감을 가지며, '우리(끼리끼리)'의식을 지나치게 강조하게 되어 집단 간 협동을 저해한다. 갈등이 고조되고 집단의식이 강조될수록 타 집단에 대한 부정적인 편견이 강해지면서 구성원들이 자기 집단의 문제에 대해서는 관대하고 타 집단에 대해서는 매우 부정적인 태도를 취하게 되는 경향이 있다. 갈등이 깊어질수록 집단 간 커뮤니케이션의 기회는 점점 줄어들고, 커뮤니케이션 기회가 줄어들수록 집단 간에 발생하는 오해와 문제점은 더욱 심화된다.

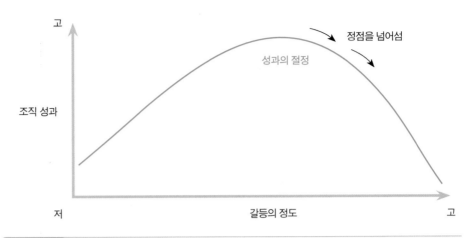

그림 5-6 **집단갈등과 조직성과 간의 관계**

집단갈등의 순기능적 결과

구성원들은 집단 간 갈등이 발생했을 때 자신이 속해 있는 집단의 문제점에 대하여 보다 정확히, 그리고 새롭게 인식할 수 있는 기회를 갖게 된다. 또한 집단갈등이 발생하게 되면 집단 내 응집력의 증가로 집단 내에 협조적인 분위기가 조성되어 자신의 집단이 겪고 있는 문제를 해결하기 위한 방안을 모색하는 데 보다 더 적극적이 된다. 또한 집단 간 갈등과정을 겪으면서 한 집단이 내적으로 갖고 있는 모순과 문제점에 대해서 수정을 가하고 보다 효율적인 집단관리를 위한 긍정적 변화가 일어나기도 한다. 그리고 집단 간 갈등을 극복하고자 하는 구성원들의 의지는 집단 내 협조체제를 가능하게 하여 당면한 문제에 대해 효과적인 대안을 마련하게 한다.

집단갈등과 조직성과 간의 관계

집단갈등은 원인과 관리방법에 따라 조직성과에 긍정적인 또는 부정적인 영향을 미친다. 앞에서 설명했지만 갈등의 정도가 너무 낮은 경우에는 높은 수준의 조직성과를 기대하기 어렵다. 그로 인하여 오히려 조직의 생존 자체가 위협받기도 한다. 또한 갈등의 정도가 너무 심한 경우에도 조직 내 혼란이 야기될 수 있기 때문에 이 역시 조직에 부정적 결과를 가져온다.

갈등관리

개인 간의 갈등관리와 집단 간의 갈등관리는 엄밀하게 구분하면 차이가 있다. 그러나 갈등관리의 근본 맥락은 유사하므로 라힘Rahim의 이론을 중심으로 갈등관리 형태를 간략하게 소개하고, 집단 간 갈등관리의 효과적 방법인 협조적 갈등관리 모델을 구체적으로 설명하기로 한다. 라힘은 갈등관리 유형을 다섯 가지로 구분하고 있다. 그림 5-7은 갈등관리 유형을 자신에 대한 관심concern for self의 정도와 타인에 대한 관심concern for other의 정도에 따라 다섯 가지 유형으로 구분한 것이다. 이 다섯 가지 갈등관리 유형은 협력형, 배려형, 강압형(강요형, 지배형), 회피형, 타협형이다. 그리고 갈등상황에 처하면 우리는 자신과 다른 사람들에 대한 관심 정도에 따라서 세 가지 행동 중 어느 한 행동을 하게 된다.

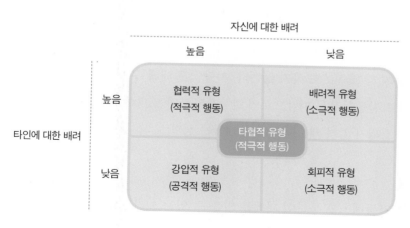

자료 : Rahim, M. A.(1985), p. 84.

그림 5-7 　갈등관리 유형

- **소극적 행동** : 자신과 다른 사람들의 욕구에 낮은 관심, 또는 자신의 욕구에 대한 낮은 관심과 다른 사람들의 욕구에 대해 높은 관심을 가질 때 나타난다.
- **공격적 행동** : 자신의 욕구에 대한 높은 관심과 다른 사람들의 욕구에 대해 낮은 관심을 보일 때 나타난다.
- **적극적 행동** : 자신과 다른 사람들의 욕구에 중간 정도의 관심 또는 높은 관심을 가질 때 나타난다.

나중에 보게 되겠지만 각각의 갈등관리 형태에 따른 세 가지 행동은 다양한 형태의 승패 상황을 맞게 한다. 무엇보다도 중요한 것은 이들 유형 중 최선의 방법이란 존재하지 않으며, 각 유형은 나름대로의 장점과 단점을 가지고 있다는 것을 인식하는 것이다. 그리고 갈등관리 기술은 훈련을 통해 개발할 수 있다는 점이다.

회피적 갈등관리 형태

회피적 갈등관리 형태는 갈등을 해소하려하기보다는 수동적으로 무시하는 형태의 관리방법, 즉 직면한 문제들을 회피avoiding하는 유형이다. 문제가 사소한 경우 또는 회피하는 것이 오히려 이익이 될 경우에 적합한 대안이다. 이는 어려운 문제 상황에 직면했을 때 일어나는 자연스러운 반응이지만 매우 중요한 문제마저 회피해버릴 가능성이 있기 때문에 유의해야 한다. 갈등을 회피할 때 사람들은 자기주장을 하지 않고 협조도 하지 않는다. 사람들은 대책 수립을 거절하거나 피하고, 물리적으로 갈등현장을 떠남으로써 갈등으로부터 도피하는 방법을 택한다. 이는 갈등이 해소되지 않기 때문에 쌍방이 패하는 상황lose-lose을 초래한다.

장단점

장점은 갈등해소를 통하여 피해를 입을 수 있는 인간관계를 유지할 수 있다는 것이고, 단점은 갈등이 해소되지 않는다는 점이다. 이러한 방법을 과도하게 사용하게 되면 개인은 내면적으로 갈등을 겪게 된다. 문제를 회피하는 갈등관리는 문제를 해결하는 것이 아니라 상황을 오히려 더 악화시킬 수 있다.

사용 시기

회피적 갈등관리는 사안이 중요하지 않을 경우, 갈등이 해소되지 않음으로 해서 발생하는 결과가 심대하지 않을 때, 갈등이 중요한 인간관계를 해칠 경우, 갈등해소를 위한 시간이 없을 때와 같은 상황에서 활용할 수 있는 적절한 방법이다.

배려적(순응적) 갈등관리 형태

배려적 갈등관리accomodating는 상대방의 관심(이해, 이익)을 충족시켜 주기 위해서 자신의 관심부분을 양보 또는 포기함으로써 갈등을 해소하는 유형이다. 배려형은 수용형 또는 순응적 갈등관리라고도 하는데, 이는 배려를 해준 후 무엇인가를 보답받을 수 있을 때 활용할 수 있는 적절한 방법이다. 이것은 상호간 협동을 가능하게 해준다는 장점이 있으나 중요한 문제를 소홀히 다룰 가능성이 있는 일시적인 대안이다. 이러한 갈등관리 형태를 사용할 때 당사자는 자기주장을 내세우지 않고 협조적이지 않으며 소극적이다. 상대방이 그의 몫을 차지하도록 하기 때문에 상대의 승리-나의 패배 상황이 된다.

장단점

이의 장점은 상대방의 의견과 방법을 존중함으로써 그와의 인간관계를 유지할 수 있다는 점이다. 그러나 더 좋은 방법을 알고 있으면서도 자기주장을 포기함으로써 바람직한 결과를 창출하지 못한다는 것이 단점이다.

사용 시기

순응적 갈등관리 형태는 그 어떤 것보다도 상호 관계유지가 중요할 때, 갈등해소를 위한 시간이 제한적일 때 사용할 수 있는 적절한 방법이다. 강압적인 리더 밑에서 일하는 부하들은 이 같은 형태를 사용하게 되는 경우가 많다.

회피적 · 순응적 갈등관리 형태의 차이

회피적 갈등관리 형태와 순응적 갈등관리 형태의 일반적인 차이점은 행동에 있다. 회피적 형태에서는 어떠한 일도 할 필요가 없으며, 순응적 형태에서는 하기 싫은 행동도 취하게 된다. 예를 들면, 본인이 동의하지 않는 주장을 하는 상대방과 이야기할 때 회피 형태에서는 아무 말도 하지 않거나, 대화를 멈춘다. 그러나 순응 형태에서는 상대방이 "이런 식으로 전시물을 진열합시다."라고 주장할 때 이에 동의하지는 않지만 참고 있는 경우이다. 상대방의 주장대로 하기를 원치 않으면서 아무 말도 하지 않고 있지만 그 사람의 주장을 마음속에 담고 있다면 그는 바라지 않는 바를 행하고 있는 것이다.

강압적 갈등관리 형태

이 형태는 자신의 방법을 공격적으로 활용하여 갈등을 해소하는 것이다. 이는 자신에 대한 관심은 지나치게 많은 반면, 타인에 대해서는 무관심하고 자기중심적인 사람들이 선호하는 유형으로, 필요하다면 상대방을 희생시켜서라도 자신의 욕구를 충족시킬 수 있는 행동을 공격적으로 한다. 강요형forcing은 공식적인 권위를 사용하여 복종을 유도하고, 상대방의 입장을 전혀 고려하지 않기 때문에 지배형이라고도 한다. 물론 비협조적이다. 이 유형은 다른 사람들이 받아들이기 싫어하는 해결책을 제시해야 할 때 주로 쓰인다. 그러나 개방적이고 참여적인 분위기에는 부적합한 방법이다. 본인은 변화할 생각이 없으면서 다른 사람을 변화시키려 할 때, 다른 방법이 존재함에도 불구하고 공격적 행동을 하게 되는데, 이 경우에 일방승리win-lose, 즉 본인은 승리하고 상대방은 패배하는 상황을 초래한다.

장단점

강압적 갈등관리의 가장 큰 장점은 신속성이다. 당사자가 옳다는 것을 확신하고 타협에 의한 의사결정이 효과가 낮을 것이라고 판단될 경우 이 방법을 사용하면 조직 차원에서 신속한 의사결정을 할 수 있다. 단점은 이 형태를 과도하게 사용하면 상대방의 적대감과 원망, 그리고 분노를 유발한다는 점이다.

사용 시기

이러한 형태는 해당 사안을 실행에 옮길 때 상대방의 몰입 정도가 그다지 중요하지 않을 때, 본인이 하고 싶은 대로 일을 추진해도 상대방이 저항하지 않을 때, 인간관계의 중요성이 그렇게 높지 않을 때, 갈등해소가 시급할 때와 같은 상황에서 적절히 사용할 수 있다.

타협적(협상) 갈등관리 형태

타협compromising에 의한 갈등관리 형태는 상호간에 양보를 주고받는 방법으로 갈등을 해소하는 관리 형태, 즉 쌍방이 공통된 관심 분야를 적극적으로 주고받음으로써 갈등을 해소하는 대안이다. 이것은 또한 협상에 의한 갈등관리 형태라고도 부른다. 타협 또는 협상을 할 때는 중간 수준의 자기주장과 협조를 보인다. 이 과정에서는 서로의 입장을 양보하거나, 외부 또는 제3자의 개입과 조정, 그리고 협상이나 표결방법 등이 동원된다. 타협이란 쌍방이 서로 다른 목표를 갖고 있거나 비슷한 힘을 갖고 있을 때 적용 가능한 방법이다. 타협은 민주적인 방법이지만 때로는 창조적인 문제해결 방안을 도출하는 데 방해가 되기도 한다. 타협을 하게 되면 쌍방이 승리win-win할 수 있다.

장단점

이 형태의 장점은 갈등이 비교적 신속하게 해소되며 직무상의 관계를 계속 유지할 수 있다는 점이다. 단점은 타협의 결과가 차선의 의사결정과 같이 비생산적인 것이 될 수 있다는 점이다.

사용 시기

이는 단순하고 명확한 해결책이 존재하지 않을 때, 협상에 관여되어 있는 사람들이 가지고 있는 직위권한power이 대등하고 쌍방 간에 상이한 해결책에 관심이 있을 때와 같은 상황에서 활용할 수 있는 적절한 방법이다.

협력적 갈등관리 형태

협력collaborating에 의한 갈등관리 형태는 관여한 모든 사람들이 동의할 수 있는 최선의 해결책을 가지고 공동으로 통합적 대안을 도출하여 갈등을 해소하는 방법이다. 이는 문제의 취지가 불명확하거나 복잡할 경우에 적용할 수 있는 적절한 갈등관리 유형으로 문제해결 갈등관리 형태라고 불리기도 한다. 이러한 방법을 활용할 때 사람들은 자기주장을 적극적으로 개진하면서 동시에 협조적인 태도를 취한다. 협조적 갈등관리 형태를 사용하는 사람들은 관여한 모든 사람들이 만족할 수 있는 최선의 해결책을 찾는 데 관심을 가진다. 이는 갈등관계에 있는 쌍방이 모두 이득을 보게 하는 가장 이상적인 상생相生, win-win의 갈등관리방법이다.

장단점

협력에 의한 갈등관리의 장점은 단편적 측면에서 문제를 다루기보다는 총체적 관점에서 문제를 다루기 때문에 장기적인 안목에서 좋은 결과를 얻을 수 있다는 점이다. 또한 이 형태는 자기주장을 하면서도 갈등해소를 위한 최선의 방법에 이를 수 있다. 단점은 다른 방법에 비해 갈등해소에 보다 많은 기술, 능력, 시간이 소요된다는 점이다. 협상적 갈등관리 형태는 개인, 집단, 조직 모두에 최대의 혜택을 가져다준다.

사용 시기

이 갈등관리 형태는 다루고 있는 이슈가 중요하여 최적의 해결책이 요구되고, 사람들이 자기이익보다는 집단의 이익을 우선하려는 의지가 있고 그 사람들이 진실로 협조할 의지가 있을 때, 관계를 유지하는 것이 중요할 때, 충분한 시간적 여유가 있을 때, 이슈가 되고 있는 것이 동료 간의 문제인 경우 등에서 사용하면 좋은 결과를 얻을 수 있다.

협력적 갈등관리와 타협적 갈등관리 형태의 차이점

이들 갈등관리 형태의 일반적인 차이는 해결책에 있다. 앞서 소개한 전시물 진열 방법에 관한 예를 이용하면, 타협적 관리 형태에서는 두 사람이 서로 양보하며 일부분은 한쪽의 주장대로 진열하고 다른 한 부분은 상대편 주장대로 진열하여 결국 주고받기를 하는 것이다. 이러한 방법으로 결론을 도출하면 관여한 모든 사람들이 승리할 수도 있고 패배할 수도 있다. 그러나 협력에 의한 갈등관리 형태에 있어서는 양쪽이 함께 도모하여 양자가 모두 좋아하는 한 가지 방법을 개발하거나 선택한다. 이때는 양쪽의 주장이 모두 반영될 수도 있고, 충분한 설명을 들은 후 한쪽의 주장만을 반영할 수도 있다. 중요한 점은 양자 모두가 '선택된 방법이 최선'이란 것에 동의한다는 점이다.

위의 다섯 가지 갈등관리 형태 중에서 협력적(협조적) 관리 형태는 사안의 복잡성과 필요한 기술의 수준 때문에 실행하기 가장 어려운 방법이다. 그러나 구성원

표 5-8　갈등관리 과정에서 주의사항

Do	Don't
▪ 다른 사람의 입장을 이해한다. ▪ 어려운 문제를 피하지 말고 맞선다. ▪ 자신의 의견을 명확히 밝힌다. ▪ 적극적으로 경청한다. ▪ 타협하려 애쓴다. ▪ 논평하고 싶은 유혹을 떨쳐낸다. ▪ 존중하는 자세로 사람을 대한다.	▪ 감정이나 관심사를 가볍게 여긴다. ▪ 직접 대면하지 않고 대충 넘어간다. ▪ 상대방을 깔보는 자세를 가진다. ▪ 쓸데없는 충고를 한다. ▪ 자신을 방어하듯이 말한다. ▪ 상대방을 비방한다.

들을 훈련시켜 협력적인 방법으로 갈등을 해소할 수 있도록 노력해야 한다. 표 5-8은 갈등관리 과정에서 유의할 사항이다. 협조적 갈등관리 형태의 활용방법에

표 5-9 **갈등관리방법별 사용 시기**

갈등관리기법	적합한 상황
협력형 (종합형)	■ 양자의 견해가 다 중요하여 타협할 수 없을 때 ■ 학습이 주목적인 상황일 때 ■ 양자의 몰입을 필요로 할 때 ■ 감정이 개입되어 서로의 관계를 해칠 것 같을 때
배려형 (수용형, 순응형)	■ 스스로 틀렸다는 것을 알게 되었을 때, 상대방을 수용함으로써 합리적이란 인상을 줄 수 있을 때 ■ 문제가 '나'에게보다 상대방에게 더 중요한 경우 (배려를 통하여 협력관계 유지 가능) ■ 나중을 위해서 점수를 따두려는 경우 ■ 쌍방이 싸웠을 때 모든 것을 잃게 되는 상황을 방지하기 위해서, 그리고 손실 최소화를 목적으로 할 때 ■ 조화와 안정이 무엇보다도 중요한 상황일 때 ■ 상대방이 실수를 통해서 스스로 배울 수 있는 기회를 주고자 할 때
강압형 (지배형)	■ 단호한 행동이 결정적으로 필요할 때(예 : 위급상황) ■ 중요하지만 인기 없는 조치를 시행할 필요가 있을 때 ■ 조직을 위해서 '내'가 분명히 옳다는 것을 알고 있을 때 ■ 상대방이 강압형(지배형)을 사용하지 않을 때
회피형	■ 사소한 문제이거나 더 중요한 문제가 산적해 있을 때 ■ '나'의 이익을 충족시킬 여지가 없다고 판단되는 경우 ■ 해결을 위해 소요되는 비용이 결과의 혜택보다 클 때 ■ 상대방이 화를 식히고 다시 생각할 기회를 주고자 할 때 ■ 바른 결정을 하기에 앞서 정보수집이 더 필요할 때 ■ '나' 아닌 다른 사람이 더 효과적으로 해결할 수 있다고 느낄 때 ■ 현재의 문제가 다른 문제들과 연관이 있을 때
타협형	■ 상대방을 이김으로써 얻는 대가가 낮을 때 ■ 양자가 서로 융합될 수 없는 목표를 추구하고 있을 때 ■ 복잡한 문제에 대하여 일시적 해결을 추구할 때 ■ 시간 압박으로 일단 해결점에 도달해야 하는 경우 ■ 강압적 갈등관리(지배형)나 협력적 갈등관리가 실패했을 때

대해서는 다음 절에서 구체적으로 소개한다.

표 5-9는 다섯 가지 갈등관리방법이 각각 어떤 상황에서 바람직한 것인지를 정리한 것이다. 개인 입장에서 어느 한 가지 방법만을 계속 사용하기보다는 다양한 방법을 익혀둔 다음 각종 갈등상황별로 적절한 기법을 유연하게 활용할 수 있어야 한다.

협력에 의한 갈등관리 모델

효과적인 리더는 갈등해소 시 협력에 의한 관리방법을 사용한다. 그렇게 하면 조직 내의 갈등을 어느 정도 예방할 수 있다. 그러나 갈등을 완전히 제거한다는 것은 불가능하고 또 제거해서도 안 된다. 그 이유는 갈등이란 때로 긍정적인 역할을 하기 때문이다. 따라서 상대방과의 관계를 해치지 않고 갈등을 해소하는 방법(논쟁, 협조 및 협상 기술 등)을 개발할 필요가 있다. 그리고 갈등관리 모델을 잘 활용하면 갈등해소에 도움을 받을 수 있다. 이러한 방법은 동료, 가족구성원, 조직상황에서도 적용할 수 있다.

갈등해소를 위한 출발

상호협력으로 갈등해소를 시도할 때는 먼저 갈등해소를 위하여 상대방에게 반대의견을 개진하고 논쟁을 유도해야 한다. 쌍방이 협력하여 갈등해소를 시도할 때는 다음의 모델을 이용할 수 있다. 협력에 의한 갈등해소 모델에는 네 가지 단계가 있다. 1단계에서는 문제의 주도권을 유지하도록 하는 BCF 발언B : Behavior, C : Consequences, F : Feeling을 준비한다. 2단계에서는 BCF 발언을 한 다음 갈등의 존재에 대해 인정한다. 3단계는 여러 가지 갈등해소방법을 요구하고 제시한다. 4단계는 변화를 위한 합의를 이끌어 낸다. 이 모델은 행동모델링의 일부분이며 갈등해소를 위한 리더십 기술 개발을 위해 효과적인 훈련방법이다.

1단계 : 문제의 주도권을 유지하도록 하는 BCF발언을 준비한다

BCF모델은 갈등해결상황에서 주도권을 유지하기 위해, 행동(B)-결과(C)-느낌(F)의 관점에서 갈등문제를 묘사하는 것을 의미한다. 우리는 상대방이 어떤 행동을 하고Behavior 그로부터 어떤 결과Consequences가 나타났을 때 그에 따른 느낌Feeling을 가지게 된다. 당신이 내 사무실에서 담배를 피울 때(B) 나는 숨을 쉬기 힘들어지고 역겨움을 느낀다(C). 따라서 나는 불편함을 느낀다(F). 이러한 순서는 상황에 따라 달라질 수 있다. 감정이 먼저 올 수도 있고 결과가 먼저 올 수도 있다. 예를 들면, '내 예감(F)으로는 준비한 원고대로 교육심리학 과제 발표를 하면(B) 그 방법이 좋은 평가를 받지 못해 감점 될 것(C) 같다'라고 말할 수도 있다.

또 다른 예로, 당신은 담배를 피우지 않으나 어떤 사람이 담배를 피우면서 당신을 방문했다고 가정해 보자. 이때 문제를 가지고 있는 것은 당신인가? 아니면 담배를 피우면서 방문한 다른 사람인가? 이것은 완전히 당신 자신의 문제인 것이다. 때문에 BCF 모델에 따라 문제상황을 설명하고 당신이 문제를 해결할 수 있도록 도와달라는 요청을 하면서 정면 대응하는 행동을 취해야 한다. 이러한 접근방법을 활용함으로써 상대방이 방어적인 행동을 취하지 못하도록 하고, 상호관계를 유지하면서 문제를 해결할 수 있는 분위기를 조성할 수 있다.

위 사례에서 소개된 바와 같이 BCF발언을 준비할 때는 상황을 평가하지 말고 설명만을 한다. 그리고 될 수 있으면 발언을 짧게 하는 것이 좋다. 발언을 길게 하면 할수록 갈등을 해결하는 데 더 많은 시간이 걸린다. 사람들은 상대가 말할 때 기다리면서 더 방어적이 된다. 누가 잘못했고 또는 누가 옳고 그른지를 판단해서는 안 된다. 일반적으로 양쪽이 모두 틀리기도 하고 맞기도 한다. 한쪽 편에만 잘못이 있고, 한쪽 편만이 옳다는 생각을 하면 갈등해소에 도움이 되지 않는다.

타이밍 또한 중요하다. 상대방이 바쁠 때는 추후에 만나 갈등을 해결하는 것이 좋다. 상대방과 정면 대응을 할 때는 사안과 관련이 없는 이슈를 한꺼번에 거론해서도 안 된다. BCF발언을 준비한 후에는 다른 사람과 대응하기 전에 이를 한 번 연습 삼아 실제와 같이 말해 보는 것이 좋다. 또한 추가적으로 갈등해소를 위해 사용 가능한 다른 대안을 생각해 볼 필요가 있다. 자신의 이익보다는 상대방에 대해 관심을 보이면서 상생win-win하는 상황을 만들어 내도록 해야 한다.

2단계 : BCF발언을 한 다음 갈등의 존재에 대해 동의를 이끌어 낸다

계획된 BCF발언을 간단하게 한 다음에는 상대방이 반응할 기회를 준다. 상대방이 이해를 잘못하거나 문제점을 인정하지 않을 때는 끈기 있게 주장을 계속한다. 상대방이 문제의 존재를 인정조차 하지 않으면 갈등해소는 불가능하다. 상대방이 문제점을 인정하거나 또는 인정하지 않을 수 없을 때까지 여러 가지 방법으로 몇 차례고 계속 설명을 한다. 너무 쉽게 포기해서는 안 된다. 갈등에 관하여 상대방과 의견일치를 보지 못한다면 접근방법을 달리하여 앞에서 제시된 네 가지 다른 방법을 사용할 필요가 있다.

3단계 : 여러 가지 갈등해소방법을 요구하고 제시한다

처음 시작할 때, 갈등해소를 위하여 어떤 것을 할 수 있는지 상대방에게 물어본다. 상대방이 제시한 안이 만족스러우면 그에 대해서 동의하면 되나, 만약 동의할 수 없다면 나의 해결방안을 제시한다. 그러나 이는 상대방이 제시한 의견을 일방적으로 변경시키려는 것이 아니라 서로 협조하여 의견을 조율하기 위해서이다. 상대방이 문제가 존재함을 인정하면서도 문제해결에 소극적일 때는 공동의 목표를 강조할 필요가 있다. 상대방이 함께 혜택을 받을 수 있고 조직 전체에 혜택이 돌아간다는 점을 상대방이 인식하도록 해야 한다.

4단계 : 변화를 위한 합의를 이끌어 낸다

갈등을 원만히 해소하기 위해서는 양측이 취해야 될 구체적인 행동에 대하여 합의에 도달하려는 노력을 해야 한다. 갈등해소를 위해 관여된 모든 사람들이 취해야 할 행동에 대해서 명확히 언급하고, 보다 복잡한 사안은 기록한다. 이 시점에서 당신은 강압적이 아닌 협조를 하고 있다는 점을 다시 한 번 상기해야 한다.

협력에 의한 갈등관리 모델

갈등해소의 출발		갈등해소에 대한 반응		갈등해소의 조정	
1단계	문제의 주도권을 유지하도록 하는 BCF 발언을 준비한다.	1단계	경청을 하고 BCF모델을 이용하여 문제상황을 다시 표현한다.	1단계	각 집단의 불만을 BCF 모델을 이용하여 나타낸다.
2단계	BCF 발언을 한 다음 갈등의 존재에 대해 동의를 이끌어 낸다.	2단계	몇 가지 불만사항에 대하여 동의한다.	2단계	갈등문제에 대해 합의한다.
3단계	여러 가지 갈등해소 방법을 요구하고 제시한다.	3단계	갈등해소를 위한 다른 방법을 요구하고 자신의 생각을 제시한다.	3단계	갈등해결의 대안을 개발한다.
4단계	변화를 위한 합의를 이끌어 낸다.	4단계	변화를 위한 동의를 한다.	4단계	갈등이 해결됨을 확정하고 이에 따른다.

협력에 의한 갈등관리 모델은 표 5-10에 제시되어 있다.

갈등해소에 대한 반응

이는 대응하는 입장에서의 상황처리방법이다. 주도적으로 정면 대응하는 입장에서는 이 모델을 따르지 않는다. 반응하는 입장에서는 표 5-10에서처럼 다음 네 가지 단계를 거쳐 갈등해소를 한다.

- 경청을 하고 BCF 모델에 따라 문제상황을 다른 말로 바꿔서 재표현한다.
- 몇 가지 불만사항에 대해서 동의한다.
- 갈등해소를 위한 다른 방법을 요구하고 자신의 생각을 말한다.
- 변화를 위한 동의를 한다.

갈등해소를 위한 조정

갈등에 관여된 사람들이 혼자서 문제를 해결할 수 없는 경우도 있다. 이런 경우에는 조정자를 활용하는 것이 좋다. 조정자mediator는 제3자적인 입장에서 갈등해소를 돕는 사람이다. 어떤 조직에서는 종업원들을 훈련시켜 조정자로 배치하기도 하고, 어떤 조직에서는 외부에서 전문가를 초빙해서 조정자로 임명하기도 한다. 그러나 어떤 경우이든 갈등해소의 첫 단계는 조직 내부에서부터 시도되므로 리더 또는 관리자가 갈등을 조정하게 된다.

갈등 조정자는 갈등에 관여된 사람들을 한 곳에 모으기 전에 양측과 함께하는 회의를 소집해야 할지 아니면 양쪽과 따로 회의를 가져야 할지를 결정해야 한다. 양측이 아직 정면으로 맞서지 않았거나 이해당사자들 간에 입장이 확연히 다르다면 그들을 함께 모으기 전에 별개로 회의를 진행하는 것이 좋다. 반면에 양측이 문제와 해결방법에 대한 생각이 비슷한 수준이고, 양측이 심리적으로 안정을 유지하고 있는 상황이라면 양측이 함께하는 회의로 시작할 수 있다. 이때 리더 또는 관리자는 판사가 아닌 조정자로서의 역할을 해야 한다. 가능하면 구성원들이 갈등을 스스로 해결할 수 있도록 하고, 한쪽이 조직의 정책이나 규범을 어기지 않는다면 편견 없이 중립적인 입장을 견지해야 한다. 또한 코칭 역할을 하되 관여한 사람들의 책임소재를 묻거나 그들을 궁지에 빠뜨리지 않도록 해야 한다.

갈등에 관여한 사람들을 한 자리에 모아 협의를 진행할 때는 표 5-10에 제시된 갈등조절 모델을 사용할 수 있다. 갈등 조정 시 한쪽이 다른 쪽을 비난한다면 "그렇게 비난하는 것은 갈등해소에 도움이 되지 않는다."라고 주의를 줄 필요가 있다. 그리고 갈등이 그들의 업무에 어떤 영향을 미치는지를 인식시키고, 관여된 사람들의 성격이 아닌 구체적인 행동을 지칭하면서 쟁점에 대한 토론을 유도해야 한다. 조정자는 토론 중, 문제에 관련된 행동과 그 행동의 결과가 어떤 것인지를 쌍방이 알도록 해야 한다. 그리고 질문을 통하여 양측이 발언하는 내용을 상호간에 명확히 이해하도록 해야 한다.

만약 그래도 갈등이 해소되지 않는다면 중재자arbitrator를 활용해야 한다. 중재자는 제3자적 입장에 서 있는 사람으로서 갈등해소를 위해 법적인 구속력을 가진 의사결정을 내릴 수 있다. 중재자는 일반적으로 승자와 패자가 있는 협상 형태를 사용한다. 중재자는 판사와 같은 역할을 하며 일단 중재자가 내린 결정은 양측이 따라야 한다. 그러나 중재자를 사용하는 것은 최소화하는 것이 바람직하다. 일반적으로 조정자를 먼저 활용하여 협상을 하고, 협상이 결렬되거나 정해진 마감일자가 임박했을 경우에 중재자를 활용하는 방법을 채택하는 것이 좋다.

생각해 보기

갈등을 두려워하지 마라!

개성이 각기 다른 사람들의 인간관계에는 필연적으로 크고 작은 오해와 갈등이 생기기 마련이다. 이러한 오해와 갈등은 인간관계를 와해시키는 주요 요인이다. 그러나 더욱 중요한 것은 갈등 그 자체보다 갈등을 해결하려는 노력이다. 갈등을 방치하면 관계가 소원해지지만, 갈등을 잘 관리하면 오히려 그 관계가 깊어진다. 그리고 우정과 이성관계는 쌓기보다 허물어뜨리지 않고 유지하기가 더 어려운 것임을 명심하라!

참고문헌 reference

권석만(1995). 대학생의 대인관계 부적응에 대한 인지행동적 설명모형. 학생생활연구(서울대 학생생활연구소), 30; 38-63.

권석만(2010). 인생의 2막 대학생활. 학지사.

권정호 · 김동원 · 이윤식 · 이윤희 · 이재석 · 이지연(2011). 인간관계와 리더십. 양서원.

박명실 외(2008). 2008년 신입생 및 재학생 의식조사. 학생생활연구(중앙대학교 학생생활상담센터), 73; 1-73.

삼성인력개발원(2008). 삼성리더십 파이프라인. p. 218.

홍두승(1991). 서울대생의 의식과 생활에 관한 조사연구. 서울대.

Asch, S.(1955). Studies of Independence and Conformity; A Minority of One Against a Unanimous Majority, *Psychological Monographs*. 20, Whole No, 416.

Barsade, S. G., & Gibson, D. E.(2007). Why Does Affect Matter in Organization? *Academy of Management Perspective, 21*(1): 36-59.

Brown, L. D.(1986). *Managing Conflict at Organizational Interfaces*. Reading. MA. : Addison Wesley Publishing Co., Inc.

Harrison, E. F.(1975). The Managerial Decision Making Process. Boston: Houghton Mifflin.

Kahneman, D. & Tversky, A.(1984). *American Psychologist, 39*. pp.341-350: Tversky, A. & Kahneman, D., 1974, Judgement under Uncertainty: Heuristics and Biases, Science, 11. 1124-1134.

Kreitner, R.(1986). Management, 3rd. Boston: Houghton-Mifflin, p. 211.

MacCrimmon, K. R., & Taylor, R. M.,(1976). Decision Making and Problem Solving, in M. D. Dunnette(ed.). *Handbook of Industrial & Organizational Psychology*. Chicago: Rand McNally.

Rahim, M. A.(1985). A Strategy for Managing Conflict in Complex Organization, *Human Relations*, p. 84.

Rahim, M. A.(2001). *Managing Conflict in Organizations*. 3rd. Westport, CT; Quorum Books.

Rousseau, D. M.(2006). Is There Such a Thing as Evidence-Based Management. *Academy of Management Review, 31*(2): 256-263.

Schmidt, N. & Sermat, V.(1983). Measuring Loneliness in Different Relationship, *Journal of Personality and Social Psychology*. 44: 1038-1-47.

Thomas, K. W.(1992). Conflict and Negotiation Processes in Organizations, *Handbook of Industrial & Organizational Psychology. 3*. p. 658.

CHAPTER 06

창의성과
리더십

"창의적 리더는 시간 여행에 앞서 가며 어떠한 위험도 감수한다." 21세기 한국사회
에서 교육의 기본적 지표로 창의성과 인성이 강조되어 왔다. 그러면 우리 사회가
창의성에 대하여 가장 중요하게 여기는 가치는 어떤 것인가? 다음의 네 가지 핵심
적 질문은 창의적 리더십을 탐구하는 틀을 제공해 준다. 이 질문은 여러분이 본 장
의 내용과 창의적 과정에 대한 넓은 시야를 통합하는 데 도움을 줄 수 있을 것이다.

- 창의성은 어떻게 정의되는가?
- 창의적 과정의 단계는 무엇인가?
- 창의적 리더의 특성과 자기실현의 의미는 무엇인가?
- 새 시대의 창의적 리더들의 성과는 어떠한 시사점을 주는가?

위의 질문을 이 장에서 다루려는 내용에 접근하는 종합적 틀로 삼고 자신이 창
의적 모델을 찾을 수 있는 여정을 떠나보자.

창의성 정의하기

창의적 접근법, 창의적 과정, 창의적 탐구, 창의적 문제해결, 창의적 잠재력, 창의적 생산품, 창의적 경영, 창의적 광고 등은 우리사회의 교육과 경영, 사회과학 분야에서 많이 회자되는 용어이다. 예술 분야 이외 다른 분야에 종사하는 사람들이 창의성에 관심을 가지고 있다는 사실은 인간의 기존의 모든 노력을 어떻게 넘어서

표 6-1   **창의성에 대한 학자들의 정의**

학자명	정의
오스본 (Osborn)	넓은 의미의 창의성은 인간 모두가 가지고 있는 보편적 능력과 특성이며, 사적 창의성이란 일상생활에서 당면한 사태나 문제거리를 개인 나름으로 새롭고 독특한 방법으로 해결해나가는 활동임(Osborn, 1953)
길포드 (Guilford)	새롭고 신기한 것을 낳는 힘, 즉 새로운 사고를 생산해 내는 것(Guilford, 1970)
고바이 (Gobhai)	분명하지 않은 것들의 연관성을 짓는 능력(Edwards, L., 2010 재인용)
칙센미하이 (Csikszentmihalyi)	창의성은 세계를 새롭고 독특한 방식으로 경험하는 사람들, 혹은 세계를 새롭게 인식하고, 영감에 찬 판단을 하며, 자신들만이 알 수 있는 중요한 발견을 하는 사람들을 지칭함(Levinson, 1997)
에드워즈 (Edwards)	현재를 넘어가고자 하는 결단력 있는 충동, 그것은 독창성, 상상력, 환상으로 특징지어짐(Edwards, 2010)
프린스 (Prince)	임시적 조화, 기대하지 않은 놀라움, 특유의 폭로, 익숙한 놀라움, 넉넉한 이기주의, 사소한 것에도 활력이 있음, 훈련된 자유, 끈기 있음, 반복적인 시도, 어려운 기쁨, 예측할 수 있는 모험, 짧은 확실함, 차이를 통합하기, 만족을 구하기, 기적적인 기대, 익숙한 놀라움(Prince, 1982)
프랜켄 (Franken)	창의성은 문제를 풀고 다른 사람들과 의사소통하고, 모두가 즐기는 데 유용할 수 있는 아이디어, 대안, 가능성을 인식하고 생산하는 경향성임(Franken, 1994)

고 있는가에 대하여 많은 이들이 관심을 갖고 있다는 것으로 해석된다.

'창의성'이란 말은 무엇을 의미하는가? 창의성에 대해서는 "독창성, 상상력이 풍부한 것으로 특징지어지는" 사전적 정의로부터 "만들다, 생산하다, 야기하다, 낳다" 등을 의미하는 creo를 어원으로 하는 라틴어 creare를 의미하는 것에 이르기까지 수백 개의 정의가 있다.

서양의 창의성creativity에 해당하는 용어로 창견, 창안, 창조, 창정, 창제, 창출 등의 용어는 공통적으로 새로움, 작품, 아이디어 등을 만들어 내는 의미를 담고 있다 (전경원, 2008). 창의성의 정확한 정의를 개념화하는 것은 이 책의 범위를 넘어서는 것이지만, 다음과 같은 학자들의 정의는 리더십에 적용 가능하고 시사점을 준다.

토랜스Torrance의 희망적이면서도 도전적인 창의성에 대한 정의로 그의 지혜를 엿볼 수 있으며, 창의성이 리더십과도 진정으로 관계되어 있음을 유추할 수 있다.

토랜스의 창의성

- 창의성은 더 깊이 파내는 것이다.
- 창의성은 실수를 감당하는 것이다.
- 창의성은 미래와 악수하는 것이다.
- 창의성은 고양이와 말하고 듣는 것이다.
- 창의성은 깊은 바다로 들어가는 것이다.
- 창의성은 닫힌 문 뒤로부터 나오는 것이다.
- 창의성은 태양에 전기를 꽂는 것이다.
- 창의성은 알고 싶어 하는 것이다.
- 창의성은 두 배로 보는 것이다.
- 창의성은 공을 갖는 것이다.
- 창의성은 모래성을 쌓는 것이다.
- 창의성은 자신의 방식으로 노래하는 것이다.

자료 : Torrance, E.(1992), p. 5.

창의적 과정 이해하기

창의적 과정을 볼 때 목표상태 혹은 결과로부터 '지금 여기'의 순간을 경험하고 행동하는 것으로 초점이 옮겨진다. 이러한 초점의 이동은 우리가 무엇인가를 하고 있는 동안에 우리가 하고 있는 것을 받아들일 때 가능하다. 과정 중심적 접근은 '지금 여기'에 대한 우리의 인식을 넓히고 발달시킬 수 있는 직접적인 환경을 제공해 준다. 이로써 우리는 이루려 하는 성과보다는 우리가 어떻게 이루고 있는가에 초점을 맞출 수 있게 된다.

> 사람들이 무언가를 창의적 작업을 하고 있을 때에는 흔히 두 개의 활동이 일어난다. 첫째는 과정과 관계되는 것이고, 둘째는 생산물과 관계되는 것이다. 창의적 과정은 창의적인 사람이 문제를 명확하게 하고, 그것을 해결하기 위해서 노력하고, 난관을 해결하기 위한 해결책을 찾아가는 일련의 단계나 과정이다. 창의적 과정이란 창의적 사람들이 새로운 아이디어를 조합하고, 관련성을 짓고, 의미를 이해하고, 변형해 내기 위하여 때로는 의식적으로, 때로는 무의식적으로 활용하는 전략이며 기술들을 의미한다(Davies, 2000 : 60).

과정과 성과물은 모두 중요한 것으로서, 창의적 성과물은 과정으로부터 나온 자료나 구체적인 표현으로서 사람이 산출해 낸 것이다. 우리가 개방적인 태도로 예술을 해갈 때 우리의 모든 가능성을 탐색할 수 있는 것은 바로 이 지점이다.

월라스의 창의적 과정 모델

월라스Wallas는 4가지 창의적 과정의 기본적인 단계를 들었다.

- 준비기preparation
- 부화기incubation

- 조명기illumination
- 검증기verification

　준비기는 정보 수집, 데이터나 자료의 검토, 문제 확인 등 초기 단계에서 문제해결을 위해 요구되는 자료를 찾는 단계이다. 부화기는 문제를 해결하기 위해 의식적으로 씨름하지 않으면서 발달시키는 단계이다. 이 단계에서는 관련 없는 일을 하는 중에 자유롭게 연상이 일어날 수 있고, 가까이 있는 일에 바로 집중하지 않는 것을 의미한다. 조명기는 '사토리', 즉 깨달음, 아하!, 유레카의 순간이다. 새로운 아이디어, 만족할 만한 해법, 혹은 상승적인 조합이 일어나는 단계이다. 검증기는 흥분이 지났을 때 일어난다. 이 단계에서는 개념을 시험하고, 해법을 비판적으로 분석한다. 밸킨(Balkin, 1990)은 월라스의 모델을 동의하면서 검증 이후에 또 하나의 단계로서, '다시'라는 요소를 추가했다. 우리는 음악을 만들거나, 그림을 그리거나, 춤을 추거나, 연극을 하거나 시를 짓거나, 문제를 해결하는 등의 창의적 과정에서 '다시'라는 요소가 핵심적 부가물이라고 결론을 내릴 수 있다. 이 토론에서 중요한 또 하나의 점은 창의적 사람이 창의적인 과정에 있을 때 보여 주는 특성이다. 창의적 과정의 단계와 특성 간의 연관이 중요하다. 이 연관을 이해할 수 있다면 이러한 두 과정이 어떻게 통합적인 방식으로 동시에 작동하는가를 알 수 있을 것이다.

토랜스의 창의적 과정 이론

창의적 능력연구의 선구자인 토랜스는 창의적 과정에서 핵심적인 네 가지 특성, 혹은 능력을 발견했다.

- 유창성fluency
- 융통성flexibility

- 독창성originality
- 정교성elaberation

    토랜스의 연구 결과에 따르면 창의적 능력은 언어적이고 비언어적 아이디어를 만들어 내는 능력이며, 아이디어나 사고에 관련하여 자유롭게 연상할 수 있는 능력(유창성)이고, 문제해법에 접근하는 다양한 방식들을 탐색하고 다른 관점에서 상황을 바라보는 것(융통성)이며, 새로운 아이디어로 독특한 무엇인가를 만들어 내는 것, 이미 존재하는 것에 새로운 흔적을 남기는 것(독창성), 사고나 아이디어를 넓히고 장식하는 것, 세부적인 것이나 마무리 손질을 첨가하는 능력(정교성)이라고 한다.

창의적 리더의 특성과 자기실현 ● ● ●

수십년 동안 창의성과 관련된 영역과 함께 창의적 사람의 독특한 특성이 정의되고 연구되었다. 이 주제를 다룬 대표적 연구물들(Csikszentmihalyi, 1997 ; Daniels, 1995, 1997 ; Davies, 2000 ; Gardner, 1983, 1987, 1991 ; Torrance, 1962, 1979, 1984)은 창의적 사람들의 독특한 특징을 다양하게 제시하였다.

창의적 리더의 성격 특성 목록

창의성과 창의적 사람의 특성에 대한 이해에서 칙센미하이의 중요한 연구(1997)를 토대로 창의적 리더의 성격적 특성을 기술해 보면 다음과 같다(Edwards, L. 지음, 김명희·주은희 외 옮김, 2013). 창의적 리더로서 자신의 특성을 점검해 보고 보다 향상시켜야 할 항목을 찾아내 보자.

- 창의적 사람들은 상당한 에너지를 가지고 있다. 그러나 때로는 조용하고 휴식을 취한다.
- 창의적 사람들은 매우 똑똑하면서도 동시에 순진무구하다.
- 창의적 사람들은 장난스러우면서도 절제되어 있으며, 책임과 무책임이 함께 있다.
- 창의적 사람들은 한편으로는 상상이나 환상을, 다른 한편으로는 굳건한 현실감을 가지고 있다.
- 창의적 사람들은 외향성과 내향성의 대조적 특성들을 가지고 있다.
- 창의적 사람들은 매우 겸손하면서 동시에 자부심이 강하다.
- 창의적 사람들은 성역할의 강한 고정관념을 피하고, 양성적인 특성을 가지고 있다.
- 일반적으로 창의적 사람들은 독립적이며 반항적이라고 여겨진다.
- 대부분의 창의적 사람들은 자신의 일에 대하여 열정이 있지만, 또한 매우 객관적이다.
- 창의적 사람들의 개방성과 감수성으로 인해 상당한 고통이나 즐거움을 겪게 만든다.

창의적 리더들의 몇 가지 특징들을 우리 자신에게서도 볼 수 있다. 위 목록에서 자신에게 해당되는 특성을 발견하지 못했다면, 우리가 실제로는 얼마나 창의적인가를 알기 위해 표 6-2 내용 중에서 자신에게 비교적 유사하게 여겨지는 것을 확인하여 표시하고 집계해 보길 권한다.

표 6-2	창의적 과정에 대한 자기 성향 체크리스트			
자기 성향		매우 그렇다	보통이다	전혀 아니다
아이디어를 시험한다.				
다양한 재료와 방법을 탐색한다.				
엉뚱한 색을 섞는 것과 같은 우연을 잘 활용한다.				
감각적 만족을 주는 활동을 추구한다.				
매체에 대한 발견을 좋아한다.				
아이디어를 주고받는 면에 협동한다.				
기대하지 않았던 것을 높이 평가한다.				
정서와 느낌이 자신을 창조하는 과정으로 이끌도록 인정해 준다.				
예술적 도전에 접근하는 자신의 예전 방법에 변화를 준다.				
자신의 관점을 인정한다.				
과정을 자신의 생각과 감정을 말없이 전달하는 방식이라고 이해한다.				
자신의 통찰을 인정하고 가치를 부여한다.				
새로운 방식으로 시작하고, 대안적인 아이디어를 제안한다.				
자기의 전공이나 일에 대하여 긍정적인 면을 발견한다.				
매우 그렇다(10점), 보통이다(5점), 전혀 아니다(0점)에 부여된 점수를 합산해 본다.				

자료 : Edwards(2002), p. 17의 내용을 번안함

리더의 창의성과 자기 실현

매슬로(1954)는 창의성을 '특별한 재능의 창의성'과 '자기 실현의 창의성'으로 구분하여 발명가, 과학자, 예술가들이 사회적으로 주요한 새로운 가치를 창출해 내는 것 못지않게 일반 개인에게 있어 새로운 가치가 있는가의 여부가 창의성의 일면

임을 일깨워주었다. 자기 실현을 이룬 사람이 되는 여정에 있는 사람들의 특성에 대한 매슬로 연구는 자기 실현한 사람의 중요한 특성들을 제시한다(Maslow, 1970, 1971). 이러한 특성들 중에, 특히 창의성, 자신·타인·자연의 수용, 자발성, 신선한 감상, 동질화·공감·애착, 그리고 철학적·비적대적 유머감각의 여섯 가지 특성은 리더로서의 역할과 관련된다고 보인다. 자기 실현한 사람들은 독특하고 창의적이다. 매슬로는 창의성을 말할 때 '재능 있음'을 말하지는 않는다. 매슬로는 자기 실현한 사람의 창의성을 아이들의 순수하고 보편적인 창의성과 비슷한 것으로 이해한다. 그것은 삶을 단순하고 신선하고 직접적인 방식으로 이해하는 것이다. 이러한 사람들은 창의성에 대한 관점에 있어서 덜 제약되고 덜 어색해하고, 더 자연스럽다. 창의성 외에 자기 실현하는 리더의 특성을 더 살펴보면 다음과 같다(Edwards, L. 지음, 김명희·주은희 외 옮김, 2013).

자신·타인·자연의 수용

자기 실현한 사람은 자연을 받아들이는 것과 같이 자신의 결정과 인간의 본성을 수용한다. 이것은 자기 실현한 사람들이 완전히 자기 만족에 있다고 말하는 것은 아니다. 그들은 자연에 있는 사물들을 수용하는 것과 똑같이 인간의 본성을 수용한다는 것을 의미한다. 그들은 다른 사람과 세계를 무비판적으로 수용한다.

자발성

자기 실현한 사람들은 자발적으로 행동한다. 그들은 단순함, 자연성, 내적 삶, 자신의 생각과 자기 인식을 가지고 행동한다. 타인을 해치거나 다른 사람과 싸우고자 하지 않으며, 그러지 않기 위해서 노력할 것이다. 그들의 행동은 '품위 있으며, 쾌활하게 협의회의 의식과 의례를 경험'할 수 있도록 하는 윤리규약에 기초할 것이다.

신선한 감상

자기 실현하는 사람은 아이의 눈으로, 삶의 아름다움에 기초하여 새롭게 감상하는 능력이 있다. 다른 사람에게는 세계가 아무리 무미건조할지라도 자기 실현하는 사람은 기쁨, 신선함, 놀라움을 가지고 세계를 바라본다. 위대한 음악을 듣거나 한순간에 많은 나비를 보게 되더라도 초유의 경험처럼 즐기고 놀라워한다.

동질화 · 공감 · 애착

자기 실현한 사람들은 자애롭고 다른 사람들을 도울 의지를 가지고 있다. 그들은 세상의 모든 사람들에게 한가족 의식을 느끼고, 인간을 자기 가족의 구성원으로 본다. 그들은 다른 사람의 부족한 점을 용서한다.

철학적 · 비적대적 유머감각

자기 실현한 사람은 다른 사람에게 상처를 주면서 조롱하지 않는다. 그들은 다른 사람들의 열등함을 웃음거리로 만들지도 않는다. 그들의 유머감각은 껄껄웃음보다는 미소를 끌어내는 우화, 이야기, 철학에 기초하고 있다. 주로 그들의 유머는 자연스러운 것이어서 환경이 바뀌면 반복할 수 없는 것이다.

리더로서의 성장을 위한 지원체계 구축하기

지원을 해주고 얻을 수 있는 체계적인 방법을 발달시키고 수행함으로써, 우리에게 적절한 지원을 얻고 기본적인 고립감을 느끼지 않을 수 있는 진정한 조치를 취할 수 있다.

에드워즈(2013)는 각자의 상황에 따라 다음과 같은 구조화된 인적 지원체계를 몇 가지 목적을 위하여 활용할 수 있다고 제안한 바 있다.

- 비슷한 개인적·직업적 관심을 갖고 있는 친구와 동료들과의 만남을 재발달시킬 수 있다.
- 교실이나 다른 과정에서 새로운 관계를 발달시킬 때, 자신이 스트레스를 받거나 긴장을 느끼거나 갈등상황에 처했을 때 자신의 지원 네트워크를 이용하라.
- 새로운 기술을 발달시킬 수 있는 아이디어가 있는 활동들을 하고, 자신의 개인적·직업적 숙련성에 기여할 수 있는 자원들을 확인하라. 자신이 효율적이고 지지적인 전문인으로 활동하는 데 더 확장된 지원 네트워크로 이끌어 줄 잠재적 원천인 동료들과 지도자를 참고하라.

이 활동은 4~6인으로 진행될 수 있는 소규모 집단활동이다. 다음 절차를 따라 진행된다.

자신의 강점 세 가지 적어보기

자신이 잘 하는 것이나 스스로에게 가치를 두는 것을 적어도 세 가지 적어둔다. 얼마 후 파트너를 정해서 자신의 강점을 말할 때 그 목록을 활용하라. 예를 들어, "나는 내가 정직하다는 것을 좋게 평가한다."라거나 "나는 아이들과 매우 잘 논다."와 같은 것이 있다. 자신의 강점을 극대화하는 데 이러한 기회를 활용할 수 있고, 이러한 강점을 가지고 있다는 점으로 자신을 긍정적으로 평가할 수 있다.

스트레스를 느끼게 하는 것 3가지 작성하기

스트레스는 우리가 이 지원을 필요로 하게 되는 주된 이유이다. 이것은 신체적, 환경적, 대인관계 혹은 일상생활에서 생길 수 있는 단순한 것일 수 있다.

파트너와 스트레스 요인 나누기

위에서 작성한 스트레스 요인에 대해 파트너와 몇 분간 이야기를 나눈다.

지원체계 작성하기

자신에게 지원을 제공하는 사람들을 찾아보라. 제공받은 경우 제공된 형식을 작성할 수 있고 특별한 영역에서 지원을 제공하는 사람들의 이름을 적을 수 있다.

파트너와 현재 지원체계에 대하여 공유하기

15~20분을 허용하여 모든 사람들이 형식을 완성했다면 파트너를 정하여 다음과 같은 질문을 나누어본다. 나의 현재 지원체계는 균형을 이루고 있는가, 나는 어떤 영역에서 더 많은 지원을 필요로 하는가, 나는 지원체계로부터 무엇을 얻으려고 하는가, 나는 다른 사람에게 무엇을 제공해야 하는가, 나의 지원체계를 어떻게 증가시킬 것인가, 나는 어떤 사람에게 너무 많이 짐을 지우고 있지는 않은가?

지원체계 평가 후 대집단과 공유하기

마지막으로 전체 집단에 참여하여 이 과정에서 들었던 어떠한 생각이나 발견, 느낌, 통찰을 서로 주고받는다.

새 시대의 창의적 리더 사례와 시사점 ● ● ● ●

가드너Gardner는 창의적 리더에 대해 다중지능의 관점에서 그들의 열망과 기질을 논한 바 있다. 감성과 사회적 네트워킹이 위력을 발하고 있는 21세기에 청년층에게 영감을 줄 수 있는 창의적 리더를 다양한 영역에서 선정해 보았다. 토랜스는 본

다음 표는 인간관계가 제공해 줄 수 있는 몇 가지 기능을 제시해 놓은 것이다. 아래의 설명을 읽고 자신의 인간관계에서 그러한 특징을 충족시켜 줄 수 있는 사람들의 이름을 적어라. 친구, 가족, 이웃, 동료들을 떠올려보라. 어떤 사람들은 하나 이상의 영역에서 떠올려질 것이다. 특별한 자원을 자신에게 제공해 주는 사람들을 떠올리기를 바란다.

기 능	지원의 유형	구체적 주변 인물
친밀함	■ 친밀함, 따뜻한 수용을 제공해 주는 사람 ■ 나의 느낌을 자유롭게 표현할 수 있도록 해주는 사람 ■ 내가 신뢰하여 기꺼이 나에게 다가올 수 있는 사람 ■ 나를 돌보고 배려해 주는 사람	
공 유	■ '같은 배를 타고 있어서' 또는 비슷한 상황에 있어서 비슷한 이해와 관심을 공유하고 있는 사람 ■ 비슷한 목표를 향하여 노력하고 있는 사람 ■ 나의 경험, 정보, 아이디어를 공유할 수 있는 사람 ■ 내가 부탁하고 부탁을 들어줄 수 있는 사람	
자기 가치	■ 학생으로서, 활동가로서 나의 역할에 따른 수행능력을 존중해 줄 수 있는 사람 ■ 내 역할에서 내가 일하는 것의 어려움과 가치를 이해해 주는 사람 ■ 특히, 내가 내 자신에 대하여 확신하지 못할 때 내 기술을 인식하고 존중해 줄 수 있는 사람	
위기 과부하	■ 위기 상황에서 내가 의지해서 도움을 요청할 수 있는 사람 ■ 가까운 개인적 관계를 맺고 있지는 않지만, 실제적인 서비스나 사용할 수 있는 자원이나, 가끔 특정한 문제를 해결하는 데 도움이 되는 전문가를 제공해 주는 사람	
자극하기 도전	■ 내가 새로운 방식으로 일을 할 수 있도록 자극을 주는 사람 ■ 나에게 도전의식을 주는 사람	

래 창의성이란 문화예술활동과 더 친밀한 개념이지만 시대적 변화를 읽고 이에 대응하거나 준비와 잠복기의 시기를 지나서 오는 깨우침을 '사토리悟り'를 찾는 것으

표 6-3	새 시대의 창의적 리더와 성과 분야		

분 야		창의적 문제해결	리더(출신국)	적용 지역
교 육	창의적 기술교육	팹 아카데미를 통한 지식과 기술 공유	닐 거센필드 (미국)	미국 보스턴, 유럽 전역(바르셀로나), 아프리카, 동남아시아, 한국(TIDE Institute)
	자연친화 운동	녹색학교 보급	존 하디(캐나다)	인도네시아 발리 외 30곳
환경 및 디자인	자원 재활용	폐전선 엮기 공예	마리사 조단 (남아프리카공화국)	남아프리카공화국
봉 사	개발도상국 지원	진부한 보건위생 마케팅전략 개선	멜린다 게이츠 (미국)	아프리카, 아시아의 저개발국
기 술	재활 공학	시각장애인을 위한 전자동화된 자동차	데니스홍 (한국)	미국*
문화예술	음악공연	민영 오케스트라 창단	금난새 (한국)	한국 유라시아필하모닉
비지니스	CEO 업무 지원서비스	불황기에 CEO SUITE 업무 빌딩 대여 및 토탈 업무지원 서비스 체제 구축	김은미 (한국)	인도네시아 외 아시아 전역

* http://www.ted.com/talks/dennis-hong-making a car-for-blind-drivers.html?guofe=980
자료 : http://www.ted.com ; 이현주(진행)(2012), 글로벌 성공시대, KBS.

로 표현했다. 사토리란 일본말은 '유레카'의 순간을 의미한다. 우리는 새 시대의 창의적인 사람들의 사례를 보고 그 상황을 탐구하면서 그들의 리더로서의 창의적인 과정단계를 고찰할 수 있다.

디지털 창의 산물의 공유체 팹 아카데미의 확산 : 닐 거센필드

팹 아카데미는 매사추세츠기술공과대학교MIT의 닐 거센필드 교수가 창의적 지식

자료 : TIDE Institute, SEOUL.

그림 6-1　팹 아카데미의 DIWO 프로그램-레이저 컷 작업

자료 : TIDE Institute, SEOUL.

그림 6-2　레이저 컷 작업으로 완성되어가는 루돌프 조형물

의 공유와 공동 개발이란 새로운 가치 추구를 위해 보스턴, 바르셀로나, 파리, 암스테르담, 도쿄, 오크랜드 등 전 세계 주요 도시에 자생적으로 생겨난 다양한 형태의 아카데미나 연구소와 MIT의 팹 아카데미교육과정을 공유하는 체계이다. 인터넷이 발명되고 클릭 한번으로 자신이 원하는 정보를 찾을 수 있는 시대가 도래됐지만 자신이 구상한 물건을 디지털 장비를 활용해 제작하는 능력을 고취하고 코칭하는 서비스는 철강왕 카네기가 최초로 공공도서관을 건립하고, 그 후 1,500여 개가 넘게 확산시킨 것처럼, 아직은 크게 활성화되지 않은 초기단계이다. 그러나 스페인 바르셀로나의 경우, 시의회 프로젝트 개발과 바르셀로나 팹 시티의 일환으로 바르셀로나에 있는 팹 아카데미교육과정에 장학금을 지급하고 있다. 바르셀로나의 경우 시의회, MIT 및 바르셀로나 팹 연구소, 기타 기관의 드라이브 실험실의 글로벌 네트워크로 운영되고 있다. 팹 아카데미는 팹 연구소의 교육과 원칙, 애플리케이션 및 디지털 제작의 의미와 네트워크 형성을 촉진하고 팹 연구소의 연구

기반을 위한 국제적인 네트워크를 위한 플랫폼의 역할을 수행하고 있다. 가장 활성화되어 있는 바르셀로나의 경우 팹 아카데미의 프로그램 완료 후 수료자는 팹 연구소의 새로운 지역 네트워크의 코디네이터나 사회복지사로 지원하게 된다. 한국에서는 TIDE Institute에서 청년 창업 지원프로그램인 스타트업Startup과 병합하여 정부출연기관의 지원으로 고훈민 연구원의 주도하에 팹 아카데미 프로그램이 도입되었고(그림 6-1, 6-2 참조), 2013년 들어 삼성전자의 C랩 건립뿐 아니라 일부 장애인 복지기관 등에서도 확산될 조짐이 보인다(http://wikiseoul.com/ideas/791/#. ULrikFgaOrh).

녹색학교의 꿈 실현 : 존 하디

캐나다의 매우 작은 마을에서 자랐던 존 하디John Hardy는 진단되지 않은 난독증 환자였기에 학교에서 참으로 힘든 시간을 보냈다. 25살에 인도네시아 발리로 떠나 가정을 꾸린 그는 어느 날 아내의 권유로 내키지 않았던 다큐멘터리 영화, 〈불편한 진실〉을 봤다. 전 미국 부통령인 엘 고어가 지구 온난화에 대해 다룬 이 영화를 본 후, 그는 여생 동안 세상을 변화시키기 위해 무엇이든 해보자는 결심을 하게 된다. 지역사회에 뭔가를 환원하고자 하는 결심으로 발리의 중남부 지역 롤링 가든에 약 8만m² 규모의 '녹색 학교'를 지었다. 매우 친환경적 학교로 교실에는 벽이 없고, 자연 채광이 들어오는 아름다운 교실의 책상은 사각형 모양이 아니다.

교실의 통풍을 위해 천연 목화와 고무나무에서 나온 고무로 만들어진 돔 설치, 두 개의 특별 수업, 즉 '사포질'과 '재왁스질' 수업을 통해 만든 책상, 대체 에너지 회사의 도움으로 태양 에너지를 사용할 수 있게 세계에서 두 번째로 만들어진 소용돌이에서 8,000와트의 전기 생산, 물을 아낄 수 있는 퇴비 화장실, 자동차 전면 유리 뒤에 종이를 붙이고 만든 대안적 화이트보드 등 새로운 시도를 통해 아이들은 자기들이 세상을 제어할 수 있다는 걸 배우게 된다. 녹색 학교의 모든 담장은 친환경이라 학교의 물소는 저녁 식사로 타피오카로 만들어진 담장을 먹으려고 한다. 정원은 교실 가장자리까지 연결되어 씨앗을 뿌려서 조경으로 활용하고 흑돼지를 위한 공간도 마련해 주었다.

녹색 학교는 지역과 세계에 있는 개척자들의 공간이다. 세계화된 세상 속에 있는 일종의 작은 세계로, 전 세계의 25개 국가에서 온 160명의 학생과 함께 삼 년째에 접어들었다. 이곳은 읽기, 작문, 산수를 배우지만 대나무 건물에 대해서도 배우고 고대 발리 예술도 배운다. 교사 구성도 다양하여 세계 곳곳에서 자원봉사 교사가 온다. 난독증이라는 다른 학습방식을 가진 아이들이 '우린 난독難讀증 대신 애독愛讀증'이라고 얘기할 만큼 그 아이들은 아름다운 교실에서 너무나 잘 성장해가고 있다. '학교의 심장'이라 불리는 이중 나선 구조의 행정실은 7km에 달하는 대나무가 있고, 세계에서 가장 아름다운 대나무 건축물로 불리게 되었다. 이 녹색 학교는 발리를 위해 만든 모델뿐만 아니라 세상을 위해 만든 모델이다. 지역사회와 함께 할 것, 환경을 우선순위로 둘 것, 그리고 우리 후손들이 어떻게 건물을 지을 것인지 생각해 보는 것이 주요 원칙이다. 힘들었던 학창시절을 보냈던 하디는 창의적인 아이디로 녹색 학교를 창안하고 전 세계에 또 다른 50개의 녹색 학교를 건립하는 것을 목표로 네트워킹을 도모하는 창의적 리더십을 실천하고 있다.

개발도상국 지원 : 멜린다 프렌치 게이츠

멜린다 프렌치 게이츠Gates는 게이츠 재단에서 콘돔이나 백신을 개발도상국 사람들에게 전달하는 일을 하면서 상당히 정기적으로 개발도상국들을 여행하였다. 그녀는 여행을 끝내고 돌아오면서 비행기 안에서 이런 의문을 가졌다. "코카콜라는 도대체 어떻게 하여 전 세계로 확산된 걸까?" 코카콜라는 지구 상에서 15억 인분의 콜라를 매일 판매하고 있다. 지구 상의 모든 남자, 여자, 아이들이 일주일에 일인분의 콜라를 마실 수 있는 양이다. 코카콜라가 할 수 있다면, 정부와 NGO는 왜 못하는 걸까? 그녀는 만약에 코카콜라의 성공 비결을 이해할 수 있다면, 그 교훈을 공익을 위해서도 적용할 수 있다고 생각한 것이다. 멜린다는 코카콜라의 성공에 의미를 두고 이를 분석하고 배움으로써, 생명을 살리는 그녀의 구호사업에 창의적으로 활용하였다. 멜린다가 코카콜라로부터 배워야 할 것으로 꼽은 세 가지는 실시간 자료 분석, 재능 있는 사업가 활용, 마케팅이었다.

실시간 자료의 활용

코카콜라는 실시간 자료를 분석해서 이를 제품에 즉시 적용한다. 또한 지역의 재능 있는 사업가를 활용하여 엄청난 마케팅을 한다. 콜라는 매우 명확한 순익을 가져와야 하며 주주집단에게 이익을 보고하고 자료를 분석해서 상황을 평가하는 데 끊임없는 피드백이 반복된다. NGO에서 일하는 어떤 사람은 자신들의 일을 어둠 속에서 볼링을 하는 것에 비유한다. 그들이 말하길 "공을 던지고, 핀이 넘어지는 소리를 듣지요. 어두워서 어느 핀이 넘어졌는지는 불이 켜진 이후에 알 수 있죠. 그제야 자기가 한 일이 끼친 영향을 볼 수 있지요." 그러나 실시간 자료가 그들에게 불을 밝혀주게 되었다.

전문 마케터의 활용

코카콜라가 잘하는 두 번째 일인 지역의 재능 있는 사업가를 잘 이용하는 것을 벤치마킹하여 정부와 NGO들도 지역의 재능 있는 전문가들을 활용해야 한다고 멜린다는 생각하였다. 그들은 접근하기 힘든 곳과 그 이웃에 어떻게 접근해야 할지 알고 있고, 변화를 일으킬 수 있는 동기부여방법을 알기 때문이다. 이를 보여 준 아주 좋은 예가 에티오피아의 새 보건요원 프로그램이다. 3만 5,000명의 보건요원을 양성하여 국민들에게 의료를 직접 제공했다. 겨우 5년 만에 보건요원당 국민 수는 3만 명에서 2,500명까지 줄어들었고, 에티오피아는 아동사망률 숫자가 2000~2008년 사이에 25% 감소하였다.

혁신적인 마케팅 캠페인 활용

마케터는 자기 상품을 사람들이 원하는 삶에 연계시킨다. 코카콜라는 세계적인 회사이지만, 매우 지역적으로 접근을 한다. 코카콜라가 월드컵 캠페인을 위해 만든 노래, 〈깃발을 흔들며〉를 한 소말리아 힙합 가수가 불렀다. 이 노래는 18개의 언어로 번역됐고, 17개 국가의 팝 차트에서 1위에 올랐다. 1971년 코카콜라 광고 노래인 〈세상에 노래하는 법을 가르치고 싶다〉도 팝 차트 1위에 올랐다. 두 노래가 갖는 공통점이 있다. 축하와 화합이었다. 그러나 보건과 개발의 마케팅은 열망이 아니라, 회피에 기반을 두고 있다. 바로 이런 메시지들이다. "콘돔을 사용하면 에이즈에 걸리지 않는다", "손을 씻으면, 설사에 걸리지 않을 수 있다" 그러나 긍정적으로 반전된 메시지는 효과적이었다. "남자가 포경수술을 받으면 HIV 감염률이 60% 감소한다." 게이츠 재단에서 이 통계를 처음 들었을 때, 의심스러웠지만 그 사실을 알게 된 남자들은 수술을 받고 싶어 하는 것으로 나타났다. 왜냐하면 여자 친구들이 모두 그 편을 선호하고, 남자들도 그게 성생활에 도움이 된다고 믿었기 때문이다. 사람들이 보건 및 개발 분야에서 진정 원하는 것을 이해하기 시작할 수 있다면, 우리는 지역사회를 변화시킬 수 있고, 국가 전체를 변화시킬 수 있다는 것을 체험했다.

멜린다는 지난 20년 동안 99% 감소한 소아마비에 대한 과제들 중 하나도 여전히 마케팅이라고 생각하였다. 왜냐하면 최근 소위 '소아마비 피로 현상'이란 것이 생겼기 때문이다. 이 현상은 기부국들이 더 이상 소아마비 문제에 자금을 대고 싶어 하지 않는 현상이다. 구조와 사회복지 분야에 세계 굴지 기업의 마케팅 전략을 활용하는 기지를 발휘한 멜린다 게이츠는 마케팅이 조금 더 열정적이었다면, 단체가 공동체로서 얼마나 많은 일을 할 수 있는지, 이 질병을 박멸할 수 있으면 얼마나 파급 효과가 큰지에 집중한다면, 소아마비 피로 현상과 소아마비를 극복할 수 있을 것이다고 확신하였다(http://www.ted.com).

혁신적 디자이너 : 마리사 조단

마리사 조단Marisa Fick Jordan은 남아프리카공화국의 더반 출신 제품디자이너이며 전통적 기술과 최첨단 디자인의 혁신적 결합을 추구한 여성이다. 남아프리카에서는 선wire을 장식용으로 사용한 것이 수백 년의 역사를 갖는다. 현대화 과정은 선을 이용해 '통신'을 이룰 뿐 아니라 '전선'이라는 완전히 새로운 재료를 가져다주었다. 시골에서 도시로의 인구이동이 진행됨에 따라 제작자들이 자연에서 풀을 구하기 어려워지자 이러한 새로운 산업재료들이 그 자리를 차지하게 된 것이다. 현대적인 재료를 사용한 이 제품들은 1940~1950년대 후기에 생산되었다. 1990년대에 과도기적인 미술 형식에 대한 관심과 열정을 갖고 있었고, 그로 인해 남아프리카공화국 더반 시 외곽의 판자촌으로부터 유래한 새로운 미술 형식을 접할 수 있었다. 그 후 조단은 이 지역사회와 함께 일할 수 있는 기회를 갖게 되었으며, 사업의 규모나 디자인에 대하여 개발하고 멘터링하기 시작했다. 그 후 프로젝트는 1년 만에 제작자가 5명에서 50명으로 늘어나게 되었다. 곧 그녀는 사용할 수 있는 폐전선을 다 소모해 버리게 되었고, 선 제조업자에게 압력을 넣어 그들을 지원하고, 케이블 릴에 감겨 있는 케이블을 공급할 뿐 아니라 그들에게 필요한 색상도 생산하라고 요구하는 입장에 서게 되었다. 산업폐기물을 창의적으로 활용해 새로운 공예품제작 공동체를 형성한 마리사 조단의 리더십으로 원주민들은 일주일 단위로 더반을 방문하며, 모두 은행계좌를 갖게 되어 차츰 생활이 윤택해지고 있다. '발견에의 참 여행은 새로운 풍경을 찾는 게 아니라 새로운 시각을 갖는 것'이라는 프로스트M. Proust의 말처럼 창의적 리더는 주변 상황에 대한 새로운 시각을 가지고 대처해 나가야 할 것이다(http://www.ted.com).

다음 표에서 빈칸에 들어갈 내용을 생각해 보고 적절한 내용을 채워 보자.

분야		리더	창의적 문제해결
교육	창의적 기술 교육	닐 거센필드	
	자연 친화운동	존 하디	
환경 및 디자인	자원재활용		
봉사	개발도상국 지원	멜린다 게이츠	진부한 위생 마케팅전략 개선
기술	재활 공학		
자신의 삶	개인적 성장	문제 진술	창의적 문제해결
	직업적 (전문적) 성장		

 참고문헌 reference

전경원(2008). 창의성 교육의 이론과 실제. 창지사.

에드워드 L. 지음, 김명희 · 주은희 · 박선희 · 신동은 · 박성은 옮김(2013). 다중지능으로 풀어본 창의예술.
　　아카데미프레스.

이현주(진행). (2012-2013). 글로벌성공시대. KBS.

Balkin, A.(1990). What is creativity and what is it not? *Music Educators Journal, May*, pp. 30-31.

Csikszentmihalyi, M.(1997). *Creativity flow and the psychology of discovery and invention*. New York
　　HarperCollins.

Daniels, S.(1995). *Images of creativity: The relationship of imagery, everyday cognition, and the cre-
　　ative potential of high school students with exceptional abilities in the arts and sciences*. Un-
　　published doctoral thesis, University of Wisconsin, Madison.

Danniels, S.(1997). Creativity in the classroom: Characteristics, climate and curriculum. In N. Colangelo
　　& G. Davis (Eds.), *Handbook of gifted education*. Boston: Allyn & Bacon.

Davis, G.(2000). *Creativity is forever* (4th ed.). Dubuque, LA: Kendall/Hunt.

Edwards, L.(2000). *Affective development and the creative arts: A process approach to early child-
　　hood education* (3rd ed.). Upper Saddle River, NJ: Merrill/Prentice Hall.

Edwards, L.(2010). *The creative arts : A process approach for teachers and children*. 5th ed. NJ:
　　Pearson Education, Inc.

Franken, R. E.(1994). *Human motivation* (3rd ed.). Pacific Grove, CA: Brooks/Cole.

Gardner, H.(1973). *The arts and human development*. New York: Wiley.

Gardner, H.(1983). *Frames of mind: The theory of multiple intelligences*. New York: Basic Books.

Gardner, H.(1987). Developing the spectrum of human intelligences. *Harvard Educational Review, 57*,
　　pp. 187-193.

Levinson, M. H.(1997). Mapping creativity with a capital "C". *ETC: A Review of General Semantics,
　　54*(4), 447(7).

Maslow, A.(1970). *Motivation and personality* (2nd ed.). New York: Harper & Row.

Maslow, A.(1971). *The farther reaches of human nature*. New York: Viking.

Prince, G.(1982). Synectics. In S. A. Olsen (Ed.), *Group planning and problem solving methods in engineering*. New York: John Wiley and Sons.

Torrance, E.(1962). *Guiding creative talent*. Upper saddle River, NJ: Prentice Hall.

Torrance, E.(1979). *The search for satori and creativity*. Buffalo, NY: Creative Education Foundation.

Torrance, E.(1984). Teaching gifted and creative learners. In M. Wittrock (Ed.), *Handbook of research on teaching*, pp. 46-51. Chicago: Rand-McNally.

Torrance, E.(1992). Cited In Hill, R., *Finding creativity for children*. paper prepared for the Leadership Accessing Symposium, Lafayette, IN. (ERIC Document 348, 169).

Torrance, E.(1995). *Creativity in the classroom*. Washington, DC: National Education Association.

Torrance, E.(2000). *On the edge and keeping on the edge*. Norwood, NJ: Ablex.

Wallas, G.(1926). *The art of thought*. New York: Harcourt, Brace.

http://wikiseoul.com/ideas/791/#.ULrikFgaOrh

http:// www.ted.com

PART 03

대학생
리더십의 실천

THE STUDENT LEADERSHIP GUIDE

CHAPTER 07

가족생활과 리더십

인간 모두에겐 자신을 세상에 있게 해주신 부모님이 계시고 많은 사람들이 성장하여 결혼하며 부모의 역할을 경험하게 된다. 인간의 전 생애 삶과 성장에 있어서 가족의 영향력이 크고 발달에 많은 영향을 주기 때문에 건강한 가족을 만들어가는 가족구성원의 노력이 중요하다. 그러기 위해서는 각자 자신의 가정을 돌아보며 반성하고 미래의 가정을 바람직하게 이끌어 가기 위해 필요한 지도력, 다시 말해 가정에서의 리더십을 만들어 가는 것이 필요하다. 이 장에서는 그동안 자신이 성장하면서 경험한 가족생활을 통해 행복한 미래의 가정을 준비하기 위해 필요한 부모로서의 리더십을 탐색해 보고자 한다.

가족생활에서 리더십의 필요성

가정은 인간관계가 출발, 형성되는 장소이고 믿음과 신뢰의 출발지이자 완성지라고 에디 쉐이퍼가 말했다. 유아기 때의 아기가 엄마 또는 아빠 사이에서 갖게 되는 첫 번째 인간관계는 너무나 중요해서 유아의 감정과 성격에 영향을 미치며, 성장한 후의 인간관계에도 지속적인 영향을 미친다. 엄마와 아기 사이의 유대감은 '애착attachment'이라고 불리며 이는 동물에게서도 발견되는데, 어떤 동물들은 태어나서 눈을 뜨고 처음 본 대상에 대한 애착을 형성하게 된다고 한다. 각인이론의 학자 로렌츠는 어미 청둥오리가 낳은 알을 둘로 나누어 하나는 어미 오리가 부화하게 하고 다른 하나는 로렌츠 자신이 직접 부화시켰다. 그 결과 로렌츠가 부화시킨 청둥오리 새끼들은 그를 어미 따르듯 졸졸 따라다니는 행동을 보였는데, 이는 그 대상에 애착된 것이다.

동물과 달리 사람에게 있어 애착은 아기를 돌보아 주는 양육자의 질적인 상호작용에 따라 여러 가지 유형으로 형성되는데 안정형, 불안형, 회피형 등으로 나누어진다. 아기와 엄마가 긍정적인 애착을 형성했을 때 안정형 애착 유형이 보인다. 엄마와 안정 애착을 형성한 아기는 엄마로부터 사랑을 받았던 경험을 통해 자신을 사랑하고 다른 사람을 존중하는 사람으로 성장한다. 반면, 불안형 또는 회피형 애착을 형성한 아기는 다른 사람을 완전히 신뢰하지 못하고 자존감이 낮은 어른으로 성장하는 경향이 있다. 우리가 어렸을 때 형성한 애착 유형은 현재의 나를 만들어서 성인이 된 후 다른 사람과의 인간관계에 영향을 준다. 한 가지 예로 애착 유형이 현재의 이성친구와의 관계에 어떠한 영향을 주는지 간단하지만 재미있는 이성 간의 애정관계 테스트(Child of Our Time, 2005)를 해보자.

이성 간의 애정관계 테스트

스스로의 남자친구(또는 여자친구)에 대해서 생각해 보고 관계를 묘사하는 단어(예 : 가까운, 친밀한, 구속하는, 자유로운 등)를 적어보세요. 이제 다음 중 당신은 어떤 유형에 속하는지 결정하세요.

A타입

나는 남자친구(또는 여자친구)와 가까이 있는 것을 조금 불편하게 느낀다. 남자친구(또는 여자친구)를 완전히 신뢰하고 의지하기 힘들다. 누군가와 너무 가까워지려 하면 마음이 불안해진다. 남자친구(또는 여자친구)는 종종 내가 편안하게 느끼는 정도보다 조금 더 친밀해지기를 원한다.

B타입

나는 쉽게 남자친구(또는 여자친구)와 친해지는 편이다. 남자친구(또는 여자친구)에게 의지하고 남자친구(또는 여자친구)가 나에게 의지하는 것을 편하게 느낀다. 나는 남자친구(또는 여자친구)에게서 버림을 받는다거나 너무 가까워지는 것에 대해서 걱정하지 않는다.

C타입

남자친구(또는 여자친구)는 내가 가까이 지내기를 원하는 만큼 나와 가까워지려고 하지 않는다. 나는 때때로 남자친구(또는 여자친구)가 나를 진정으로 사랑하지 않거나 나와 함께 있고 싶어하지 않을까봐 걱정한다. 나는 남자친구(또는 여자친구)와 가까워지고 싶은데, 가끔씩 남자친구(또는 여자친구)는 나에게 질려서 멀어지기도 한다.

당신은 A, B, C 중 어느 유형에 속하는가?
자, 이제 당신이 속한다고 생각한 이성관계의 유형을 알아봄으로써 어렸을 때 부모님과 형성한 애착의 유형을 살펴보자.

A타입 : 회피형

약 4분의 1 정도의 사람이 회피형 애착이 되는데, 이 유형의 사람은 남자친구(또는 여자친구)와 거리를 유지하는 것을 선호한다. A타입의 사람은 가장 가깝고 사랑하는 사람이라도 완전히 신뢰하지 않으며 자신만의 자유로운 삶을 좋아한다. 여러 사람과의 만남을 가질 수 있지만 누구와도 진정한 관계를 맺기는 어려울 수 있다. 반면 걱정이 많은 사람이라면 누군가를 사귀고 싶지만 두려워하거나 경계를 해서 관계를 어렵게 만든다. 회피형에 속하는 사람이라면 마음을 열고 신뢰하는 것을 배울 필요가 있다.

B타입 : 안정형

반 정도의 사람은 안정형 애착에 속하는데, 이 유형의 사람은 남자친구(또는 여자친구)와 오래 지속되는 관계를 갖고 상대방을 신뢰하며 성생활을 즐기는 경향이 있다. 상대방에 너그럽고 감정을 공유하며 스스로의 감정에 충실하고, 남자친구(또는 여자친구)를 잃을까 두려워하지 않는다.

C타입 : 불안형

이 유형에 속하는 사람은 남자친구(또는 여자친구)를 잃을까 두려워하기 때문에 관계가 깨지는 경향이 있다. 불안한 마음은 자신을 외롭게 만들고 상대방이 가진 부정적인 감정을 실제보다 확대 해석하기도 한다. 불안형 유형의 사람은 아무에게나 모든 것을 이야기하고 다른 사람들이 자신에게 솔직하기를 바란다. 불안형이라면 스스로를 더 사랑하고 남에 대한 기대나 요구는 줄이는 노력을 해야 한다.

지금까지 부모와 형성된 애착의 유형에 따른 이성친구와의 관계에서의 유형을 살펴보았다. 대부분의 사람들은 세 가지 유형을 복합적으로 가지고 있는 경우가 많다. 즉, 어떤 면에서는 안정형이지만 어떤 면에서는 회피형이거나 불안형일 수도 있다. 그리고 내가 만나고 있는 사람이 애착의 어떤 유형인지도 둘 사이의 관계에 영향을 준다. 예를 들어, 회피형이나 불안형에 속하는 사람이라도 안정형의 사람을 사귀면 안정적인 관계를 유지하며 관계를 오래 유지할 수 있기 때문이다. 이처럼 생애 초기에 가정에서 형성된 애착관계는 성인이 되어서 갖게 되는 인간관계에 영향을 주지만 성인이 되어서 어떤 사람을 만나는가에 따라서 또한 자신을 뒤돌아보고 변화하려는 노력의 자세에서 긍정적인 인간관계를 형성할 수 있다.

가정에서 이루어진 첫 번째 인간관계(애착)가 성인기 인간관계에 영향을 주는 것과 같이 인간의 지능과 인성이 대부분 완성되는 유아기는, 특히 부모의 양육방식과 리더십에 큰 영향을 받는다. 가정에서의 리더십을 말하기 위해서 부모되기 또는 아이를 키운다는 것이 어떤 의미인지 생각해 볼 필요가 있다.

가족생활에서 부모되기

아이를 낳아 키우는 것은 사람뿐 아니라 동물들도 종족의 번식을 위해 행하는 본능적인 행동이다. 세상에 나와 똑같이 생긴 사람이 없듯이 모든 생명체는 부모로부터 받은 DNA의 새로운 조합으로 부모조차도 예측할 수 없는 생명체로 태어난다. 따라서 아이들은 어떤 날은 아빠나 엄마와 닮은 행동과 생각을 하다가도 언젠가 아무도 예측하지 못했던 일을 하고 싶어하고 이해하기 힘든 행동을 하기도 한다. 아마 누구나 살아오면서 한번쯤은 부모님께 "넌 누굴 닮아서 그러니?"라는 말을 들어본 적이 있을 것이다. 아마 궁극적인 부모의 역할은 자녀가 스스로를 만족해하고, 친구들과 행복하게 지내며, 활동적이고 자신감 넘치게 성장하도록 지원하는 것이다. 부모에 따라서 아이들이 가정에서 무엇을 배워가는지 도로시 L. 놀테의 〈아이들은 삶 속에서 배운다〉의 일부를 통해 살펴보도록 하자.

만일 아이가 비판 속에서 자라면
그 아이는 비난하는 걸 배운다.

만일 아이가 두려움 속에서 자라면
그 아이는 걱정부터 배운다.

만일 아이가 수치심 속에서 자라면
그 아이는 죄책감부터 배운다.

그러나 만일 아이가 참을성 있는 부모 밑에서 자라면
그 아이는 인내심을 배운다.

만일 아이가 격려 속에서 자라면
그 아이는 자신감을 배운다.

만일 아이가 다정한 분위기 속에서 자라면
그 아이는 세상이 살아갈 만한 멋진 곳임을 배운다.

당신의 아이들은 지금 어떤 환경 속에서 자라고 있는가?

이 글을 읽고 나서 지금까지 자신이 자라오면서 가정에서 경험한 바는 무엇이

생각해 보기

■ **나의 가정 돌아보기**

내가 자라온 환경은 나를 어떠한 사람으로 자라게 했다고 생각하나?

■ **나의 미래 가정 만들기**

● 미래에 내가 원하는 가정의 모습을 그려보자. 나의 가정에서 가장 중요한 것은 무엇인가? 당신이 부모가 된다면 당신의 아이를 위해 어떠한 환경을 만들어 주고 싶은가?

● 그러한 가정을 만들고 가꾸어 나가기 위해 아버지 혹은 어머니/남편 혹은 아내로서 어떠한 모습이나 행동이 필요하다고 보는가?

며 어떠한 걸 배웠고 어떠한 점은 배우지 못했는지 돌아보도록 하자. 미래에 내가 원하는 가정의 모습과 그러한 가정을 만들기 위해 필요한 리더십은 무엇일지 생각해 보자. 생각해 보기의 각 항목에 대해 개별응답을 한 후 조별토의를 통해 공통으로 나온 내용이나 중요하다고 생각되는 내용을 조별로 정리해서 발표해 보자.

리더십 있는 부모되기

매일의 삶 속에서 리더십 있는 좋은 부모가 되기 위해서는 자신이 어떠한 역할을 해야 하는지 알고 그에 따른 준비가 필요하다. 다음에서 부모가 자녀의 삶에 긍정적인 멘토가 될 수 있는 구체적인 기술을 살펴보도록 한다.

부모로서 자녀의 발달단계에 따른 자신의 역할에 대한 이해

부모의 역할은 자녀의 요구에 따라 다르기 때문에 자녀의 성장과정에 따라 변화하는 것이 바람직하다. 대부분의 부모는 자녀를 올바르게 양육하고 싶어하는 마음은 있으나 실천하는 것은 어려운 일이다. 그 큰 이유는 그들의 발달단계에 대한 이해를 소홀히 하는 데서 야기되는 경우가 많은데, 자녀의 발달단계에 따라 요구되는 아버지와 어머니의 역할이 달라지기 때문이다. 예를 들어, 출산 후 한 달된 신생아를 둔 엄마들은 보통 임신기간과 분만 중 스트레스, 육아 스트레스와 출산 후 급격한 호르몬 변화로 산후 우울증을 경험하는 경우가 많다. 이때 아빠는 가정에 돌아왔을 때 아기의 양육에 적극적으로 참여하여 아내의 육아 스트레스를 덜어주는 노력이 필요하다. 엄마는 남편이 아빠로서 아기를 안아 주고, 우유를 먹이고, 함께 놀아주고, 목욕시키는 모습을 보며 육아의 부담을 덜 뿐 아니라 육아에 있어 남편에게 정서적인 의지를 할 수 있다. 즉, 아빠의 육아에서의 적절한 역할 분담은

표 7-1 갈린스키의 부모기 6단계와 각 단계에 따른 역할

단계	역할수행의 내용
이미지 형성단계	■ 임신기간 동안 태어날 자녀를 중심으로 부모 자신의 이미지를 형성하고 수정해 가는 과정 ■ 임신의 수용, 부모가 될 준비, 출산의 준비 등이 포함
양육단계	■ 출생에서부터 약 18개월 내지 만 2세가 될 때까지의 단계 ■ 출산에 대해, 자녀에 대해, 부모로서 스스로에 대해 이미 형성되어 있는 이미지와 자신의 실제 경험을 비교해 나가며, 출산, 애착 형성, 유아의 양육 등의 역할을 수행해 나가는 과정 ■ 새로운 역할을 받아들이는 동시에 출산으로 인한 가족 내의 불균형을 바로 잡고 자신의 정체감이 균형을 이루도록 노력해야 함
권위 형성단계	■ 자녀의 나이가 만 2세경부터 만 4, 5세까지의 단계 ■ 자녀에게 한계를 설정하고 강화하기도 하며 자율과 책임의 양면성 사이에서 부모로서의 권위를 형성해야 하는 단계 ■ 부모는 자녀와 좀 분리되는 듯한 느낌을 가지게 되며, 자녀가 정말로 자신의 연장이 아니라는 것을 이해하기 시작해야 함
설명단계	■ 만 5세에서 초등학교 시기까지의 자녀를 둔 부모의 시기 ■ 부모는 여러 가지 현실을 설명하고 연결해 주는 역할을 하게 됨 ■ 분리와 결속, 걱정과 기대를 중심으로 자신들의 지나온 부모기를 평가하고, 새로운 단계에 대비하게 되는 등 이 과정을 통해서 부모는 변화를 겪게 됨
상호의존단계	■ 자녀의 십대 시기 동안 계속되는 단계 ■ 성인이 되어가며 행동과 감정이 급격히 변하는 자녀에게서 느껴지는 놀라움 또는 충격을 중심으로 새로운 관계를 수립하기 위해 다른 의미의 권위를 형성해야 하는 단계 ■ 자녀의 정체감을 수용하여 자녀와 새로운 결속을 형성함으로써 다음 세대를 살아갈 자녀를 독립된 인격체로 인정해야 함
떠나보내는 단계	■ 자녀의 청년기에 해당되며, 자녀가 집을 떠나는 시기 ■ 부모기의 모든 경험을 평가하고 자녀의 떠남에 대해 준비하며 수용하고 적응해야 하는 단계 ■ 우선 일어나는 상황에 대해 떠남에 대한 자신의 이미지를 적응해 나가야 하고, 성인이 다 된 자녀의 부모로서 자신을 재정의하며, 한 자녀의 부모로서 전반적인 성취와 실패를 평가하게 됨

자녀와의 유대감을 형성할 뿐 아니라 건강한 가족생활의 리더십을 발휘할 수 있는 기회가 된다.

부모의 역할은 한마디로 정의내리기 어려우며, 자녀를 양육하는 데 어떠한 법칙도 없다. 하지만 리더십 있는 부모가 되려면 태내기, 신생아기, 영아기, 걸음마기, 유아기, 아동기, 청년기 등 자녀의 발달단계를 이해해서 그에 적절한 부모의 역할을 수행하는 것이 필요하다.

갈린스키(Gallinsky, 1992)는 부모로서의 역할 수행을 여섯 단계로 설명했는데, 각 단계에 따른 부모의 역할 수행은 자녀의 생애주기에 따른 발달단계에 기초해서 설명되고 있다.

인간의 발달은 그림 7-1의 여러 방향으로 뻗어가는 나뭇가지와 같이 신체, 인지, 사회성, 정서발달 등의 발달 영역이 전 생애에 걸쳐서 노출되는 경험과 상황

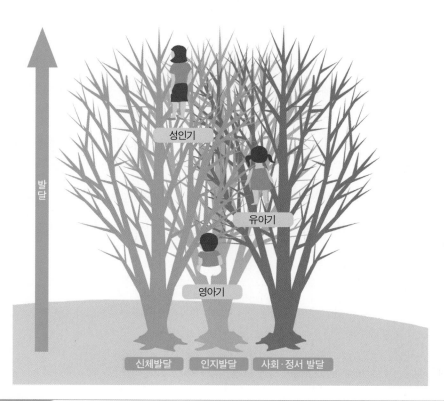

그림 7-1 생애주기에 따른 인간의 발달

context에 따라서 발달할 수 있는 잠재성이 있다고 했다. 이 그림에서 각 나뭇가지는 각 발달단계에서 발달가능한 잠재적 기술을 말한다. 나뭇가지들이 교차되는 모습은 인간의 신체, 인지, 정서, 사회성 발달이 서로 연관되어 있음을 알 수 있다. 따라서 부모는 자녀의 발달을 끊임없이 관찰하고 자녀가 가지고 있는 무한한 잠재성이 발현될 수 있는 환경을 제공해 주도록 노력하는 것이 바람직하다.

자녀에게 인생의 코치 되어주기

자녀의 바람직한 성장을 위한 좋은 환경으로서의 부모는 자녀에게 코치가 되도록 노력하는 것이다. 랄프 왈도 에머슨은 "교육의 비밀은 학생을 존중하는 데 있다."고 했다. 이 말은 부모가 자녀를 긍정적인 방향으로 이끌고자 할 때 명심해야 할 말이다. 가르침의 바탕이 존중이듯이 부모가 자녀를 코치하기 위해서 우선 그들이 자신이 원하는 것을 해낼 수 있다는 신뢰에서 시작해야 한다. 누군가를 신뢰하고 나서야 다른 사람의 행동과 말을 감시하고 지적하는 '감시자'에서 벗어나 자녀에게 현재 필요한 조언을 할 수 있는 '코치'로 역할을 수행할 수 있다.

비판자가 아닌 코치가 되기 위한 행동 전략을 다음의 상황에서 구체적으로 살펴보도록 하자.

생각해 보기의 각 항목에 대해 개별응답을 한 후 조별토의를 통해 공통으로 나온 내용이나 중요하다고 생각되는 내용을 조별로 정리해서 발표해 보자.

생각해 보기

자신이 부모님과 있었던 갈등 상황에서 부모님께 들었던 말 중 부모님이 감시자로 느껴지고 상처받았던 말들을 떠올려보고 적어보도록 하자.

자신이 부모님으로부터 듣고 싶었던 말들로 고쳐보도록 하자.

이 말들은 코치가 해야 할 말이라고 생각하는가?

초등학교 2학년 아이가 학교에서 70점을 받은 수학시험지를 책상서랍 속에 숨겨둔 것을 우연히 발견하였다. 수학시험을 본 지도 몰랐던 엄마는 아이가 수학을 잘 한다고 생각해 왔다. 아이가 학교에서 돌아왔을 때 어떻게 이야기하면 좋을까?

감시자가 되어 하지 말아야 할 말과 행동	코치가 해야 할 말과 행동
(잘못에 초점을 맞추어 야단친다)	(교훈에 초점을 맞추고 해결방법을 묻는다)
"수학을 누굴 닮아서 이렇게 못하니?"	"수학 성적을 올리기 위해 어떻게 할 생각이니?"
"수학시험 본다는 이야기는 왜 안했니? 그리고 시험지는 왜 감추었니?"	(미래의 행동을 제안한다)
('이렇게 했어야지' 표현을 사용한다)	"오늘부터 텔레비전은 숙제를 끝낸 다음에 보는 것으로 하자."
"그렇게 놀지만 말고 수학 공부를 열심히 했어야지."	('앞으로는'이라는 표현을 사용해 미래를 준비하게 한다)
('했어야 했다'라는 표현을 사용한다)	"앞으로 수학문제 풀다가 어려우면 엄마에게 도와달라고 하렴."
"모르는 문제가 있으면 말을 했어야지."	"앞으로 엄마에게 숨기는 것은 없으면 좋겠구나."
(계속 비판해 패배감을 안겨준다)	(코치 역할을 하며 교훈을 얻도록 돕는다)
"이렇게 형편없는 성적을 받아오다니 정말 실망이다."	"이번에 수학 성적을 받아보고 네가 앞으로 수학시험 준비를 더 열심히 할 거라고 믿는다."

경청하고 말하기

아이를 양육하면서 아이가 무엇을 생각하고 말하려고 하는지 경청하고 반응할 수 있는 부모의 자세가 필요하다. 겉으로 나타나는 메시지가 아니라 내면의 메시지를 듣고 자녀와 대화할 때 비소로 소통이 이루어지기 때문이다. 토마스 고든(Tomas Gordon, 1970)은 인본주의 부모교육이론과 유아발달이론에 기초하여 부모효율성훈련PET : Parent Effectiveness Training 프로그램을 개발하였다. 고든 박사는 부모에게 자녀와 대화하는 방법을 가르치는 것이 부모-자녀 관계를 올바르게 정립하고 좋은 부모 역할을 수행하기 위해 가장 필요하다고 생각했다. PET에 따르며 자녀와의 효율적인 의사소통을 위해 부모는 적극적 경청active listening을 하는 것이 필요하다. 적극적 경청은 조용히 듣기만 하는 수동적인 것이 아니라 자녀가 말하는 내용을 이해하고 피드백하는 경청하고 말하기를 뜻한다. 적극적 경청을 순서화하면 다음과 같다.

- 1단계 : 자녀는 자신이 가지고 있는 문제를 이야기하여 부모에게 전달한다.
- 2단계 : 부모는 자녀의 말을 경청하며 자녀의 느낌이나 생각을 피드백한다.
- 3단계 : 자녀는 부모의 피드백을 들으며 자신이 말하고자 하는 내용을 전달한다.

이 과정에서 부모는 자녀의 생각을 이해하기 위한 피드백을 하고 부모의 의견이나 판단 내용을 이야기하지 않는다. 적극적으로 경청하고 말하기를 할 수 있는 부모가 되기 위해서는 일상생활 속에서 대화할 때 대화 상대자의 말을 경청하고 피드백하는 훈련이 필요하다. 다음의 역할극을 해보며 자신은 현재 경청하고 말하기가 가능한지, 다른 사람이 나의 말을 경청하지 않았을 때의 감정은 어떠한 지 느껴보고 미래의 자녀에게 자신은 어떠한 부모가 될지 생각해 보자.

- 두 사람이 짝이 되어 활동한다.
- 한 사람은 2분간 자신이 하고 싶은 이야기를 한다. 다른 사람은 상대방이 이야기하는 것을 열심히 듣는다.
- 이번에는 역할을 바꾸어서 해본다.

우리는 2분간 서로의 말을 경청해 보았습니다. 경청하는 사람의 태도는 어떠했는지 적어 보세요.

(예 : 눈을 쳐다본다, '네' 또는 '응' 이라고 하며 듣는다, 몸을 말하는 사람 쪽으로 기울인 다 등)

다른 사람이 자신의 말을 경청할 때 기분은 어떠했는지 적어보세요.

(예 : 기분이 좋다, 시간이 짧게 느껴진다, 이야기를 더 하고 싶다 등)

- 두 사람이 다시 짝이 되어 활동한다.
- 한 사람은 1분간 자신이 하고 싶은 이야기를 한다. 다른 사람은 상대방이 이야기하는 것을 듣지 않으려고 노력한다.
- 이번에는 역할을 바꾸어서 해본다.

우리는 1분간 서로의 말을 경청하지 않았습니다. 경청하지 않는 사람의 태도는 어떠했는 지 적어보세요.

(예 : 눈을 쳐다보지 않는다, 핸드폰을 본다, 몸을 말하는 사람 쪽으로 기울인다 등)

나의 말을 경청하지 않을 때 나의 기분은 어떠했는지 적어보세요.

 참고문헌 reference

샘혼 지음, 이상원 옮김(2008). **적을 만들지 않는 대화법**. 갈매나무.

최외선·박충선·김갑숙·도미향·최선남·김영희(2006). **부모교육**. 양서원.

Berk, L. E.(2010). *Development thought the lifespan*. Boston : Pearson Education.

Gallinsky, E.(1992). *The six stages of Parenthood*. 김세희·김정준·송미선·장화선·전선옥(편역). 양서원.

CHAPTER 08

감성의
리더십

최근의 다문화적 글로벌시대를 이끌어 가는 리더에게 필수적인 요소로서 거론되고 있는 가장 중요한 이슈 가운데는 '감성'이 있다. 현대인을 이끄는 리더로서 갖추어야 할 탁월한 감성지수를 갖추기 위해서는 다른 사람들과의 인간관계를 통하여 쌓아올린 경험세계를 그것의 시공간적 맥락에서 감성적으로 이해하는 데서 출발해야 한다. 또한 흔히들 21세기를 여성과 판타지, 감성의 시대로 정의내리기도 한다는 점에서 여성의 감성능력에 대한 고찰을 통해 감성적 리더십의 모형도 함께 생각해 볼 수 있다.

21세기 리더십의 키워드 '감성'

리더의 과업 가운데 가장 기본적인 것이라고 할 수 있는 것은 바로 '감성'이라고 할 수 있다. 리더십의 기원을 살펴볼 때, 리더라는 존재는 기원전부터 사람들의 감정에 큰 영향을 끼쳐왔다. 초기 인류의 부족사회 리더들의 경우에도 많은 영역에서 자신들의 사회적 입지를 확고히 할 수 있었던 바탕은 그들의 리더십이 바로 감성적 차원에서 그들 집단에서 상당한 권위를 가지고 있었기 때문이었다.

초기 인류와 마찬가지로 현대사회에서도 감성은 리더에게 집단을 이끌어 가는 중요한 요소로 자리 잡고 있다. 즉, 어떤 집단이든지 리더는 집단에 속한 모든 사람들의 감성을 좌우할 수 있는 최상의 힘을 갖추고 있어야 하는 존재여야 한다. 구성원들의 감성을 끌어올려 열정과 헌신의 바다로 이끌어 갈 수 있는 리더는 어떤 일에서도 최상의 성과를 얻을 수 있지만 구성원들의 감성을 증오와 불안의 상태로 이끌고 간다면 원치 않는 결과를 자초할 수밖에 없을 것이다.

이에 대하여 다니엘 골먼(Daniel Goleman, 1995)은 IQ가 높은데도 불구하고 책임감이 부족한 지도자들을 대상으로 그 이유를 밝히는 과정에서 중역 지도자급 인사들에게 중요한 것은 지성보다는 감성임을 발견했다. 즉, 책임감이 막중한 위치일수록 지성지수보다는 감성지수가 더욱 중요하게 나타난 것이다. 감성지수란 리더가 자신의 감성을 이해하고 통제하는 능력과 타자와 공감하는 능력을 말하며 4가지 요소가 이에 해당한다. 자아인식, 자기관리, 사회적 인식, 대인관계 기술이 바로 이것이다.

감성과 뇌에 관한 최근의 연구 결과를 보면 이러한 능력들이 신경학적 기반을 전제로 하고 있다는 것이 드러나고 있다. 그리고 이와 같은 감성지능의 능력은 선천적인 것이 아니라 후천적으로 학습된다는 점이 밝혀지고 있다. 따라서 감성지능 능력이라는 것은 크고 작은 집단 내에서 공감대를 형성하기 위해 적용할 수 있는 다양한 리더십 스타일의 기본 원칙이라고 볼 수 있다.

감성지능의 네 가지 요소

훌륭한 리더십을 갖추기 위해 정해진 일정한 틀이 있는 것은 아니다. 그러므로 탁월한 리더가 되기 위한 길은 여러 갈래이며, 훌륭한 리더일수록 독창적인 자신만의 스타일을 갖고 있다. 그리고 유능한 리더라면 감성지능의 네 가지 영역들(Goleman, 1995) 가운데 어느 한 가지 이상의 요소에 대하여 뛰어난 능력을 갖추고 있어야 한다.

개인적 능력 : 자신을 다스리는 능력

자아인식능력

- 감성적 자기인식능력 : 자신의 감정을 읽고 그것의 영향력을 깨닫는 것, 결정을 내리는 데 본능적인 감각을 이용하는 것
- 정확한 자기평가능력 : 자신의 장점과 한계를 아는 것
- 자기확신능력 : 자신의 가치와 능력에 대해 긍정적으로 생각하는 것

자기관리능력

- 감성적 자기제어능력 : 파괴적인 감정과 충동을 통제하는 것
- 솔직할 수 있는 능력 : 솔직히 있는 그대로를 보여 주는 것, 진실한 것
- 적응력 : 상황의 변화에 적응하고 장애를 극복하기 위해 유연하게 대처하는 것
- 성취력 : 스스로 정해놓은 최선의 기준을 충족시키기 위해 노력을 아끼지 않는 능력
- 진취성 : 주도적으로 먼저 나서고 기회를 포착할 수 있는 능력
- 낙천성 : 모든 사물을 긍정적으로 보는 능력

사회적 능력 : 관계를 다스리는 능력

사회적 인식능력

- 감정이입의 능력 : 다른 사람의 감정을 헤아리고 그들의 시각을 이해하며 그들의 생각에 적극적인 관심을 표명할 줄 아는 능력

- 조직적 인식능력 : 조직 단위에서의 흐름과 의사결정구조, 경영방식 등을 읽어 내는 능력
- 서비스 능력 : 부하직원과 고객의 요구를 알아차리고 부응하는 능력

대인관계 관리능력

- 영감을 불러일으키는 능력 : 확고한 전망으로 사람들을 이끌고 동기부여를 하는 능력
- 영향력 : 다양한 설득의 기술을 구사할 줄 아는 능력
- 다른 사람을 이끌어 주는 능력 : 적절한 피드백과 지도로 다른 사람의 능력을 지지해 주는 능력

생각해 보기

1. 나는 어떤 사람이 되고 싶은지에 대해 생각해 보고, 그동안 꿈꾸어 왔던 이상적인 자신의 모습 5가지 이상을 구체적인 글로 작성해 보자.

   ·
   ·
   ·
   ·
   ·

2. 나의 인생 지표를 생각하며 나의 인생에서 소중한 것들, 예를 들면 가족, 인간관계, 일, 정신적 혹은 육체적 건강 등을 고려하면서 나의 삶을 이끌어 나가는 중요한 지침들 가운데 다섯 가지만 적어보자.

   ·
   ·
   ·
   ·
   ·

■ 유대 형성능력 : 관계의 망을 만들고 유지하는 능력
■ 팀워크와 협동을 이끌어 내는 능력 : 팀을 구성하고 협력체제를 조성하는 능력

마음을 움직이는 리더의 조건

최근에 회자되고 있는 리더십에 관한 통합적인 정의는 전통적인 리더십의 정의와
는 달리 현 시대의 여러 가지 요구들을 뚜렷하게 반영하고 있음을 발견할 수 있다.
즉, '집단과 각 구성원들의 목표달성을 촉진시키기 위하여 각 구성원들이 또 다른
구성원들에게 영향을 미치도록 하는 것과 또한 그들을 동기화시키는 교호적recip-
rocal이고, 거래적인transactional 그리고 변혁적인transformation 과정'(Forsyth, 1996)에서
나타나는 보다 통합적인 리더십에 대한 정의는 이러한 리더십에 대한 관점이 변화
되는 과정을 잘 보여 준다.

이것은 현 시대에서 그만큼 다양하게 리더십이 발휘되는 현장이 변화되었다는
점과, 현장을 함께 움직이는 집단구성원들의 역할이나 상호작용에 대한 기대감 역
시 다양해진 상황들을 반영한다는 것을 나타내는 것이다.

전통적으로 볼 때, 카리스마적 리더십의 모델인 '장군'의 선두지휘능력을 강조
하는 군대나, 정해진 규칙에 따라 일사불란하게 움직이는 축구팀의 조직력을 모델
로 삼곤 하던 리더십의 방향은 후기 근대, 혹은 지구지역화로 일컬어지는 현재적
시대 상황에서 근본적인 한계에 도달했고(피터 드러커, 2002 ; Sally Helgesen, 1990), 이
에 대하여 리더십의 관점을 다각화함으로써 수평적 리더십, 파트너 리더십, 변혁
적 리더십, 지휘자 없는 오케스트라로 대변되는 리더 없는 리더십, 서번트 리더십,
감성 리더십 등의 새로운 리더십 모델들이 고안되었다. 이에 따라 다음에서는 전
통적인 리더십 모델에서 한층 더 나아간 감성 리더십에 관하여 살펴보고 현대적인
리더십의 모형으로 삼고자 한다.

감성 리더십의 유형

최근에 사람들에게 공감을 불러일으키는 리더의 능력에 대해서 여러 가지 견해들이 잇따라 등장하였는데, 그중에 가장 돋보이는 것이 감성 리더십에 관한 연구들이다. 이러한 맥락에 따라 다니엘 골먼(Daniel Goleman, 1995)이 제시하는 감성 리더십과 관련한 여섯 가지 리더십 유형의 방법론들 가운데 한 가지 이상에 기초하여 집단을 지도하고, 상황에 따라 여러 가지 유형의 리더십을 요령 있게 선택하면서 리더십을 사용하도록 권장하고 있다는 점을 알 수 있다. 이러한 방식을 활용한다면 더욱 뛰어난 리더십이 발휘될 수 있다는 이러한 견해를 살펴보면 리더십의 활용에 관한 다양성을 심층적으로 이해할 수 있을 것이다.

전망제시형

전망제시형 리더는 사람들과 꿈을 공유함으로써 공감을 유도하는 리더이다. 그러한 리더는 집단의 분위기를 긍정적으로 이끌어 가며 변화에 대한 새로운 전망이 요구될 때나 뚜렷한 방향성이 요구될 때 그 효력을 발휘하게 된다.

이러한 전망제시형 리더십의 가장 든든한 바탕이 되는 것은 사람들에게 영감을 불어넣는 능력이다. 감성지능의 핵심적인 세 영역인 자기확신, 자기인식, 감정이입 능력과 함께 전망제시형 리더는 영감을 불어넣는 능력을 갖춤으로써 그들이 바람직하다고 여기는 목적을 분명히 표현하고 그것을 사람들이 공유하고 있는 가치관과 조화를 이루도록 한다.

사람들에게 신뢰를 받으려는 리더는 자신이 가지고 있는 전망을 진심으로 확신해야 한다. 만일 리더가 어떤 장래의 전망을 제시해야 할지 몰라서 혼돈에 빠져 있다면 사람들은 그것을 금방 인식하고 불안감을 느낀다. 그러므로 솔직할 수 있는 리더는 조직 내에 드리워져 있는 연막을 제거해 주기에 사람들에게 더욱 신뢰받는 리더가 될 수 있다. 또한 전망제시형 리더는 지식을 공유하는 것이 성공에 이르는 비결이라는 것을 잘 알고 있다. 따라서 그들은 지식을 서로 공유하며 널리 퍼뜨린다.

코치형

코치형 리더는 개인이 원하는 것을 전체의 목표와 결부시킴으로써 공감력을 얻는 리더이다. 이러한 리더는 장래를 내다보면서 구성원의 업무 수행력 향상에 도움을 주려고 노력하게 되며 이 유형도 역시 긍정적인 분위기를 이끌어 낸다.

리더로서 코치의 역할을 한다는 것은 일종의 상담자이자 안내자로서 사람들을 돕기 위하여 사람들의 목표와 가치관을 파악하고 그들이 자신들의 능력을 확장할 수 있도록 도와주면서 자신들의 능력을 개발시킬 수 있도록 감성지능을 발휘한다는 것을 뜻한다. 이러한 코치형 리더가 지향하는 훌륭한 상담자의 모습에는 감성적 자기인식능력과 감정이입의 능력이 있다. 감성적 자기인식능력이 있는 코치형 리더는 진실할 뿐만 아니라 인위적이거나 공격적으로 느껴지는 충고가 아닌 직원의 이해관계를 최대한 고려한 조언을 해줄 수 있다. 이러한 코치 행위가 사람들의 감성에 미치는 긍정적인 효과는 리더가 구성원들과의 관계에서 어떤 유형으로 감정이입과 친밀한 관계를 형성했느냐에 따라 결정된다. 훌륭한 코치는 사람들이 가지고 있는 잠재적 능력에 대한 신뢰와 함께 그들이 최선을 다해 이루어 낼 수 있다는 기대감을 숨기지 않는다.

관계중시형

사람들을 네트워크처럼 서로 엮는 가운데 조화를 이루어 내면서 집단의 공감대를 이루어 내는 유형의 리더이다. 이러한 역량은 긍정적인 분위기를 조성하게 되며 어려운 상황에서도 그룹의 불화를 해소하기 위해 사람들에게 용기를 심어주거나 유대를 더욱 공고히 하려고 할 때에 유용하게 활용될 수 있다.

관계중시형 리더는 실제로 벌어지는 상황에서 뛰어난 협동능력을 보여 준다. 그들은 주로 인간관계의 조화를 추구하고 친밀한 상호작용이 가능한 분위기를 조성하려고 애쓰며 개인적인 대인관계의 틀을 수립하는 데 많은 시간과 관심을 쏟는 리더이다. 이러한 리더의 태도는 자신이 이끄는 사람들과의 인간적인 결속력을 다지는 데 도움이 되며, 조직의 침체기에 더욱 중요한 영향력을 발휘하게 된다. 이와 같이 관계중시형 리더는 업무 목표보다는 사람들의 정서적인 욕구에 더 주의를 기울이게 되므로 이들에게 감정이입의 능력은 중요한 리더십의 요소로 간주되며 이것은 사람들의 사기진작에 크게 도움이 되고 갈등을 효과적으로 처리할 수 있게 된다.

민주형

민주형 리더가 사람들의 공감대를 형성하는 방법은 사람들의 자발적 행동을 존중하고 참여를 통해 조직에 헌신하도록 이끌어 주는 것이다. 이는 사람들의 의견을 수용하여 의견의 일치를 얻고자 할 때나 구성원들로부터 가치 있는 자발적 참여를 유도하려고 할 때 효력이 발생하며 긍정적인 영향을 미치게 된다.

이러한 민주형 리더는 감성지능의 세 가지 능력인 팀워크와 협동, 갈등관리 그리고 영향력을 기반으로 활동하는 특징이 있다. 이들은 다른 사람의 말에 귀를 기울일 줄 아는 리더 유형이며 이것은 민주형 리더에게 있어서 가장 중요한 능력이다. 이러한 리더는 사람들 위에서 군림하려고 하지 않으며 팀의 한 일원으로서 서로 도와가며 일하는 존재이기도 한다. 따라서 민주형 리더는 집단 내의 불화를 치유하는 길과 갈등을 가라앉히고 조화를 이루어 내는 법을 잘 체득하고 있는 리더십을 갖추고 있다.

선도형

선도형 리더는 사람들에게 도전할 만한 흥미로운 목표를 제시함으로써 공감을 유도하는 리더 유형이다. 구성원들이 유능하고 의욕이 넘칠 때 최고의 결과물을 이끌어 낼 수 있는 방법이다. 그러나 이러한 방식은 번번이 제대로 된 성과를 얻지 못할 경우에는 매우 부정적인 영향을 미친다.

성공적인 선도형 리더에게 있어서 감성지능은 기회를 포착하려는 진취적인 태도와 아울러 업무수행능력을 높이기 위한 방식을 지속적으로 찾음으로써 발휘될 수 있다. 선도형 리더는 돈이나 지위와 같은 외적 보상을 바라고 일하기보다 자신의 탁월한 능력을 확인하고자 하는 강한 열망에서 동기부여를 받는다.

이러한 선도형 리더가 되려면 진취적인 태도와 함께 언제든지 일을 더 잘 할 수 있는 기회를 잡거나 혹은 만들 수 있는 수완이 있어야 한다. 그러나 자기인식에 관한 감성능력이 결여된 리더는 일을 맹목적으로 몰아붙이기만 하고 사람들의 불만을 잘 눈치채지 못하기 때문에 자신이 어떤 일에 실패를 해도 그 원인은 잘 알 수 없는 경우가 많다. 또한 감성적으로 자기관리능력이 부족한 경우에는, 조직 내에서 사람들의 사소한 것까지 관여하고 다른 사람의 일을 끝까지 지켜보지 못하는 조바심으로 그 문제가 나타나기도 한다.

또한 선도형 리더의 또 다른 특징은 그들이 업무의 기술적인 부분에는 뛰어난 역량을 발휘하지만 리더십을 발휘하는 데 필요한 역량인 서로 어울려 같이 일하는 능력은 등한시한다는 것이다. 따라서 선도형 리더는 전망제시형의 열정과 관계중시형의 팀워크 같은 다른 리더십 유형과 조화를 이루며 나타날 때 그 능력이 제대로 발휘될 수가 있을 것이다.

지시형

지시형 리더로서 사람들의 공감대를 형성하는 방법은 어떤 비상 시 뚜렷한 방향을 제시해 줌으로써 두려움을 감소시킬 수 있다. 이는 위기상황에서 사태의 전환을 꾀하고자 할 때나 문제가 있는 구성원을 다룰 때 그 효력이 두드러진다. 그러나 잘못 사용하면 역효과가 생겨서 매우 부정적이 될 수 있다.

지시형 리더십의 경우 리더십이 효과적으로 영향을 미치려면 영향력, 성취능력, 진취적인 태도의 세 가지 감성지능 능력이 필요하다. 지시형 리더십에서 자주 나타나는 진취적인 태도는 기회포착 능력뿐만 아니라 어떤 '명령'을 내릴 때 중간에서 고민하지 않고 즉석에서 결정하여 지시를 내릴 수 있다는 것을 의미하기도 한다. 그러므로 지시형 리더가 진취적인 태도를 갖추고 있으면 어떤 상황에서 추진

앤 설리번 선생은 수석 졸업한 수재, 하지만 헬렌 켈러처럼 시각 장애인

헬렌 켈러는 1880년 6월 27일에 미국 앨라배마 주의 작은 시골 마을에서 태어났다. 애초에는 아무 문제가 없었지만 19개월 되었을 때에 뇌척수막염으로 추정되는 병을 앓고 나서 시각과 청각을 모두 잃고 말았다. 헬렌이 여섯 살 무렵, 소녀의 부모는 당시 장애인 교육에 앞장서던 퍼킨스 학교의 교장에게 부탁해서 가정교사를 한 사람 보내 달라고 부탁했다. 이를 위해 선발된 인물이 바로 앤 설리번(이하 '앤'의 애칭인 애니)이었다.

애니는 1866년 4월 14일에 가난한 아일랜드 이민자 가정에서 태어나 어릴 때 고아가 되었으며, 구빈원을 전전하는 어려운 생활 끝에 퍼킨스 학교에 들어와 점자 및 수화 사용법을 배우고 수석으로 졸업했다. 애니가 장애인 학교를 다닌 까닭은 그녀 역시 어려서부터 결막염으로 시각장애인과 다름없는 생활을 했으며, 여러 번에 걸친 대수술 끝에야 어느 정도 시력을 회복했던 까닭이었다.

하지만 그녀는 헬렌 켈러의 스승으로서 열정적으로 헌신하면서도 평생 사물이 둘로 겹쳐 보이는 불편을 감내해야만 하는 고통을 안고 살아야 했다.

헬렌 켈러의 교사가 된 앤 설리번은 손바닥 위에 알파벳을 쓰는 방법으로 영어를 가르쳤으며, 1888년 앤 설리번과 헬렌 켈러는 퍼킨스 시각장애학교에 함께 등교하였고, 또한 래드클리프 대학에 함께 진학하였다. 헬렌 켈러는 늘 함께하며 빛의 세계로 자신을 이끈 설리번 선생님의 희생에 대해 한없는 고마움을 나타내며, 자신의 스승을 넘어, 독립적인 인간 설리번의 뛰어난 점들을 널리 알렸다.

자료 : www.wilipedia.ord(2013)

력 있게 일을 성사시킬 가능성이 높아진다. 그러나 자기인식능력이 결여된 지시형 리더는 사람들에게 감정적으로 아주 치명적인 영향을 미칠 수 있으므로 급격한 변화에 직면한 상황이거나 위협이 임박한 상황처럼 강력하게 밀어붙여야 하는 경우일 때만 아주 신중히 사용해야 한다는 것을 의미한다.

여성과 감성 리더십

고대로부터 가부장적인 문화의 영향으로 인하여 여성은 어려서부터 남성에 비하여 보다 감성적이고 관계지향적인 특성을 전수받으며 살아왔다. 그리하여 동서고금을 막론하고 여성과 감성적 세계는 불가분의 관계라고 해도 과언이 아닐 것이다.

> "사람이 태어날 때는 부드럽고 약하지만, 그가 죽을 때는 단단하고 강해진다. 온갖 풀과 나무도 태어날 때는 부드럽고 여리지만, 그것이 죽어갈 때에는 말라비틀어진다. 그러므로 단단하고 강한 것은 죽음의 무리이고, 부드럽고 약한 것은 삶의 무리이다. 그래서 군사가 강하기만 한 것은 죽음의 무리이고, 부드럽고 약한 것은 삶의 무리이다. 그래서 군사가 강하기만 하면 이길 수 없고 나무가 강하기만 하면 부러진다. 강하고 큰 것은 낮은 곳에 있고 부드럽고 연약한 것은 높은 곳에 있다."(도덕경, 76장)

노자가 위의 도덕경(윤혜린, 2007)에서 언급했던 '부드럽고 연약한 것'은 여성의 감성적인 특성과 일치하는 면모가 엿보인다고 할 수 있다. 과거 농경사회와 산업사회에서는 강하고 위력적인 리더십이 보편적으로 추앙을 받아왔으나, 섬세함과 의사소통이 중시되는 현대의 정보사회에서는 여성적인 섬세한 감성과 부드러운 의사소통능력이 첨단의 사회를 이끌어 갈 차세대 리더십의 키워드로 자리 잡아 가고 있는 현실이다. 그러므로 우리는 여성적인 감성능력·심미적 능력과 관련된 구체적인 측면들을 살펴보면서 차세대 감성 리더와 여성 리더십의 모형에 대해 숙고해 보는 것은 가치 있는 일이 될 것이다.

여성 리더십 코드 : 감성과 심미성

여성 리더십과 나비효과

그동안 가부장제의 사회 속에서 여성의 리더십은 드러나게 표현될 수 없는 것들의 일종이었다. 그러나 최근 시대가 정보화 사회로 발전하면서 보다 첨예한 커뮤니케이션 기술과 여성적인 감수성이 필요한 분야가 늘어나게 되었고 감성적인 여성 리더십의 중요성이 점점 더 커지고 있음을 확연히 느낄 수가 있다.

이러한 여성 리더십은 나비효과로 비유되어 설명될 수 있는데, 나비효과butterfly effect는 카오스 이론을 일반인들에게 쉽게 설명하기 위해 기상학자인 로렌츠가 만든 용어로서 자연현상들이 공간적으로 분리되어 있는 것이 아니라 어떤 방식으로든 서로 연계되어 있으며 초기 조건이 미미하게 차이가 나더라도 그 결과로 나타나는 현상은 매우 달라진다는 의미를 나타내고 있다. 이것은 국지적인 어떠한 기상예보도 시간 흐름에 따라 정확도가 급격히 떨어지며, 이러한 작은 오차와 불확실성은 회오리바람이나 스콜을 일련의 격동현상을 통해 증폭시켜 대륙 만한 크기의 와류로 발달시킬 수도 있다는 것이다. 그런데 그 싹은 바로 한 마리 나비의 날갯짓일 수 있다는 점이다(윤혜린, 2007). 따라서 현대의 여성 리더십 효과는 마치 나비효과와 비슷한 측면이 있다는 점에서 비유해 볼만한 가치가 있을 것이다.

> 못이 없어 편자를 잃었다네.
> 편자가 없어서 말을 잃었다네.
> 말이 없어 기수를 잃었다네.
> 기수가 없어서 전투에 졌다네.
> 전투에 져서 왕국을 잃었다네
> (제임스 글리크, 1993).

또한 외국의 이 전래동요는 부정적으로 전개되는 나비효과를 잘 드러내 준다.

"첫 단추를 잘 끼워야 한다."는 우리 속담에서도 초기의 작은 변수가 궁극적으로 굉장한 규모의 파국을 가져올 수 있음을 경계하는 것이다(윤혜린, 2007). 그 반대로 긍정적인 방식으로 초기 조건을 조금이라도 차이가 나도록 한다면 나중에 긍정적인 패턴의 눈덩이 효과로 발전할 수 있다.

이러한 관점에서 여성 리더십의 나비효과는 대부분의 인류가 가부장제 사회에서 기록해 왔던 역사서들 가운데 대부분은 남성들의 관점으로 미미하게 표현되어 왔던 여성 리더십의 사회적 영향력의 파급효과에 관하여 상반된 유추를 가능하게 하는 비유라고도 볼 수 있다. 이와 같은 맥락에서 볼 때, 많은 나라에서 기록된 역사의 상당한 부분들이 당대의 감성적인 여성 리더십의 나비효과에 영향을 받아왔다고 보아도 좋을 것이다. 그러므로 우리는 현 시대에서 더욱 요청되는 여성이 지니고 있는 감성능력을 세밀하게 파악하고 이것을 현장에 적용해 보도록 노력해야 한다.

감성과 심미성을 갖춘 여성 리더십

대대로 여성은 남성적·도구적 합리성과 맹목적 생산성에 의해 규정되고 관리되는 가부장제 체제에서 주변적 위치에 머물면서 감성의 다양한 스펙트럼을 담고 있는 이야기의 전통을 유지해 왔으며 억압적으로 작용하는 기존 규범에 저항하는 환상적 욕망을 개발해 왔다.

여성은 또한 돈이나 도구적 생산성으로 환원되지 않는 살림의 노동을 담당해오는 과정에서 감정이입과 연민에 기반을 둔 상호소통의 맥을 이어왔다. 이제 이러한 힘들은 보다 확장된 사회정치적 차원에서, 기업과 문화생산 현장에서 여성 리더십의 근본 동력으로 작용할 것이다(전게서, 2007).

그리고 감성과 심미성에 관한 여성적 역량이나 수월성 자체를 새로운 관점에서 다시 되돌아보며 질문하는 것은 사람들과 심미적·감성적으로 공감하고 연대함으로써 보다 양성평등하고 자율적인 사회를 만들고자 노력하는 여성 리더십의 많은 노력들이 현실의 대안적인 삶의 비전과 실천으로까지 이어질 수 있도록 돕는 일이 될 것이다.

행복한 삶에 대한 기대나 희망이 전적으로 개인의 자기계발식 기획능력의 문제로 전가되어버리고 사회적 안전망이 지속적으로 붕괴되어 가는 최근의 신자유주의 경제체제 아래에서, 이제 감성과 심미성으로 이미 그 터를 닦아온 여성 리더십은 사람들과 더불어 행복한 삶을 전망하고 이에 관한 구체적인 비전을 세우면서 여성 리더십의 실천적 수행이 사회 전반의 문화 풍토를 지속적으로, 역동적으로 바꾸는 데 기여하게 될 것이라고 기대해 볼 수 있다.

여성 리더십 : 돌봄과 배려

여성의 돌봄양식

대다수의 여성이 지니고 있는 어머니 역할을 지금까지 살펴본 다양한 리더의 자원으로 분석해 보면 감성과 관련된 여성 리더십의 요소를 잘 이해할 수 있을 것이다.

어머니인 여성은 몸으로 마음으로 생명을 낳고 기르는 일에 내재한 무한 가치를 긍정할 수 있으며, 자녀에 대한 그러한 돌봄과 배려가 사회 곳곳에 시공간적으로 파급되고 확산되므로 보편적인 어머니의 돌봄양식에서 비롯된 개별적인 '전망'들은 새로운 사회 질서를 이룩하도록 돕는 중요한 디딤돌을 놓는 요소라고 볼 수 있다.

또한 '현실인식'의 차원에서 살펴볼 때, 돌봄과 배려에는 상대방이 무엇을 필요로 하는지 깨닫는 능력과 자녀의 발전을 위해 매 순간마다 어떤 도움을 주어야 하는지 판단하는 능력 등도 포함된다.

이러한 돌봄과 배려가 품고 있는 '윤리성'에는 약자에 대한 사랑과 포용, 헌신 등의 이해관계를 초월한 비계약적 가치가 내재되어 전승되어 왔으나, 현대에 와서는 가족이기주의로의 함몰이나 과도한 가족중심성은 경계해야 할 부분이기도 하다.

어머니 역할에 필요한 돌봄과 배려에서 비롯된 '용기'에 대해서는 인류의 경험적인 모성애를 살펴볼 때, 그 안에는 본능적이고 강렬한 자녀에 대한 열정과 더불어 나타나는 강한 인내와 다양한 삶의 위험요소에 대한 모성적인 극복노력 등에서 잘 나타나 있다.

개별적 배려

감성능력을 가진 여성 리더십의 또 다른 특징은 각 구성원들에게 친밀하고도 개별적인 관심을 갖고 그들을 신뢰하고 존중하며 격려함으로써 책임감을 고취시켜서 학습하는 것을 도움으로써 그들을 육성한다는 데 있다.

개별적인 배려individualized consideration에 민감한 리더는 이들의 개별 욕구와 가치관에 대해 깊은 통찰력을 지니면서 약한 존재의 입장에서 생각하는 아래로부터 위를 바라보는 시각으로 사물을 판단하며 구성원들의 능력 발휘와 동기부여가 효과적으로 이루어질 수 있도록 돕기 위해 개인적인 성향에 기초하여 과업을 할당하며 도전적인 직무를 배정하거나 책임을 증대시킨다. 이러한 개별적인 보살핌과 배려를 통해 리더와 구성원은 직접적으로 대화할 수 있으며 상호간에 적절한 의사소통을 이루게 된다.

아이스 링크의 여왕 김연아 선수

1990년 9월 5일, 2녀 중 둘째로 태어난 김연아는 7살 때 처음 스케이트를 접하고 그 매력에 빠져들었다. 초등학교 때부터 전국 동계체전 등 각종 국내 피겨 스케이트 대회에서 우승을 하며 일찍부터 재능을 보여 주었고, 대한민국 피겨 스케이터로서는 처음으로 12살에 트리플 점프 5종을 모두 완성하였다.

처음 출전한 국제대회인 2002년 슬로베니아 트리글라브 트로피 대회 노비스 부문에서 우승하였고, 2003년 크로아티아 골든베어 대회 노비스 부문에서도 우승을 하며 국제 대회에서도 두각을 드러내었다.

2003년인 중학교 1학년 때 대한민국 국가대표로 선발되었다. 2004년부터 2006년까지 출전한 ISU 주니어 그랑프리와 세계선수권에서 1위, 2위의 좋은 성적을 거두었으며, 2006년 11월 처음 출전한 시니어 대회인 ISU그랑프리 스케이트 캐나다에서 3위에 입상, 이후 출전한 ISU그랑프리 트로피 에릭 봉파르에서 대한민국 국적자로서 최초로 1위를 차지하였다. 2007년부터는 주요 훈련지를 캐나다 토론토에 있는 '토론토 크리켓 스케이팅 & 컬링 클럽'으로 옮기고 훈련을 시작했다. 이후 부상과 같은 각종 어려움이 있었으나, ISU그랑프리 시리즈 및 세계 선수권, 4대륙 대회 등에서 우승하는 등, 좋은 성적을 거두었다.

그리고 2010년 2월 캐나다 밴쿠버에서 열린 동계올림픽에서는 쇼트 프로그램인 '제임스 본드 메들리'와 프리 프로그램인 조지 거슈윈의 '피아노 협주곡 바장조' 음악에 맞추어 환상적이고 흠잡을 데 없는 연기를 펼쳐, 세계 신기록을 세움과 동시에 자신의 꿈이었던 금메달을 목에 걸었다.

밴쿠버 올림픽 후 김연아는 유니세프의 국제 친선대사로 임명되어 공익홍보영상과 뉴욕 유엔본부의 기념행사에 참가하였다. 그리고 TIME지의 '세계에서 가장 영향력 있는 100인'과 미국 여성 스포츠 재단의 '올해의 스포츠 우먼'으로 선정되어 2010년을 빛낸 명인사들과 함께 시상식에 참가하였다.

8월에는 미주동포후원재단에서 한국인의 위상을 세계적으로 떨친 공로를 인정받아 새미 리 박사와 함께 '자랑스런 한국인상'을 수상하였고 김연아의 LA방문을 축하하기 위해 미국 LA 시는 8월 7일을 '김연아의 날'로 제정하고 LA명예시민증을 전달하였다.

신채점제 이후 여자싱글선수 최초로 그랜드 슬램을 달성한 김연아는 100년이 넘은 피겨 역사에서도 전무후무한 선수이다. 데뷔 후 참가한 모든 국제대회에서 입상하였고 11번의 세계신기록 경신, 공인 국제대회 200점 최초 돌파 등 전 세계가 주목하는 피겨스케이팅의 아이콘이다.

이 밖에도 김연아는 각종 활동을 통하여 사회에 공헌하고 있다. 대한민국의 피겨 꿈나무를 위하여 장학금을 기부하고 있으며, 공연 수익금을 희귀병을 지닌 어린이들에게 기부하였다. 뿐만 아니라, 2010년 1월에는 지진 피해로 신음하고 있는 아이티를 위하여 1억이라는 큰 금액을 구호 자금으로 기부하는 아름다운 모습을 보여 주었다.

4월에는 아이스쇼 수익금 중 일부를, 8월에는 미주 동포 후원재단의 '자랑스런 한국인상' 상금 1만 달러를 기부하였다. 그리고 성탄절을 맞아 소녀가장들에게 후원금을 전달하는 등의 선행을 계속하고 있다.

자료 : http://www.yunakim.com

참고문헌 reference

강형철 · 박미석 · 조병남 · 김경아 · 신제구 · 박민아 · 양문화(2006). **21세기 여성 리더십 모델**. SKY BOOKS.

강혜련(2005). **여성과 조직 리더십**. 학지사.

권정호 · 김동원 · 이윤식 · 이윤희 · 이재석 · 이지연(2008). **인간관계와 리더십**. 양서원.

김광수 · 신명숙 · 이숙영 · 이은미 · 한동승(2007). **대학생과 리더십**. 학지사.

김수동(2008). **배려 리더십**. 학지사.

다니엘 콜먼 · 리처드 보이에치스 · 애니 맥퀴 지음, 장석훈 옮김(2003). **감성의 리더십**. 청림출판.

만츠 · 심스 JR 지음, 김남현 옮김(2002). **슈퍼 리더십**. 경문사.

스티븐 코비 지음, 김경섭 · 김원석 옮김(1994). **성공하는 사람들의 7가지 습관**. 김영사.

스티븐 코비 지음, 김경섭 · 박창규 옮김(2001). **원칙중심의 리더십**. 김영사.

신응섭 · 이재윤 · 남기덕 · 문양호 · 김용주 · 고재원(1999). **리더십의 이론과 실제**. 학지사.

안영진 · 안은정(2009). **가치로운 삶을 위한 리더십**. 정민사.

안진환 · 최지아(2007). **미래 리더십 코드**. 비즈니스맵.

양석호(1999). **현대조직과 리더십**. 이데아.

윤혜린 외(2007). **여성주의 리더십**. 이화여자대학교출판부.

이은숙(2009). **인간관계와 의사소통**. 양서원.

제임스 클리크 지음, 박배식 외 옮김(1993). **카오스 현대과학의 대혁명**. 동문사.

제임스 C. 헌터 지음. 김광수 옮김(2005). **서번트 리더십**. 시대의 창.

존 맥스웰 지음, 강준민 옮김(2003). **리더십의 법칙**. 비전과 리더십.

포시스 도넬슨 지음, 서울대학교 사회심리학 연구실 편역(1996). **집단심리학**. 학지사.

피터 드러커 지음, 이재규 옮김(2001). **변화 리더의 조건**. 청림출판.

필립 맥그로 지음, 장석훈 옮김(2002). **자아**. 청림출판.

하이럼 W. 스미스 지음, 김경섭 · 이경재 옮김(1994). **성공하는 시간관리와 인생관리를 위한 10가지 법칙**. 김영사.

현공숙(1999). **인물 세계사(서양 편)**. 청아출판사.

http://www.wikipedia.org(2013)

CHAPTER 09

소집단의 활동과 리더십

리더의 열정과 가족애와 같은 돌봄의 마음이 집단 활성화의 비결이다.

소집단의 개념과 유형

사회과학에서 집단group은 공동의 목표를 공유한 채 상호작용하며, 서로가 같은 집단의 구성원임을 인식하고 있는 두 명 이상, 적정 규모의 구성원이 서로간에 집단역동성(또는 집단역학group dynamics)을 통하여 그들의 공통 목표를 달성하기 위한 소규모적인 구성체를 말한다. 올포트(Allport, 1924)는 "집단은 존재하지 않는다. 다만 개인들만이 존재할 따름이다. 우리가 집단이라고 부르는 것들은 우리의 마음속에 존재하는 가치, 사상, 사고, 습관 등을 묶은 허상이다"라고 집단의 존재를 부인했지만, 여러 학자들은 집단에 대해 다음과 같이 다양한 정의를 해왔다(Bales, R. F., 1950 ; Bass, B. M., 1960 ; Campbell, D. T., 1958 ; McDavid & Harari, 1968 ; Mills, T. M., 1967).

표 9-1　집단에 대한 여러 정의

학자	정의	특징
Campbell, D. T.	세상에는 돌이나 탁자 같은 가시적인 대상들도 존재하지만 보이지 않는 사회적 대상들도 존재한다. 단지 후자의 경우 전자보다 실체성이나 가시성의 정도에 있어 뒤질 따름이다.	집단의 존재(실체)를 인정
Bales, R. F.	서로의 존재를 느낄 수 있도록 대면적 회합에 참여하여 상호 교류하는 사람들의 집합이다.	집단 존재에 대한 지각 측면을 강조함
Bass, B. M.	함께하는 것이 자신들에게 보상을 준다고 생각하여 모인 사람들의 집합이다.	집단 참여의 동기를 강조함
Mills, C. W.	어떤 공통의 목적을 위해서 상호 교류하는 둘 또는 그 이상의 사람들로 구성된 단위를 집단이라 한다.	집단의 목표 강조
McDavid & Harari	둘 또는 그 이상의 개인들로 구성된 조직화된 시스템으로서 구성원 간에 역할과 규범이 공유되며 필요한 기능을 수행한다.	시스템으로서의 구조적 특성 강조

　　기업의 부서 등은 구성원 간의 긴밀하고 직접적이며, 빈번한 상호교류가 없기 때문에 집단보다도 조직이라 할 수 있다. 또한 집단은 조직보다는 약간 비공식적인 분위기가 엿보인다. 집단은 외부와의 상호작용만 하는 것이 아니라 내부 구성원들 간에도 지속적인 상호작용을 하면서 집단행동을 형성한다. 즉, 협조-갈등관계, 공식-비공식관계 등 여러 가지 형태로 나뉘어서 활동한다.

　　행동과학 분야에서 집단에 대한 연구는 주로 소집단small group을 대상으로 이루어져 왔다. 그러나 소집단이란 집단규모에 중요한 의미를 두지만 단지 사람들의 수가 적다고 해서 모두 소집단을 의미하는 것은 아니다. 대형 스크린을 시청하는 무리들이나 길거리 공연이나 동네 운동장 경기의 구경꾼들이 사람들의 수가 적다고 해서 소집단으로 간주되지는 않는다. 조직행동연구에서 소집단은 집단 규모 이외에 구성원들 간의 관계에 관련된 중요한 특성이 있다. 이런 특성을 중심으로 소집단에 대해 살펴보고자 한다(Berelson, B. & Steiner, G. A., 1964 ; Grofman et al., 1985).

상호작용성

소집단은 두 명 이상의 사람들이 공동목적을 가지고 정규적으로 대면접촉을 하면서 상호작용을 하는 집단을 의미한다. 집단의 규모를 정확하게 규정하기는 어려우나, 대체로 2~20명 정도를 의미하기도 하고, 집단의 과업성격에 따라서 13명 정도까지를 의미하기도 한다. 그러나 소집단의 구성원 수보다는 구성원 간의 정규적인 상호관계와 동질성이 더 중요하다.

공통 목표 추구와 상호의존성

조직과 마찬가지로 어떤 공통된 목적을 달성하기 위한 사람들의 집합체로서의 소집단은 집단의 목적을 강조하며, 조직의 목표보다 더욱 구체적이고 실질적이어야 한다. 공통의 목적을 중심으로 일어나는 상호의존관계를 강조하며, 이때 의사소통이 상호의존관계와 상호작용에 중요한 수단이 될 수 있다.

공식 또는 자생적 집단

소집단은 공식조직을 구성하고 있는 부서 중 공식구조의 소단위를 의미하는 것은 물론, 그 외에도 많은 경우에 소집단은 구성원들의 자신의 목적을 중심으로 자신들의 상호작용과 정체성 개념에 토대를 둔 자생적인 비공식집단emergent small group을 의미한다.

소집단의 유형

소집단은 1차 집단primary group과 2차 집단secondary group, 공식집단formal group과 비

공식집단informal group, 성원집단member group과 준거집단reference group, 세력집단in-group과 비세력집단out-group으로 나누어진다(중소기업청, 대한상공회의소 싱글 PPM 품질혁신추진본부, 2010).

1차 집단과 2차 집단

1차 집단이란 가족, 이웃, 친구와 같이 오랜 기간 접촉하여 육체적, 정서적으로 자연스럽고 가깝게 지내는 집단이다. 1차 집단에서의 인간관계는 직접 대면적이고 접촉이 빈번하며 애정이 있다. 이것은 가족, 마을, 친구 등과 같은 자연적 1차 집단이 있고 취미모임, 작업조, 연수팀 등 우연적·인위적 1차 집단이 있다.

반면에 2차 집단은 사교모임, 교회, 학교, 정치단체 등과 같이 인간관계가 매우 공식적이고 간접적이며 합리적이고 계약적인 집단으로서 공식 대화나 서류에 의존하고 감정과 정서가 배제된 집단이다. 작업집단, 각종 의원회 등 회의집단, 경영집단 등의 2차 집단은 비교적 현대에 와서 더 중요하게 되었다. 즉, 과거에는 1차 집단이 개인에게 중요했지만 산업의 발전으로 2차 집단이 더 중요해졌다.

공식집단과 비공식집단

공식집단이란 구체적 과업이나 목적을 달성하기 위해서 조직에 의해서 의도적으로 형성된 집단으로 집단 형성은 능률, 비용의 논리에 입각한다. 조직 안에서 목표 달성을 위해 지시를 내리고 보고를 받는 상하집단이 있는데, 이는 조직에서 종업원들을 지도, 통제하기 위해 의도적이며 공식적으로 만든 집단이다. 하나의 공식집단으로 볼 수 있는 명령집단은 지시, 명령을 할 수 있는 상하 간의 공식관계로 연결된 집단으로서, 예컨대 새로운 잡지 편집을 위해 아이디어 회의를 위한 편집국장과 편집진들의 모임이나 운송회사의 운임방침 등의 지시하달을 위한 대리점 점장 회의 등을 들 수 있다. 일종의 기능집단에 해당한다. 과업집단은 구체적인 과업이나 프로젝트 목표를 달성하기 위해서 한시적으로 형성되는 집단으로서, 예컨

표 9-2　공식집단과 비공식집단

구 분	공식집단	비공식집단
가입 동기	지명 또는 선발	자연적 또는 자의적
구 조	안정적임	구조가 가변적임
지도·통제	투표 혹은 공식지명	자연적 지도자 형성
과 업	범위가 정해졌음	다양함, 변함
존속기간	미리 정해짐	구성원들 의도에 의존
규 범	능률의 법칙	감정의 법칙

대 태스크포스팀task force team을 들 수 있다.

비공식집단이란 조직에 의해서 의도적으로 형성된 것이 아닌 구성원들의 공동 관심사나 인간관계에 의해 자연발생적으로 형성된 집단으로서 집단형성의 기초는 감정의 논리에 입각한다. 이해집단은 조직 내에서 구성원들이 자신들의 개인적인 목표나 이익을 얻기 위해서 참여하는 집단으로서 노동조합이나 압력단체 등을 들 수 있다. 친목집단은 조직의 구성원들 사이에 공통된 특성(동향, 동문, 취미 동호회) 등을 가진 사람들끼리 모여 구성하는 집단을 의미하며, 예를 들어 취미모임이나 향우회 등이 있다. 표 10-2에 공식집단과 비공식집단의 특징을 비교하여 나타내었다.

성원집단과 준거집단

성원집단은 가족, 학과 학생회, 종교집단 등과 같이 현재 한 개인이 소속되어 있는 집단을 의미하며, 준거집단은 실제로 자신이 소속되어 있지는 않지만 타인과의 관계에서 자신의 평가기준이 되는 집단으로 십대들에게 걸 그룹이나 연예인들, 청년들에게 성공한 CEO나 전문직업인 집단이 준거집단이 되기도 한다. 준거집단은 행동상의 중요한 판단이나 평가를 할 때 그 집단구성원들이 기준에 맞추어 판단의 근거로 삼는 집단이다.

세력집단과 비세력집단

세력집단은 집단의 규범을 형성하고 이를 유지하는 데 중요한 역할을 하는 핵심구성원들을 말하며, 비세력집단은 핵심성원이 아니라 주변적이거나 반항적 위치에 있는 구성원을 말한다. 세력−비세력집단의 소속은 구성원의 규범 행동이 매우 중요한 작용을 하지만 한편으로는 주어진 상황과 구성원들의 상호작용에 따라서 그 소속이 변할 수 있다. 예를 들면, 간부요원들은 그들 사이에서는 규범을 얼마나 준수하느냐에 따라서 세력집단에 소속될 수 있지만, 현장관리자들과의 관계에 있어서는 상대적 권력이 약한 경우에 비세력집단에 속할 수 있다(이학종·박헌준, 2004).

소집단의 형성

집단은 개인의 요구 충족, 효율성 추구 등에 의해 의도적으로 형성되는 것은 아니다. 집단을 통해 인간은 친교 욕구를 충족할 뿐만 아니라 서로 도우면서 각자의 안전을 지키고 권력을 행사할 수 있는 터전을 마련할 수 있다. 기업이나 조직의 대부분의 일들은 집단에 의해서만 이루어질 수 있으며, 혼자 이루어 내는 일이 있다 하더라도 집단을 이용하면 시너지효과를 얻을 수 있다.

어느 연구에 의하면 보통 사람들은 평균 여섯 개 정도로 집단에 속해 있다고 하는데, 집단소속의식이 강한 한국인이나 정치인인 경우에는 이보다 수 배 또는 수십 배나 더 많을 것이다. 사람들이 소집단을 만들어서 채우려는 욕구들로는 경제적 효율성, 안전과 애정 욕구의 충족, 협동과 소속감, 자신의 실존과 정체성에의 확인, 타인에 대한 지배욕, 남을 존경하고 자신도 존경받고 싶은 욕구 충족, 타인과의 비교를 통한 자신의 위치에의 확인 등을 들 수 있다(임창희, 2008). 집단형성현상을 어떤 이와의 인간관계를 가짐으로 해서 생기는 득과 실을 비교하여 득이 많을수록 그 사람에게 끌린다고 주장하는 사회적 교환이론이나 자신에 대한 평가본능에 의한다는 사회적 비교이론으로 해석하기도 한다(Homans, 1958).

집단형성의 촉진 요인

집단형성은 욕구만 있다고 저절로 집단이 이루어지는 것은 아니며, 진정한 집단은 응집력이 강해야 하고 상호작용과 소통이 빈번하여 원래 목적했던 바를 집단의 행동에 의해 효율적으로 달성해야 한다. 집단의 조건으로 상호교환을 통한 '공동' 목표의 추구, 각기 분담된 역할과 신분에의 숙지, 공통규범·가치관·행동양식의 '공유'를 들 수 있다.

　태스크포스팀이나 위원회가 너무 크면 집단 같지가 않아 응집력과 참여가 약해지고 그 안에서 또 소집단이 파생되어 나온다. 집단의 크기가 커지면 커질수록 리더는 구성원들과 더욱 멀어져서 통제가 어렵게 되며 구성원들의 참여도는 떨어지고, 적극적인 일부 구성원들의 지배력만 커지면서 돈독한 관계보다는 공식적인 관계가 강해진다. 이에 반해 비공식집단의 형성 조건은 근접성, 친숙성, 유사성이다. 근접성으로 어떤 과업을 완수하기 위해 모이다 보면 상호접촉도 빈번해지고 가까이 하다 보면 집단형성의 좋은 여건이 된다. 자주 만나다 보면 친숙성이 나오고 우호적 관계가 된다. 또한 사람들은 자기와 유사한 사람들에게 끌리기 마련이며, 비슷해야 도움받을 것도 많고 대화도 잘 통하니 의견 화합이 잘 된다.

소집단형성단계

칼슨(Carlson, 1980)은 소집단이 형성되어 안정된 집단으로 정착되는 집단형성단계를 소집단형성, 갈등과 도전, 규범화, 수용과 정착의 단계로 이루어지는 것으로 설명하였다.

소집단형성단계란 집단을 통해 구성원이 형성되었지만, 구성원 간에 집단 목적과 구조, 목표, 역할, 행동양식, 리더십 등 모든 것에 대해 불확실성을 느끼고 각자가 어떻게 행동해야 할 것인지가 분명하지 않은 단계이다. 이 단계는 하급자들이 집단에 대하여 충분한 지식을 가지고 있지 못한 상황이며, 리더는 구성원들에게 집단에 대한 지식을 교육시킴으로써 구성원을 집단의 목표에 부합시켜야 하는 단계이다.

갈등과 도전의 단계는 구성원이 모두 집단에 소속된 것은 인식하고 있지만 집단의 권력구조와 신분구조, 각자의 역할에 대하여 합의가 안 된 상태에서 갈등과 도전이 존재하는 단계이다. 이 단계에서 집단의 규범과 기준 그리고 작업규칙들이 개발되기 시작한다.

규범화 단계는 구성원 간에 집단의 목적과 구조, 각자의 역할이 점차 이해되고 서로 동화되어 각자의 행동규범이 점점 명백해지고 응집성이 강해지는 단계이다. 그러나 이 단계에서 주의할 점은 집단사고에 빠질 위험이 증가한다는 것이다.

마지막으로 수용과 정착단계는 구성원이 집단의 목적과 구조, 각자의 역할을 받아들이고 상호간의 이해보다는 집단목표의 달성과정에 전력을 기울이는 단계이다. 즉, 집단의 형성단계는 초기 불확실한 단계에서 집단목표에의 일치성이 강화되어 합의가 도출되면 행동규범이 명료화되고 집단목표달성을 향한 정착단계에 이르게 되는데, 이 단계에서 리더십이 중요한 역할을 하게 된다.

집단역동성과 리더십

집단역동성의 개념과 구성 요소

1930년대 레윈K. Lewin은 사회심리학의 한 영역으로서 집단역학(group dynamics ; 집단역동)을 창시하였다(Carlson, N. R., 1980). 집단구성원 간, 집단구성원과 집단 지도자가 함께 만들어 내는 역동적 상호작용을 집단과정이라고 하며, 이러한 집단과정은 집단에 미치는 독특한 힘을 만들어 낸다. 이 힘을 집단역동이라고 하며, 전체적집단과 개별적 집단구성원에게 강한 영향력을 미치게 된다. 또한, 집단의 분위기와 과정에 따라 성취도가 결정되며, 긍정적이고 단결력이 있는 집단의 경우 구성원에게 좋은 영향력을 행사하며 만족스러운 상호관계를 가능하게 한다.

소집단역동성은 집단 내에서 개인 간에 일어나는 역동성을 의미한다. 예를 들어, 작업집단이 있다고 가정하면, 작업집단에서의 감독자와 구성원 사이, 구성원 상호간의 지시, 명령, 보고는 물론 직무수행방식, 업무의 변화, 직무환경의 변화, 작업집단의 문화와 전통, 구성원 개개인의 능력, 기술, 지식, 성격, 의지, 감정 등이 교류되고 쉬는 시간에 나누는 대화, 감정, 표현 등에 이르기까지 작업집단에서의 공식적·비공식적 생활 가운데 힘이 작용하여 그 힘이 파급되는데, 이를 집단역동성이라고 한다(권기성, 2000). 소집단역동성은 다음 요소들에 의해 영향을 받는다.

의사소통과 상호작용

의사소통은 참여자들의 태도, 감정 등에 의해 달라지며, 긍정적인 정서적 유대가 있을 때 증진된다. 집단의 크기와 물리적 환경도 영향을 주며, 집단의 크기가 클 때에는 아이디어, 기술, 자원 등을 상대적으로 더 많이 활용할 수 있으며, 성원 간 상호학습의 기회가 주어지고, 피드백과 우정 등을 위한 기회가 커진다. 반면에 집단목표와 배치되는 하위집단이 형성될 수 있고, 가까운 상호작용이 어려우며 구성원의 이탈에 대한 우려가 적어지게 되어 응집력 형성과 의견일치가 어려워진다. 그리하여 구성원 사이의 공통관심사나 상호매력, 관심 등이 하위집단을 구성하게 된다. 하위집단 결성 시 구성원들의 친밀감이 증가하기도 하지만 집단응집력은 약화된다.

집단의 규범

구성원들이 주어진 환경 내에서 어떻게 행동해야 하는지와 관련하여 공유하는 명백한 기대상황과 신념 등을 가리킨다. 구성원들과 관련된 정보를 제공함으로써 안정과 예측의 수단을 제공하는 메커니즘이다.

지위와 역할

지위는 집단 내에서의 성원의 위치로, 사회적 집단에서 다양한 특성에 의해 결정되는 개인의 위치이다. 집단이 달라짐에 따라 상이한 지위를 가지며 집단이 발달하면 개인의 지위도 변화한다. 역할은 집단 내에서 개인의 위치를 특정지어 주는 행동 유형을 의미하는 것으로, 이는 지위에 맞는 역할이나 기대되는 행동이라 말할수 있으며 개인의 역할은 타인의 기대에 부응하기도 하지만 자기 자신의 동기와 기대에 부응하기도 한다.

집단응집력

상호작용관계와 관련한 집단성원들의 서로 끌리는 정도이며, 집단성원들이 그 집단에 머물고자 하는 집단의 영향력과 요인을 포함한다. 집단결속력을 최대화하기위해 많은 리더들은 점심시간이나 간식시간을 이용한 소통의 확대, 스포츠나 여가 함께 하기, 자기노출 강화 등의 방법을 이용한다.

집단문화

구성원들이 공통적으로 갖고 있는 신념, 가치관, 관습, 전통, 기념 축제 등 공통의 생활경험과 가치체계를 공유하면 집단문화에 대한 독특한 관점을 통합시키는 시간을 줄일 수 있다.

소집단 변화의 주체로서 리더십

소집단은 소속감을 부여하여 개인의 실제적 고립이나 상상에서의 고립을 완화시킬 수 있다. 또한 학습과 토론을 위한 자연 실험실의 역할을 하며 보편성, 정보전달, 이타주의, 사회기술 발달, 생각의 전이, 모방행동, 감정의 정화, 가족 내 행동의 교정효과가 있다. 집단역동성의 결과로 나타나는 다양한 변화는 확산, 삼투성, 정수압 등의 물질세계의 원리로 설명되기도 한다.

확산이란 농도가 높은 곳에서 낮은 곳으로 분자가 골고루 퍼져가는 현상이다. 일단 설탕이 용해되면 물그릇의 밑바닥에서 농도가 가장 크기 때문에 설탕분자는 농도가 낮은 상층부로 이동하게 된다. 집단역동성에서도 이와 같은 원리가 작용한다고 할 수 있다. 즉, 구성원 사이에 보이지 않게 작용하는 가운데 영향을 주고받으며 생각을 변화시키고 마음을 변화시키고 가치체계를 변화시켜서 사람의 생각과 행동을 변화시키게 되며 삶을 바꾸고 행동 패턴을 바꾸게 된다(권기성, 1994).

비커에 반투과성 막을 가운데 두고 서로 다른 농도의 설탕용액을 채운 후 일정 시간이 지나면 양쪽 부분은 모두 같은 농도의 설탕용액이 된다. 이러한 현상을 삼투성이라고 부르는데, 집단역동성에서도 이와 같은 삼투성 효과가 나타난다. 한 사람의 생각이나 행동이 타인의 생각과 행동에 영향을 주게 되고, 그것은 또 다른 사람에게 영향을 주어 또 다른 사람을 변화시키게 되며 구성원 상호간에 이 같은 작용이 계속된다(Carlson, N. R., 1980).

한편, 셀로판막이 있는 물그릇을 이용해 서로 다른 양의 순수한 물을 채웠을 때 삼투성 현상은 나타나지 않지만 물의 양은 중력에 의해서 제공되는 정수압의 영향을 받기 때문에 왼쪽에서 오른쪽으로 셀로판막을 통해서 물이 이동하게 되며 궁극적으로 양쪽의 물의 양이 같아진다고 한다. 집단역동성에서도 이와 같이 강한 힘이 약한 곳으로 흘러가서 그 압력에 의하여 변화를 촉진시킨다. 이는 강제된 것이 아닌 흐름의 작용에 의해서 나타나는 보이지 않는 힘이다(Carlson, N. R., 1980).

소집단의 주요 구조 요소 중의 하나로서 리더십을 들 수 있다. 집단역동성 측면에서 리더의 역할은 매우 중요하다. 집단 유형에 공식집단과 비공식집단이 있듯이, 리더십에는 공식적인 직무배정에 의해서 발휘되는 공식적 리더십과 자생적인 지위, 신분, 서열에 의해서 발휘되는 비공식 또는 자생적 리더십이 있다. 리더십은 조직체의 목적뿐만 아니라 집단구성원의 목적과 규범 그리고 이들의 역할과 상호 서열관계에 매우 중요한 요소로 작용하고, 나아가서는 집단의 전반적인 성과와 효율성에도 많은 영향을 준다. 따라서 리더십에서도 공식 리더십과 비공식 리더십 간의 일치 또는 상호 보완적 관계를 형성하는 것이 소집단은 물론 전체 조직행동 관점에서 바람직하다.

리더의 기본적인 자세는 적극적으로 개입하기보다는 경청하는 역할이며, 구성원들에게 관심을 가지고 적극 참여할 수 있는 분위기를 만들어 주는 것이다. 즉, 집단구성원들의 마음을 편하고 자유롭게 느낄 수 있는 분위기를 만들어 주어야 한다. 그리하여 집단에서 공유하는 방법을 익히며 스스로 자의식을 가지도록 돕고 집단이 하나 됨의 장이 되도록 이끌어 가야 하며, 이러한 역할을 함에 있어서 비굴하지 않고 낮아질 수 있는 방법을 익혀야 한다(Guthrie & Miller, 1978). 이를 위해 리더에게는 다음과 같은 역할이 필요하다(권기성·오창성, 2010).

- 리더는 무엇보다 솔직해야 한다. 답변할 수 없는 질문을 받은 경우 등 위기에서 늘 솔직해야 한다.
- 유능한 리더는 사려 깊고 계획을 잘 세우며, 적절한 제안을 통해 결정과 계획을 실행에 옮긴다. 리더는 바람직한 결과를 성취하기 위해 용기, 신념, 자신감이 필요하다. 지도자는 활동 중 쉽게 물러나지 않으며 프로그램에 실패했거나 수정이 필요하면 다시 계획하고 변화시켜 나가는 끈기가 있어야 한다.
- 시간을 효율적으로 활용하도록 집단 전체의 운영을 계획하며 자신의 시간을 현명하게 이용한다.
- 집단을 잘 관찰해서 그들의 성격, 태도, 노력, 능력, 자질 등에 대하여 항상 알고 있어야 하며 상황에 따른 각 구성원의 반응을 잘 파악해야 한다.

- 주제를 벗어나거나 혼자 떠드는 사람의 경우, 기분 나쁘지 않게 다른 사람이 말할 수 있도록 발언권을 이동시킨다.
- 주제에 대해서 또는 진행되는 프로그램들에 대하여 왈가왈부할 경우 직접 개입하는 것보다 서로 말하게 내버려 두는 것이 좋다.
- 리더 자신이 문제에 대한 대안이 있더라도 다른 사람의 의견을 경청한다. 자신이 옳다고 생각한 것만이 최선이 아닐 수 있음을 인정하고 직원과 원만한 관계를 유지하여 기관의 목표에 기여하도록 최선을 다해야 한다.
- 리더는 집단의 목표, 필요, 정책의 범위 안에서 직원들에게 가능한 많은 자유를 허용해야 한다. 기관을 위한 최상의 것과 자신을 위한 최상의 것 중 기관을 위한 것을 우선적으로 선택해야 한다.

변화의 주체로서의 소집단 리더가 가져야 할 주요 특성과 자세를 다음과 같이 정리해 볼 수 있다.

겸손과 경청

작은 집단에서는 저항을 슬기롭게 극복하고 스스로를 낮추어 인정받음으로써 힘을 소유할 수 있어야 한다. 대화가 시작될 때부터 끝날 때까지 구성원들이 변화와 혁신에 대한 아이디어, 불만 등을 표출할 수 있는 수용적인 분위기를 조성하는 것이 중요하다. 서로 다른 생각이나 감정 충돌 등의 부정적인 요소들을 풀어나가려는 융화력이 요구된다. 리더가 긍정적으로 말할 것이 없으면 침묵하는 것이 더 효과적이다.

마음으로 소통하고 비전 공유하기

집단의 목표와 집단구성원의 특성에 대해 잘 인지하고, 특히 신입구성원과의 잦은 접촉으로 마음을 열고 발전적인 아이디어를 수용하되, 집단의 지위에 대해 고려하는 배려성이 응집력을 유지할 수 있다. 리더의 그릇된 판단과 오해는 아주 큰 해악을 낳을 수 있으므로 리더가 되려면 구성원과 조직의 특성에 대해 좀 더 지식을 갈고 닦지 않으면 해를 줄 수 있다는 책임의식이 있어야 한다. 제2차 세계대전의 서유럽 연합군 총사령관과 미 대통령으로서의 군과 정치적 리더로서의 역할을 유감없이 수행한 아이젠하워의 실 한 가닥에 비유한 리더십에 대한 명언은 되새겨볼 만하다. "실을 테이블 위에 올려놓고 당겨보라. 실은 당신이 이끄는 대로 따라올 것이다. 하지만 실을 밀어낸다면 움직이지 않고 제자리에 있을 뿐이다. 사람을 이끄는 것도 이와 마찬가지다."(애덤스 지음, 임태조 옮김, 2006).

도움 주기와 독려하기

리더는 구성원들이 스스로 자신을 변화시켜 가도록 도와야 하며, 본질적으로 돕는 자로서의 사랑을 가져야 한다. 청소부 일자리에서 시작하여 집 안에서 양자들과 함께 작은 규모로 컴퓨터게임 소프트웨어 사업을 시작했던 미국 이민 1세대 김태연 회장(의료기기 클리너 설비업체 라이트하우스 회장)은 직원들에게 'He can do. She can do. Why not me?'라는 자신감을 돌궈주는 구호와 경쾌한 몸짓으로 사기를 충천시켜 준다(이현주 진행, 2012).

행동 구현을 통한 신의

실패도 자꾸 모으면 자산이 되지만 인간적인 신뢰나 신용을 잃으면 관계회복이 어렵다. 논어에 나오는 '치기언이과기행恥其言而過其行'은 '자신의 말이 행동보다 앞서는 것을 부끄럽게 여긴다'는 의미인데, 리더가 행동으로 집단에의 지향성과 충실성을 보여 신의를 얻는 일이 매우 중요하다.

권한 위임

리더가 작은 것까지 관여하게 되면 구성원들의 자율성을 해친다. 임파워먼트empowerment는 권한 위임은 '힘power을 주는em- 것ment', '권한power을 주는 것'을 의미한다. 리더가 여러 역할담당자에게 역할 수행에 필요한 권한을 실어주는 임파워먼트 소집단의 성장을 가져온다.

빌 게이츠는 업무 성과에 따라 직원 개개인에게 이익을 분배하여 사내 분위기를 적극적으로 이끌었고, 다가올 새로운 비즈니스 경쟁상황에 늘 철저하게 대비했다. 특히, 투명한 기업 경영을 강조하여 직원들의 동기를 향상시키는 탁월한 리더십을 발휘했다.

- 구성원의 보유능력을 최대한 발휘하게 하고 그들의 직무 몰입을 극대화할 수 있다.
- 업무 수행상의 문제점과 그 해결방안을 가장 잘 알고 있는 실무자들이 구성원에게 적절한 대응을 하게 됨으로써 서비스 수준을 제고할 수 있게 된다.
- 지시, 점검, 감독, 감시, 연락, 조정 등에 필요한 노력과 비용이 줄어들기 때문에 효율적이다.

실패의 수용과 격려하기

현대 사무실의 필수품처럼 애용되는 3M의 포스트잇은 강력접착제를 개발하려는 시도의 실패의 산물이지만 실패를 재해석한 명품이 되었다. 구성원에게 희망을 걸고 그들의 능력을 믿어주고 격려하는 능력이 리더의 역할임을 되새기는 자세가 요구된다.

문제 직면하기와 피드백

소집단의 리더는 환류 또는 대인관계학습으로 구성원 간에 피드백을 주되, 모든 변화는 '나로부터'라는 관점에서 문제구성원을 감동시키는 노력을 해야 한다.

자신이 관여된 소집단을 유형별로 구분해 보고 소속된 소집단에서의 '나'의 역할 증대를 리더십의 관점에서 기술해 보자.

집단 유형		내가 속한 소집단	나의 증대된 역할
1	1차 집단		
	2차 집단		
2	공식집단		
	비공식집단		
3	성원집단		
	준거집단		
4	세력집단		
	비세력집단		

참고문헌 reference

가드너 지음, 임재서 옮김(2004). **열정과 기질**. 북스넛.

권기성(2000). **리더십(개정판)**. 형설출판사.

권기성 · 오창택(2010). **집단 역동성**. 형설출판사.

백기복 · 신제구 · 김정훈(2009). **리더십의 이해**. 창민사.

새뮤얼 D. 리마 지음, 황을호 옮김(2003). **셀프 리더십**. 생명의 말씀사.

애덤스 지음, 임태조 옮김(2001). **팀장 리더십**.

이유정(2012). 대학생의 셀프리더십이 대학생활 만족도, 자기주도적 학습력 및 학업적 자기효능감에 미치는 영향. 한양대학교 교육대학원 석사학위 청구논문.

이창준(2009). **리더십의 패스파인더**. 학이시습.

이학종 · 박헌준(2004). **소집단과 팀 행동**. 법문사.

이현주(진행). (2012). 글로벌 성공시대. KBS.

임동기(2007). **4차원 셀프 리더십**. 해피 & 북스.

임창희(2008). **조직행동**. 비앤앰북스.

중소기업청, 대한상공회의소 싱글 PPM 품질혁신추진본부(2010). 조직행동과 리더십: 제10부 소집단 행동의 기초적 이해, 품질혁신e-mail 교육. 제320호.

Allport, F. H.(1924). Response to Social Stimulation in the Group, *Ch. 11 in Social psychology*. Boston: Houghton Mifflin Company, pp. 260-291.

Bales, R. F.(1950). A set of categories for the analysis of small group interaction. *American Sociological Review, 15*, pp. 257-263.

Bass, B. M.(1960). *Leadership, psychology, and organizational behavior*. New York: Harper.

Berelson, B. & Steiner, G. A.(1964). *Human behavior: An Inventory of scientific findings, Harcourt, Brace and World*, NY.

Campbell, D. T.(1958). Common fate, similarity, and other indices of the status of aggregates of persons as social entities, *Behavioral Sciences, 3*, pp. 14-25.

Carlson, N. R.(1980). Physiology of Behavior (2nd ed.). *Allyn and Bacon*, Inc., Boston, p. 32.

Grofman, B., Field, S. L. and Owen, G.(1985). *Group size and the performance of a composite group majority: Statistical truth and empirical results*. OBHP, June, pp. 350-359.

Guthire, E. and Miller, W. S.(1978). *Making change: A Guide to effectiveness in group*. Interpersonal Communication Inc., Mineapolis, Minesota, pp. 119-137.

Homans, G. C.(1958). Social Behavior as Exchange, *Americal Journal of Sociology, 63*, 597-606.

Kohen, A. R. et al.,(1992). *Effectiveness in Organization: Case, Concepts, and Student experience* (5th ed.). Irwin, Homewood, Il, pp. 421-460.

Lewin, K.(1947). Frontiers in Group Dynamics: Concept, Method and A Reality in Social Science; Social Equilibria and Social Change, *Human Relations, 1*, pp. 5-41.

Mayo, E.(1946). *The Human Problems of an Industrial Civilization* (2nd ed.). Harvard University, Graduate School of Business Administration, Division of Research, Boston.

McDavid, J. and Harari,H.(1968). *Social Psychology: Individuals, Groups, Societies*. New York: Harper & Row, p. 479.

Mills, T. M.(1967). *The Sociology of Small Groups, Englewood Cliffs*. N. J. : Prentice-Hall.

KBS(2012). 글로벌 성공시대.

CHAPTER 10

셀프
리더십

현대사회에서 그 중요도가 점점 높아져 가고 있는 리더십의 개념 가운데는, 자신의 삶의 목표를 정하고 효과적으로 자신을 관리하고 이끌어 가는 리더십을 지칭하는 셀프 리더십self leadership이 있다.

셀프 리더십이란 자기 스스로 인생의 방향을 설정하고 자신에게 주어진 일에 최선을 다하는 자기경영 마인드이다. 자신을 바꿈으로써 다른 사람도 변화시킬 수 있다는 셀프 리더십은 매우 중요한 개념이다. 성공한 사람들을 잘 관찰해 보면 그들이 셀프 리더십을 향상시켜 왔다는 사실을 알 수 있다. 그들은 자신과의 싸움에서 물러서지 않고 인내력을 가지고 끊임없이 변화에 도전하고 자기계발에 힘을 쏟았다(김세우, 2007).

미국 타임지는 2006년에 올해의 인물로 '당신You'를 꼽았다. 이미 몇 년 전부터 '나'라는 개인의 시대, '셀프'라는 스스로의 시대의 막이 열린 것이다. 이제는 자기로부터의 출발, 그리고 자기로 귀결되는 사고를 강하게 인식하고 행동해야 한다. 즉, '환경지향적'이 아닌 '자기지향적' 의식과 사고, 선언과 행동이 시작되어야 할 시기란 것이다(정순원, 2008).

현대인들은 자신이 소속된 조직 안에서 적극적인 참여와 자기주도를 통해 자신이 원하는 것을 찾는 것에 몰입하기 시작했고 거기서 오는 만족감과 성취감을 느끼게 되었다. 그리하여 대다수의 사람들이 지금은 번거롭고 다소 불편하더라도 만족감과 성취감을 느낄 수 있다면 누구나 셀프라는 방식으로 시간과 비용을 투자할 각오가 되어 있다.

셀프 리더십의 중요성

현대사회에서 리더십은 다른 사람들에게 중요한 목적의식을 심어주고 나아갈 방향을 잡아준다는 점에서 매우 중요한 역할을 한다. 오늘날은 사회경제적으로나 국제적으로 경쟁이 심화되어 그 어느 시기보다 창의성을 촉발시키는 고부가가치적인 리더십이 요청되는 때이기도 하다. 다시 말하면, 과거의 리더십은 정치·군사적인 카리스마적이고 서열적인 리더십이 주류를 이루어왔으나, 최근 사회의 각계각층에서는 이러한 유형의 리더십보다는 경제·문화적 리더십이 차지하는 비중과 그 중요성이 점점 높아지면서 셀프 리더십을 포함한 다양한 유형의 리더십에 관심이 높아지고 있다.

이에 따라 사회에서 요구되는 리더십도 변화하고 있으며, 군림하기보다는 민주적인 리더십이 강조되고, 개인보다는 팀 리더십이 과거보다 생산적이고 효율적인 고부가가치 리더십으로서 주목받고 있다. 이러한 리더십은 엠파워링 리더십이나 슈퍼 리더십, 셀프 리더십 등의 다양한 개념으로 여러 분야에 소개되고 있다.

아리스토텔레스의 말에 따르면 자제력이 없는 사람들은 이성으로부터 멀어지려는 강한 욕구가 있다. 그러나 성공을 위해서는 그런 강한 욕구를 스스로 억제할 수 있어야 한다. 모든 위대한 지도자들은 자신의 가장 중요한 책임이 자기훈련과 자기성장이라는 것을 알고 있다. 자기 자신을 이끌지 못하는 지도자는 다른 사람들도 이끌지 못할 것이다. 지도자는 자기가 본 길보다 사람들을 더 멀리 인도할 수 없다(John Maxwell, 2003). 위대한 사람은 위대한 조직을 이끌 수 있다. 그러나 지도자가 그것을 위해 기꺼이 대가를 지불할 때만 성장할 수 있다.

일반적으로 리더십이란 리더가 공동의 이익을 추구하기 위하여 사람들에게 공동의 목표를 설정하고 지속적으로 달성해 나가도록 영향력을 발휘하는 기술로 정의되어 왔다. 그리고 최근에는 리더십의 발휘과정에서 사람들이나 조직을 보다 효율적으로 이끌기 위해서는 구성원들이 자기주도적으로 자기 자신에게 동기부여하고 스스로 자신을 리드하게 함으로써 궁극적으로 자아실현을 이루는 것과 동시에 조직의 성과를 극대화할 수 있다는 관점이 두드러지게 되었다. 그리하여 이제는 모든 리더십의 출발이자 관건은 바로 셀프 리더십이 되었다.

셀프 리더십과 슈퍼 리더십

현대 리더십에서 회자되고 있는 개념 가운데 '슈퍼 리더십super leadership'은 지시적이고 강력한 카리스마를 발휘하는 리더십과는 대조가 되는 리더십으로서, 다른 사람들에게 일련의 권한과 책임을 위임함으로써 구성원들 스스로가 목표를 설정하여 업무를 처리할 수 있도록 각자가 자신의 분야에서 셀프 리더(self-leader)로 기능하게 해주는 리더십이라고 할 수 있다. 따라서 슈퍼 리더십과 셀프 리더십은 서로 긴밀하게 연결되어 있다. 슈퍼 리더는 다른 사람들로 하여금 자신을 스스로 리드할 수 있도록 하여 셀프 리더(self leader)로 만드는 리더를 말한다(Mantz & Sims, 1995).

따라서 슈퍼 리더십의 관건이자 핵심은 바로 셀프 리더십이다. 즉, 셀프 리더십은 조직에서 더욱 우수한 활동과 업무수행을 창출해 내기 위해 그 안에 소속된 자

히딩크 감독 이야기

2002년 월드컵이 열릴 당시 히딩크는 선수들에게 창조적인 플레이를 하도록 했다. 그는 선수들이 경기를 지배하고 스스로 판단하고 스스로 행동하도록 했다. 선수 각자가 셀프 리더self leader로 활약하도록 한 것이다. 그러기 위해서는 선수들은 자신을 조직의 한 부속품으로 여겨서는 안 되며 유기적인 관계에서 다른 선수들의 움직임을 전체적으로 파악할 줄 알아야 한다는 것이 그의 생각이었다. 선수들이 수비와 공격 어느 포지션도 소화할 수 있는 멀티 플레이어가 된 것도 셀프 리더가 될 수 있는 훈련을 거쳤기 때문이다.

히딩크는 선수들로 하여금 생각하도록 하며 뛰도록 했다. 이전에 선수들은 공만 쫓아다니기 바빴는데, 선수들은 '왜'를 묻기 시작했다. 이처럼 많은 질문을 하다 보니 창의적인 대안이 나오게 되었다. 수비수들도 상황에 맞게 변형하는 플렉시블 백flexible back에 익숙해졌다. 히딩크는 선수들로 하여금 자율적인 능력을 배양하도록 했다. 그 동안 우리 선수들은 감독의 지시에 따르는 것에 익숙해져 있었다. 수비형 미드필더의 공격가담이 전혀 없었던 것을 지적하면 "감독이 그런 지시를 안 하시니까"로 답했을 정도였다. 이 점을 그는 아쉽게 보았다.

그는 한국대표팀 감독에 취임한 직후 "한국 선수들은 지시만 따르고 자발적으로 생각하는 것이 부족하다. 운동장에서는 감독이 뛰는 것이 아니라 선수들 스스로가 생각해서 움직여야 된다."고 했다. 그 후 월드컵에서 많은 변화를 보였다. 수비수가 자유롭게 공격에 가담해 골로 이어지게 하는 등 한국팀은 달라졌다. 이 도약의 비결은 선수들의 자발성을 살려준 데 있었다. 히딩크가 남긴 메시지는 바로 자발성의 발휘에 있다. 히딩크가 떠난 이제 우리 사회는 이것을 심각하게 받아들일 필요가 있다.

자료 : 요시자키 에이지(2002).

기 자신에게 효과적으로 영향을 미치는 과정으로 볼 수 있다.

셀프 리더십에 대한 개념의 발달은 개인에게 인생설계에 관한 비전을 제시하고 글로벌시대에 적합한 경영전략에 이르기까지, 현대의 최신 테크놀로지를 동원하여 개인적 삶의 사회적·정치적·경제적·일상적인 부분들을 꼼꼼하게 계획하고 관리하는 자기 경영적 태도를 확립하도록 여러 가지 행동지침들을 제시하고 사람들이 그 속에서 끊임없이 새로운 과제를 발견하도록 이끌어 준다.

셀프 리더십과 자기관리능력 : 자기인식능력 ● ● ●

셀프 리더십을 개발하려면 자기에 대한 올바른 인식에서 출발하여 자기관리를 효율적으로 행함으로써 자존감을 향상시키는 것이 중요한 관건이라고 할 수 있다.

작고한 새뮤얼Samuel Hoffenstein은 이렇게 말했다. "내가 어디를 가든 나는 늘 같이 간다. 그리고는 모든 것을 망쳐버리고 만다." 잭Jack Paar도 유명한 말을 남겼다. "내 일생을 돌이켜보니 많은 장애물을 만났다. 그중 가장 큰 장애물은 나 자신이었다."(John Maxwell, 2003).

자기관리능력은 자기인식능력—자신의 감정을 헤아릴 줄 알고 자신이 무엇을 하고자 하는지 분명히 아는 것—에서 비롯된다(다니엘 골먼, 2003). 즉, 자기관리능력은 리더가 어떠한 목표를 성취하기 위해 자신의 내면 속에 갖춰야 할 구체화된 힘으로 표현할 수 있다. 리더가 자신에 대한 이해와 내면에 대한 인식이 부족하다면 자신의 감정을 추스르지 못하고 오히려 그 감정에 놀아나게 된다. 그러한 감정이 자신을 존중하고 꿈을 이루고자 하는 마음이나 열정 같은 긍정적인 성향이 강한 것일 때는 문제가 되지 않지만 분노나 불안, 공포와 절망과 같은 부정적인 감정에 지배당하고 있다면 그 감정에서 쉽게 벗어나기 어렵기 때문에 자신의 감정을 잘 인식하고 대처하는 능력은 셀프 리더에게 반드시 요구되는 중요한 점이다.

이처럼 자기통제가 가능한 리더에게는 긍정적인 공감이 가능하도록 만드는 즐거운 마음과 낙관적인 태도와 열정이 있다. 낙관적인 태도와 즐거운 기분을 유지할 수 있는 리더는 아무리 힘든 상황에서도 공감을 불러일으키는 긍정적인 감정을 발산한다(전게서, 2003). 자기인식능력이 풍부한 셀프 리더는 자신의 감정과 충동을 제어함으로써 사람들에게 신뢰감과 안정감, 그리고 균형적인 분위기를 이끌어 낼 수 있게 된다.

또한 자기관리능력은 남보다 앞서서 중요한 판단을 내리는 데도 유용하다. 오늘날처럼 새로운 기업과 직종이 끊임없이 생겼다 사라지고 과학기술이 신속하게 변화하는 방향을 분간하기 어려운 시대에서, 자신의 감정을 쉽게 통제하는 셀프 리더는 다가오는 미래의 변화에 유연하게 대처할 수 있으며 사람들에게 강한 신뢰를 받으며 자신의 조직도 잘 적응하도록 만들 수 있는 역량을 갖춘 인재가 된다. 그러므로 리더로서 잊지 말아야 할 가장 중요한 점은 자신을 올바르게 인식하고 내면의 마음 상태를 잘 다스리는 것이다. 리더십을 제대로 발휘하기 위해서는 자신의 흔들리는 마음을 잘 다스리고 대신 긍정적인 감정을 표현할 수 있는 능력이 필요하다.

스티븐 코비(Stephen R. Covey, 1994)는 리더십을 개인, 대인관계, 부서, 조직관리 차원으로 나누고, 그 핵심은 구성원 개개인의 신뢰성을 기반으로 한다는 것을 분명히 하였다. 철저한 자기관리가 리더십의 바탕이 된다는 것을 삶을 통해 보여 준 대표적인 인물 중 하나로 프랭클린Franklin을 들 수 있다. 그는 정직성과 이타성, 종교성을 자기 삶에서 실천하기 위해 날마다 선행 일과표를 세우고 점검하면서 자기관리에 심혈을 기울였다. 자신의 이상적인 가치를 하루하루의 일상생활에서 실천하여 이루고자 부단히 노력하였던 그는 300년 전 미국의 정치·경제·문화적 리더였을 뿐 아니라 현대인들도 그의 자기관리방법을 배우고자 여러 나라에서 해마다 자서전을 출판할 정도로 리더십의 모범이 되고 있다.

우리는 누구나 신체를 가지고 있고, 하루 24시간을 가지고 있다. 또한 감정과 생각, 그리고 행동으로 구성되는 정신세계를 가지고 있다. 누구에게나 평등하게 주어져 있는 기본적인 여건들을 철저하게 관리함으로써 신뢰성을 갖춘 리더로 성장할 수 있다(김광수 외, 2007). 그러므로 우리는 셀프 리더로서 개개인에 대한 올바른 자기관리법들을 인지하고 그에 대한 전략들과 실천적인 자기관리 실제에 대하여 구체적으로 습득하여, 자신에게 적절하게 적용하고 생활 속에서 실천해 봄으로써 사회를 이끌어 가는 리더로서의 기초를 다지고 더욱 영향력을 갖춘 효과적인 리더가 될 수 있다.

스티븐 코비의 자기관리를 위한 '7가지 습관' ● ● ● ●

인생을 살아가면서 어떤 습관을 가지고 있느냐 하는 것은 때로 우리의 인생을 좌우할 만큼 중요한 요소가 되기도 한다. 우리가 규칙적으로 행하는 그것이 곧 우리 자신을 만드는 것이다.

새뮤얼 스마일즈Samuel Smiles는 다음과 같은 글을 남겼다(Sean Covey, 1998).

생각의 씨를 뿌리면 행동을 거둬들일 것이요.
행동의 씨를 뿌리면 습관을 거둬들일 것이요.
습관의 씨를 뿌리면 성격을 거둬들일 것이요.
성격의 씨를 뿌리면 운명을 거둬들일 것이다.

이 글에서 나타내고 있는 바와 같이 습관은 사람의 운명을 바꿀 만큼 중요한 것이 될 수 있다. 그러므로 우리가 습관을 바꾸려는 의지를 가지고 꾸준히 행한다면 언제든 우리의 운명을 바꿀 수 있다는 이야기도 된다.

스티븐 코비(Stephen R. Covey, 2001)에 의하면 인간이 가진 고유한 일차적 능력에는 ① 자아의식, 즉 자신에 대한 인식, ② 상상력과 양심, ③ 의지 또는 의지력 등이 포함되고, 이차적 재능에는 ④ 풍요의 심리, ⑤ 용기와 배려, ⑥ 창의성 등이 포함되며, 인간의 일곱 번째 재능은 ⑦ 자기 쇄신의 능력이 포함된다고 하였다. 이와 같은 능력들은 어떠한 동물들도 소유하지 못한 인간의 천부적 재능이라 할 수 있다. 그가 제시한 인간의 이와 같은 능력에 관하여 간략히 소개하면 다음과 같다.

습관 1 : 주도적이 되라

주도적인 습관에 관련된 능력은 자아의식, 즉 자기 자신을 아는 능력이다. 다시 말해, 이는 어떤 자극에 대해 자신이 어떻게 반응할지를 선택할 수 있는 능력response-ability을 의미한다.

기분 좋게 조깅을 하고 있는데, 갑자기 다른 사람이 길을 막고 앞으로 끼어들어 넘어질 뻔 했다면 어떻게 하겠는가? 험한 욕부터 먼저 내뱉겠는가? 아니면 한 번 웃어주면서 가던 길 계속 가고 그냥 넘어가겠는가?

대응적인 사람은 충동에 따라 선택한다. 그런 사람은 꼭 콜라병 같다. 조금만 흔들어도 압력이 높아지고 폭발해 버린다. 그러나 주도적인 사람은 가치에 따라 선택한다. 그런 사람은 행동하기 전에 반드시 생각한다. 주도적인 사람은 자신에

표 10-1 대응적인 말과 주도적인 말의 비교

대응적인 말	주도적인 말
한 번 해 보죠	꼭 할게요
난 원래 그래 내가 할 수 있는 일은 없어	난 더 잘 할 수 있어 가능한 일이 뭔지 해보자
그건 의무야	그건 선택이야
난 못해	무슨 방법이 있을 거야
너 때문에 오늘 하루 완전히 망쳤어	네가 기분이 나쁘다고 나까지 나빠지진 않을 거야

자료 : Sean Covey(1998).

게 닥치는 모든 일들을 자기 맘대로 할 수는 없지만 '자신의 행동은 자기 맘대로 할 수 있다'는 사실을 알고 있다. 이러한 대응적인 말과 주도적인 말을 서로 비교해 보면 표 10-1과 같다(Sean Covey, 1998).

습관 2 : 목표를 확립하고 행동하라

인간의 천부적 재능은 상상력과 양심이다. 《삶의 의미를 찾아서Man's Search for Meaning》라는 책의 저자인 빅터 프랭클Victor Frankl은 제2차 세계대전 중 나치 독일의 죽음의 수용소에 수감되었다가 풀려난 오스트리아 출신의 정신과 의사이다. 어느 날 그는 생체 실험의 대상이 되었다. 그러나 바로 그때 프랭클은 "나에게는 선택할 힘이 있다"라는 사실을 발견했다. 그리고 그는 의미를 추구했다. 프랭클은 만약 우리에게 의미(목적 또는 동기)라는 것이 있다면, 만약 우리가 살아가는 이유(why)를 가지고 있다면, 우리는 어떠한 고통(what)도 이겨낼 수 있다고 믿었다. 이후 프랭클의 학문적 발전은 바로 이 한 가지 통찰에서 비롯되었다. 프랭클은 자신의 과거의 기억에 의존하기보다는 자신의 미래에 대한 상상력과 양심에 따르기로 작정했다.

우리도 양심과 상상력을 무력감과 낡은 습관들 가운데에서 이끌어 낸다면, 믿음과 희망 그리고 내적인 안정감을 향하여 점진적으로 성숙해 나갈 수 있다(Stephen R. Covey, 2001).

목표를 확립하는 가장 좋은 방법은 개인 사명서를 작성하는 것이다. 개인 사명서는 '우리 삶이 어떤 것인지 말해 주는 개인적인 신조'와 같은 것이다. 삶의 청사진이라 할 수 있는 것이다. 많은 이들이 자신의 사명서를 가지고 있다. 사명서는 쓴 사람에 따라 가지각색이다. 어떤 것은 길고 어떤 것은 짧다. 어떤 것은 시로 작성되어 있고 어떤 것은 노래로 만들어져 있다. 어떤 이는 좋아하는 격언을 쓰기도 하고 사진이나 그림을 사명서로 쓰는 이들도 있다.

메리 베스 실베스터Mary Beth Sylvester는 시네드 오코너Sinead O'Connor의 노래 '황제

의 새옷Emperor's New Clothes'의 가사를 따서 사명서를 작성했다.

나는 내 주관을 가지고 살겠다.
나는 분명한 양심을 갖고 잠들겠다.
나는 평화롭게 잠들 것이다.

마틴 루터 킹Martin Luther King 목사의 사명은 인류의 인권을 신장시키는 것이었
다. 마하트마 간디Mahatma Ghandi의 사명은 3억 명에 이르는 인도인들에게 자유를
가져다 주는 것이었다. 테레사 수녀Mother Teresa는 벌거벗은 자들에게 옷을 주고
굶주린 자들에게 음식을 주는 것이었다(Sean Covey, 1998).

습관 3 : 소중한 것부터 하라

소중한 것부터 행하기 위해 필요한 인간의 천부적 재능은 의지력이다. 보통 의지
력이 약한 사람들은 빈둥거리며 이리저리 떠돌아다니는 비효과적인 생활을 한다.
이런 사람들은 책임을 회피하고, 쉽게 살려고 하고, 삶에 대한 진취적인 정신이나
의지력을 갖고 있지 않다. 이와 대조적으로 의지력이 강한 사람들은 지금 당장 긴
급한 일보다는 중요한 일들에 초점을 맞추며 살아가기 때문에 그들의 삶은 지렛
대와 같이 영향력을 가지고 있다(Stephen Covy, 2001).

표 10-2에서 제시한 시간을 보내는 방식들을 살펴보고 자신은 어떤 유형에 해
당되는지 점검해 보면 좋을 것이다.

습관 4 : 상호 이익을 모색하라

승-승을 추구하는 태도는 나도 이기고 남도 이길 수 있다는 자세를 가지고 삶을
대하는 것을 말한다. '나' 아니면 '너'가 아니라 '둘 다 함께'인 것이다. 그러므로 상

표 10-2 시간을 보내는 방식

구 분	급한 일	덜 급한 일
중요한 일	❶ 미루는 사람 ■ 시험이 내일이다 ■ 친구가 다쳤다 ■ 지각이다 ■ 오늘까지 내야 할 과제물 ■ 자동차가 고장 났다	❷ 순서를 정해 일하는 사람 ■ 계획, 목표 설정 ■ 일주일 안에 제출해야 하는 과제 ■ 운동 ■ 인간관계 ■ 휴식
덜 중요한 일	❸ 무조건 "그래"라고 하는 사람 ■ 중요하지 않은 전화 ■ 쓸데 없는 참견 ■ 다른 사람의 사소한 문제 ■ 주변 사람들의 눈치	❹ 게으른 사람 ■ TV를 너무 많이 본다 ■ 끝없는 전화 ■ 밤새도록 컴퓨터 게임을 한다 ■ 길거리 배회 ■ 시간 낭비

자료 : Sean Covey(1998).

호이익을 추구하는 것은 원만한 인간관계를 유지하기 위한 머릿돌이 된다. 그것은 모든 사람은 평등하고, 더 나은 사람도 모자란 사람도 없으며, 또 그렇게 되어서도 안 된다는 믿음에서 출발한다(Sean Covey, 1998).

사람들은 원칙중심적이 될수록 주위로부터 받는 인정recognition과 자신의 권한을 남들과 나누려는 경향이 있다. 그것은 파이pie가 한정되어 있다고 생각하는 것이 아니라 파이를 계속 키워나갈 수 있다고 생각하기 때문이다. 자원은 한정되어 있다고 생각하는 우리의 기본 패러다임이나 가정은 잘못된 것이다. 사람들이 가지고 있는 위대한 능력이 제대로 개발되거나 이용되지 못하고 있기 때문이다. 풍요의 심리를 통해 모든 사람들이 원하는 더 많은 이윤과 힘 그리고 안정감을 이끌어 낼 수 있다(Stephen Covey, 1994).

습관 5 : 경청한 다음에 이해시켜라

경청한다는 것은 다른 사람에 대한 배려를 동반하는 용기이다. 우리가 진정으로 다른 사람의 말을 경청하면 어떤 일이 일어날까? 그럴 경우, 우리와 그 사람의 관계는 전혀 새로운 국면으로 접어든다. 거의 모든 사람들이 가진 문제의 근본 원인은 기본적인 커뮤니케이션에 있다. 사람들은 남과 대화를 나눌 때 공감하며 듣지 않는다. 사람들은 남의 말을 자신의 자서전적 경험에 비추어 들을 뿐이며 공감적 경청의 기술이나 태도가 결여되어 있기 때문이다.

남의 말을 경청하기 위해서는 자제력과 상대방을 존중하고 존경하는 태도가 필요하다. 그리고 다른 사람에게 자신을 이해시키기 위해서는 용기와 다른 사람을 배려하는 태도가 요구된다.

습관 6 : 시너지를 활용하라

우리는 서로를 존중하는 마음으로 의사소통을 거침으로써 애초에 어느 한쪽이 제안했던 것보다 훨씬 더 훌륭한 해결책을 창출해 낼 수 있게 된다.

하버드대학의 교수인 로저 피셔Roger Fisher와 윌리엄 우리William Ury는 그들이 펴낸 《협상비결Getting to Yes》이라는 책에서 협상에 관한 전혀 새로운 접근방법을 제시하고 있다. 여기서는 두 개의 서로 상반되는 입장을 상정하지 않는다. 즉, "창문을 좀 엽시다", "아니에요, 닫아요", "아니에요, 열어요"하며 티격태격하거나, 결국 반나절 동안 창문을 열고 닫거나, 반쯤만 여는 등의 절충안을 만드는 등의 방식이 아니다. 그 대신 시너지적인 해결책을 제시한다. "당신이 창문을 열려는 이유가 뭡니까?", "환기를 좀 시키고 싶어서지요.", "그런데 당신은 왜 창문을 닫으려는 겁니까?", "바람이 싫어서요.", "그렇다면, 바람을 피하면서도 신선한 공기가 들어오게 하는 방법은 없을까요?" 바야흐로, 서로를 존중하며 상대방의 욕구를 이해하게 된 두 창의적인 사람은 이런 제안을 하게 된다. "옆방 창문을 열면 어떨까요? 가구들을 좀 옮겨봅시다.", "창문의 윗부분을 열어 보죠. 에어컨을 켭시다." 이처럼 두 사람은 기존의 자기 입장을 고수하지 않음으로써 새로운 대안을 탐색해 볼 수 있게 된 것이다.

습관 6을 습득함으로써 우리는 방어적 커뮤니케이션에서 벗어나 절충적인 방법으로, 그리고 거기서 다시 시너지적이고 창의적인 대안을 창출하고 진정한 변혁의 길로 나아갈 수 있게 된다.

습관 7 : 심신을 단련하라

심신을 단련하라는 말은 지속적인 개선, 즉 자기쇄신으로 엔트로피를 극복할 수 있도록 하는 것이다. 끊임없이 자기 자신을 개선하고 쇄신하지 않으면 우리는 쉽게 엔트로피, 즉 폐쇄된 시스템 및 스타일에 빠져들게 된다. 그러므로 지속적인 개선과 혁신, 단련이 이루어지도록 노력해야 한다.

이상에서 스티븐 코비(1994)와 그의 아들 숀 코비(1998)가 소개하는 성공하는 사람들의 자기관리방법인 습관형성에서 나타난 원리들을 뒤돌아서서 금방 잊어버리지 말고 일상적인 삶에서 중요한 행동방침으로 삼고 셀프 리더십의 전략으로 활용해 본다면 훗날 우리는 지금보다 더 향상된 자기 자신을 발견할 수 있을 것이다.

효과적인 자기관리방법 　　　• • • • •

효과적인 셀프 리더십은 자기주도성에 있어서 타고난 소수의 사람들에게 한정된 것이 아니라 누구에게나 학습될 수 있는 것이다. 다음에서 소개하는 자기관리방법들은 존 맥스웰(John Maxwell, 2003)이 셀프 리더십을 위한 효과적인 자기관리방법

배움에 대한 열정 : 랍비 힐렐 이야기

한 청년이 있었다. 이 청년은 배우는 것을 아주 좋아하였다.

"오늘은 동전 한 닢 밖에 못 벌었군. 그러나 이 돈은 오늘 하루의 수업료는 낼 수 있을 거야."

그 청년은 하루 벌어서 하루 먹고 살 정도로 가난하였다. 그러나 배우는 것을 너무 좋아하여 돈을 조금 벌어도 생활비는 반밖에 안썼다. 나머지의 반은 학교 수업료로 썼다. 그러던 어느 날이었다.

"정말 큰일 났네. 오늘은 한 푼도 못 벌었으니 이 일을 어찌하면 좋지?"

그는 굶는 것은 얼마든지 참을 수 있었다. 그러나 돈이 없어서 학교에 못간다는 것은 도저히 용납되지 않았다. 한참을 생각하던 청년은 한 가지 좋은 생각을 떠올렸다. '그래, 하는 수 없다. 몰래 듣는 수밖에'

그래서 하는 수 없이 청년은 학교 지붕 위로 올라갔다. 그리고 굴뚝에다 귀를 대고 가르침을 듣기 시작하였다. 날이 어두워지고 있었다. 게다가 날씨가 몹시 추워졌다. 하지만 이 청년은 이렇게라도 듣는 것이 다행이라고 생각하고 추운 줄도 몰랐다. 그날따라 수업은 밤늦게까지 계속되었고 밖에는 눈도 내리고 있었다. 추위와 배고픔으로 지친 청년은 그만 깜빡 잠이 들었다. 다음 날이었다. 다른 날과 같이 학교 수업이 시작되었다.

"얘들아, 오늘 너무 이상하지 않니? 교실이 왜 이렇게 어두울까?"

"날씨도 맑은데, 정말 그렇네."

학생들은 어두워서 불을 켜 보았다. 그러나 여전히 마찬가지였다.

바로 그때 한 소년이 교실 천장을 가리켰다.

"얘들아, 저기 좀 봐. 이상해. 저기 누가 있는 것 같아."

교실 천장에는 햇빛이 들어 올 수 있도록 창문이 나 있었다. 그런데 그 창문을 어떤 사람의 몸이 가리고 있어서 교실이 다른 날보다 더욱 어두웠던 것이다. 학생들은 지붕 위로 올라가 보았다. 그 지붕 위에는 한 청년이 눈을 하얗게 쓴 채 잠이 들어 있었다. 이 청년을 조심스럽게 끌어 내린 학생들은 그가 정신을 찾을 수 있도록 보살펴 주었다. 얼마 후 청년이 눈을 떴다. 학생들은 기뻐서 탄성을 질렀다.

"야, 드디어 살았다." 청년이 정신을 못 차리고 죽을까봐 학생들은 가슴을 무척 졸였다.

> "당신은 이 추운 날씨에 왜 지붕 위에서 잠을 잤나요?"
>
> 선생님이 물었다. 청년의 이야기를 들은 선생님은 배우려고 하는 청년의 열정에 감동을 받았다. 그래서 그 청년에게 수업료를 받지 않기로 하였다. 그 후로 청년은 자기가 배우고 싶었던 것을 마음껏 배울 수 있었다. 이때부터 유대인 학교에서는 수업료를 받지 않기로 하였다. 이 청년은 나중에 유명한 랍비가 되었는데, 그가 바로 랍비 힐렐이었다.
>
> 자료 : 박찬희 엮음(2006).

으로 소개한 내용을 재정리한 것이다.

1. 우선순위를 정하라

윌리엄 글래드스톤William Gladstone은 이렇게 말했다. "자신에게 잘 맞지 않는 일 때문에 에너지를 소비하지 않는 사람은 현명한 사람이다. 그러나 자신에게 잘 맞는 일을 선택해서 최상의 결과를 위해 노력하는 사람은 더욱 현명한 사람이다."

2. 우선순위를 달력에 기록하라

해야 할 일을 우선순위에 따라 목록을 종이 위에 기록하고 난 후, 그 내용을 내 달력에 써 넣는 것이 좋다. 이것은 매일 우리에게 시간을 내 달라는 외부의 압력으로부터 우리를 보호해 준다. 또한 우리가 정상적인 궤도로 가도록 도와주는 사람들에게 신뢰감을 준다.

3. 예상치 못한 일에 대비하여 시간을 남겨 두라

어떤 종류의 일을 하느냐에 따라 예상치 못한 일에 대비해서 얼마만큼의 시간 여유분을 두어야 하는지가 결정된다. 예를 들어, 사람들과 접촉을 많이 할수록 시간은 그만큼 더 비축해 두어야 한다. 예기치 않았던 일에 대비하여 일주일 중 반나절

씩을 비워두는 것은 현명한 일이다.

4. 일은 한 번에 하나씩 처리하라

훌륭한 장군은 한 번에 한 전투에 나가서 싸운다. 훌륭한 지도자도 마찬가지이다. 일에 압도당하는 느낌을 갖는 것은 한꺼번에 너무 많은 일을 처리하려 하기 때문이다. 일을 모아두거나 미루어 두었다가 한 번에 처리하려는 것은 효과적인 자기 관리방법이라 할 수 없다.

5. 일하는 장소를 조직화하라

일하는 장소가 일의 성격에 따라 두 군데로 구분되어 있으면 효과적이다. 예를 들면, 행정공간과 창조공간이다. 학생들의 경우에는 과제물 작성공간과 일반 독서 또는 학업을 위한 공간이 따로 구분되어 있으면 효율적이 될 것이다.

6. 체질에 맞게 일하라

당신이 아침에 활동하기를 좋아한다면 가장 중요한 일은 아침시간에 하도록 계획을 세우라. 늦은 시간에 일을 해야 효율적이라면 반대로 행하라. 그러나 체질적으로 약하다는 이유만으로 마땅히 해야 할 중요한 일을 효과적으로 못했다고 핑계 대서는 안 된다.

7. 당신을 도와 줄 수 있는 시스템을 계발하라

밥 비얼Bobb Biehl은 실행 목록과 달력에서 시작하여 도서실과 컴퓨터까지 모든 시스템들은 당신을 위해 일하는 종이라고 말했다. 그것은 당신을 더욱 탁월하고 더욱 빠른 속도로 일할 수 있도록 도와준다. 당신은 시스템을 발전시킴으로써 시간과 재정 낭비는 줄이고 반면에 일의 효과는 증대시킬 수 있다고 하였다. 시스템과 싸우지 말고 시스템을 발전시켜라.

8. 자투리 시간을 유용하게 써라

몇 분을 잘 사용하면 몇 시간을 절약할 수 있다. 짧은 시간에 어디서나 할 수 있는 일의 목록을 써 가지고 다니면 유용하다. 과제물이나 전화할 곳, 회신이나 메모를 보내야 할 곳, 보고서 점검하는 일, 감사카드를 보내는 일, 의사전달을 해야 할 일 등 짧은 시간에 할 수 있는 할 일의 목록을 항상 가까운 곳에 가지고 다녀라.

9. 활동에 초점을 맞추지 말고 목적에 초점을 맞추어라

활동을 조직화하는 데 일정 시간을 보내면서 옳은 일과 참으로 중요한 일을 하는 데 중점을 두라. 그리고 다음의 말을 유의하여 전체적인 일에 조직성을 기획하라.

당신이 자신 있다고 생각하는 일에 80%의 시간을 투자하라.
당신이 배워야 하는 일에 15%의 시간을 투자하라.
당신이 가장 약하다고 생각하는 일에 5%의 시간을 투자하라.

표 10-3 **성공한 사람과 성공하지 못한 사람의 차이**

인격을 따라 일하는 사람	감정을 따라 일하는 사람
■ 일을 제대로 해서 기분이 좋다.	■ 기분이 좋아야 일을 옳게 한다.
■ 책임을 토대로 일한다.	■ 이해를 토대로 일한다.
■ 원리에 입각해서 결단을 내린다.	■ 인기에 입각해서 결단을 내린다.
■ 행동이 태도를 조절한다.	■ 태도가 행동을 조절한다.
■ 믿었기에 보게 된다.	■ 눈으로 봐야 믿는다.
■ 추진력을 창출한다.	■ 추진력을 기른다.
■ 나의 책임이 무엇인가?	■ 나의 권리가 무엇인가?
■ 문제가 발생해도 계속한다.	■ 문제가 발생하면 그만둔다.
■ 견고하다.	■ 기분에 따라 변덕스럽다.
■ 지도자들이다.	■ 피지도자들이다.

위에서 소개한 존 맥스웰(2003)의 전략들을 기억하여 우리의 삶에 적용해 보자. 좋은 인격은 뛰어난 재능보다 더 칭찬받아야 한다. 어떻게 보면 거의 모든 재능은 은사라고 볼 수 있다. 그러나 훌륭한 인격은 우리에게 거저 주어지지 않는다. 우리는 그것을 하나하나 만들어 가야 한다. 그 하나하나란 생각, 선택, 용기, 결단이다. 이것은 오직 훈련된 삶을 통해서만 성취가 가능하다.

이상에서 우리는 행동지향적인 셀프 리더십 전략들이 여러 다양한 작업상황에서 활용되고 있는 점들을 살펴보았다. 정보기술에 크게 의존하고 있는 지식기반의 일이나 작업 상황에는 셀프 리더십을 위한 많은 실질적인 도전이 있다. 오늘날 사람들은 자신이 컴퓨터 스크린을 응시하면서 많은 시간을 보내고 있고 또 자신의 내면에서 동기유발요인을 찾고 있는 것을 보게 될 것이다. 소위 윗사람으로 불리는 사람들이 구성원들을 세밀하게 감시하고 지도하는 시대는 이미 과거로 사라져 희미하게 되었다.

이에 따라 매일의 일상생활 속에서 실천함으로써 완성될 수 있는 셀프 리더십의 리더인 각 사람들은 자신 스스로의 행동을 이끄는 활동을 통해 셀프 리더십을 발휘하는 것이 개인의 삶과 학교생활, 사회생활에서 더욱더 중요해지고 있다. 개개인의 셀프 리더들이 행하는 행동 하나하나는 그가 자신의 시간을 어떻게 관리해 나가는지, 감정이나 건강관리는 어떻게 하는지에 관한 셀프 리더십의 여러 가지 측면들을 반영하고 있다.

지금까지 이 장에서 소개한 셀프 리더로서의 자기인식과 자기관리의 각 측면 행동전략에 관한 기준들을 발견할 수 있었을 것이다. 이렇게 발견한 점들을 밑거름 삼아 작은 계획부터 하나씩 실천해 나간다면 훗날 반드시 더욱 향상된 효과적인 셀프 리더십을 갖춘 자기 자신과 마주하게 될 것이라고 믿는다.

달리는 패션 모델 그리피스 조이너

우리들의 뇌리에 각인되어 영원히 사라지지 않는 별…. 세계에서 가장 화려한 명성을 누렸던 미국의 여자 육상선수 플로렌스 그리피스 조이너Florence Griffith-Joyner는 1959년 12월 21일 태어나 1998년 9월 21일 병으로 세상을 떠났다.

별명이 플로조Flo Jo로 알려진 그녀는 1988년 미국 올림픽 선발대회 100m 예선에서 10.49초 세계기록을 세우면서 세계를 놀라게 하였다. 1988년 서울올림픽 200m 결선에서 세운 21.34초 세계기록과 더불어 24년이 넘도록 불멸의 기록으로 남아 있다.

그녀는 다이나믹한 동작과 화려한 스타일로 1980년대 후반 국제육상의 스타가 되었다. 1989년에 은퇴한 뒤에는 불우한 어린이를 위한 자선사업과 체육활동을 하였으며 1995년 명예의 전당에 이름이 올랐다.

로스앤젤레스 조던 다운스 공동 주택단지에서 11남매의 7번째로 태어나 역경 속에 성장한 그리피스 조이너는 "다리가 없는 사람을 보기 전에는 날마다 운동화를 사달라고 부모에게 떼를 썼다"고 말했다.

그녀는 세단뛰기 선수 앨 조이너의 부인이며, 7종 경기와 멀리 뛰기 선수 재키 조이너-커시의 시누이이다. 서울 올림픽에서 여자 100m, 200m, 400m 계주에 우승 삼관왕에 올랐으며, 1,600m 계주에서는 준우승 은메달을 차지하는 실력을 보여 주었다.

그리피스 조이너는 생전에 화려한 외모와 패션으로 실력 못지않은 미모와 미적 감각을 뽐내어 각국 언론의 주목을 받았다. 이때 얻은 별명이 '달리는 패션 모델'이었다.

그녀는 죽기 전에 다음과 같은 말을 남겼다.

"최고가 되기 위해서는 무엇을 해야 하는가? 집중력을 키우고, 끊임없이 연습하며, 꿈(목표)을 가져야 한다."

자료 : 연합뉴스(1998).

셀프 리더십 전략 활용의 실제

개인 사명서 작성하기

개인 사명서

인생의 목표를 확립하고 행동하기 위하여 '개인 사명서'를 작성해 보자. 자기 사명서에는 장차 내가 어떤 사람이 되고 싶은지, 내가 원하는 삶은 어떤 것인지, 하고 싶은 것과 중요하다고 생각하는 것은 무엇인지에 대하여 25자 이상 구체적으로 적어 보거나 자신이 그린 그림이나 좋아하는 격언, 시나 노래로도 표현해 보자.

나의 생애 연대기 그래프 만들기

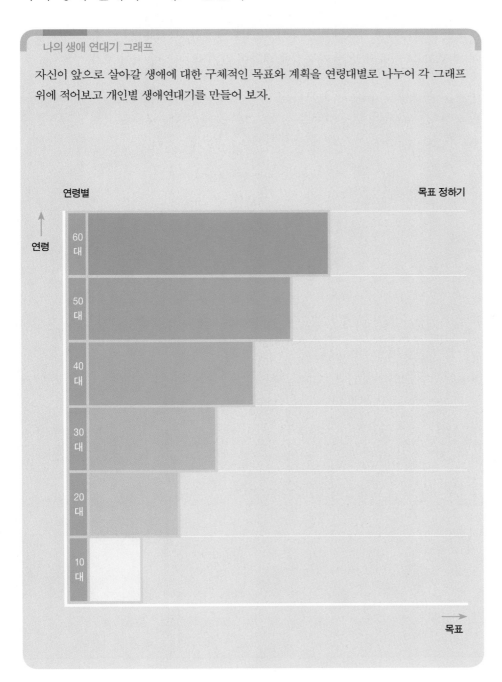

자기인식능력 향상시키기

지금까지 자신에게 나타나는 강점과 약점에 대하여 각각 5가지 이상을 노트 좌우에 써 보고 그 이유와 발전 가능성에 대하여 각 항목 아래에 적어 보자.

나의 강점 영역			나의 약점 영역		
강 점	이 유	발전 가능성	약 점	이 유	발전 가능성

효율적으로 시간관리하기

현재 내가 해야 할 일을 10가지 이상 쓰고, 각 항목에 적절하도록 중요성과 긴급성을 고려하여 우선순위를 정한 후 각 항목 옆에 번호를 적어 보자.

할 일 목록 쓰기

-
-
-
-
-

-
-
-
-
-

우선순위 정하기 : 중요성 · 긴급성에 따라

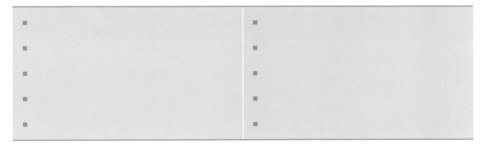

	높은 긴급성	낮은 긴급성
높은 중요성		
낮은 중요성		

자기관리 효율성 점검

현재 자신이 효과적으로 관리하고 있다고 느끼는 시간관리 및 건강관리, 정서관리 각 측면의 요소들은 무엇이며, 비효과적으로 관리하고 있다고 느끼는 요소들은 무엇인지 노트의 좌우에 적어놓고 그 이유를 적어 보자.

구 분	효과적인 요소	비효과적인 요소
시간관리		
건강관리		
정서관리		

참고문헌 reference

김광수 · 신명숙 · 이숙영 · 이은미 · 한동승(2007). **대학생과 리더십**. 학지사.

다니엘 골먼 · 리처드 보이에치스 · 애니 맥퀴 지음, 장석훈 옮김(2003). **감성의 리더십**. 청림출판.

만츠 · 심즈 JR 지음, 김남현 옮김(2002). **슈퍼 리더십**. 경문사.

스티븐 코비 지음, 김경섭 · 김원석 옮김(1994). **성공하는 사람들의 7가지 습관**. 김영사.

스티븐 코비 지음, 김경섭 · 박창규 옮김(2001). **원칙 중심의 리더십**. 김영사.

신응섭 · 이재윤 · 남기덕 · 문양호 · 김용주 · 고재원(1999). **리더십의 이론과 실제**. 학지사.

양석호(1999). **현대조직과 리더십**. 이데아.

이상오(2008). **리더십 역사와 전망**. 연세대학교출판부.

전도근(2006). **생산적 코칭**. 북포스.

제임스 C. 헌터 지음. 김광수 옮김(2005). **서번트 리더십**. 시대의 창.

제임스 글리크 지음, 박배식 외 옮김(1993). **카오스 현대과학의 대혁명**. 동문사.

존 맥스웰 지음, 강준민 옮김(2003). **리더십의 법칙**. 비전과 리더.

포시스 도넬슨 지음, 서울대학교 사회심리학 연구실 편역(1996). **집단심리학**. 학지사.

피터 드러커 지음, 이재규 옮김(2001). **변화 리더의 조건**. 청림출판.

필립 맥그로 지음, 장석훈 옮김(2002). **자아**. 청림출판.

하이럼 스미스 지음, 김경섭 · 이경재 옮김(1994). **성공하는 시간관리와 인생관리를 위한 10가지 법칙**. 김영사.

CHAPTER **11**

문화적 에티켓과
리더십

우리는 매일의 일상생활 속에서 또는 일터에서 사람들을 만나고 이야기하고 헤어
진다. 우리는 이러한 만남을 통해 알게 된 사람들에 대해서 어떤 방식으로든 평가
하고 기억한다. 이때 평가하는 기준이 각각의 문화에서 통용되는 상식, 관습과 에
티켓이다. 어떤 사람은 매너가 있고 친절하고 멋있게 기억되는 반면 어떤 사람은
같이 있기 불편하고 다시는 만나기 싫게 기억되기도 한다. 사회생활에서 리더가
되기 위해서는 다른 사람들이 기억하기에 좋은 인상과 태도를 가지고 신뢰할 수
있는 행동을 하는 사람으로 인식되어야 할 것이다. 이 장에서는 일상생활에서 리
더로서 갖추어야 하는 예절과 규범에 대해서 자세히 알아보고자 한다.

에티켓과 매너의 필요성

네이버 국어사전에 따르면 에티켓etiquette은 사교상의 마음가짐이나 몸가짐, 예의이고, 매너manner는 'Manuarius'라는 라틴어에서 나온 말로 Manus는 손, Arius는 사람의 행동과 습관을 의미한다. 따라서 매너란 사람마다 갖고 있는 독특한 습관이나 몸가짐이라고 할 수 있다. 즉, 에티켓이 있는 사람인지 아닌지는 그 사람의 행동을 보고 판단하게 된다. 그럼 매너 있는 행동을 할 줄 아는 에티켓을 갖춘 사람이 되는 것은 왜 중요한 걸까? 다음의 기사를 보고 같이 생각해 보도록 하자.

> 한 여성이 데리고 탄 애완견이 지하철 바닥에 설사를 했고, 주위 승객들이 배설물을 치울 것을 요구했다. 그러나 그 여성은 배설물을 치우지 않고 애완견 항문만 닦아주었다. 이에 보다못한 승객들이 계속 핀잔을 주자 이 여성은 짜증을 내며 다음 역에서 내렸다. (조선일보, 2005. 6. 6)

여기서 등장한 여성은 우리 사회에서 물의를 일으키며 '개똥녀'로 불리게 되었는데, "지하철에서 애완견의 배설물을 치우지 않은 것이 인터넷을 통해 알려져 사회적 물의를 일으킨 여성을 낮잡아 이르는 말"(네이버 국어사전)로 신조어가 되었다. 강아지를 너무나 사랑했던 한 여성은 지하철이라는 공공장소에서 지켜야 할 매너 있는 행동을 하지 않아 사회적 에티켓이 없는 사람이 되었다. 우리도 매일 등교하는 버스나 지하철 안에서, 강의실, 행정실, 도서관, 식당, 엘리베이터, 공공장소 등에서 다른 사람의 행동을 보고 판단하게 되고 나의 행동을 다른 사람에게서 평가받는다. 다른 사람들로부터의 평가가 긍정적이기 위해서는 내가 속한 문화와 사회에서 받아들여지는 행동과 말, 몸가짐이 무엇인지 알고 그에 적절한 행동을 해야 한다.

다음은 정진홍의 매너에 대한 글의 일부이다.

> 매너는 마음의 문을 여는 열쇠다. 그만큼 좋은 매너는 공감과 신뢰, 감동을 준다. 프랑스에서 매너는 '삶을 멋지고 성공적으로 영위할 줄 아는 방법'이라고 정의하는 것도 이 때문이다. 많은 성공한 CEO들이 자신의 성공비결을 좋은 매너에서 찾았듯이, 좋은 매너는 공

감, 신뢰, 감동을 불러일으키며 삶 자체를 멋지게 만들어 준다.

이 글은 매너의 기본 개념은 상대방을 존중해 주는 데 있으며, 이는 상대방에게 불편이나 폐를 끼치지 않고 편하게 하는 것을 뜻한다. 우리가 흔히 말하는 매너라는 것은 사람마다 갖고 있는 행동방식이라 할 수 있다. 다시 말해, 행동으로 표현되기 때문에 한눈에도 그 사람의 매너 수준을 파악할 수 있다. 자신이 속한 조직과 사회의 에티켓을 바르게 이해하고 그것을 상황에 맞게 잘 지키는 매너가 여러 사람들 속에서 우리를 매력 있는 존재로 만들어 주고 인생에서 성공하는 데 큰 영향을 주는 이유도 그 때문이다.

나를 돋보이게 하는 일상생활 속에서의 에티켓과 매너 ••

앞서 논의한 '개똥녀'는 자신의 무심한 행동으로 다른 사람들의 마음을 불편하게 하면서 생겨난 신조어였다. 일상생활에서 나를 돋보이게 하는 데 '매너'가 한 가지 요소임을 다음 글을 통해 알아보자.

> 매너란 눈에 보이지도 않고 손에 잡히지도 않지만 맹인도 볼 수 있고 청각장애자도 들을 수 있다. 진짜로 눈에 보이고 귀에 들려서 하는 소리가 아니라 온 마음을 다해 잔잔한 감동으로 느낄 수 있다는 것이다. 이렇듯 본인에게 매너는 나를 표현하는 보이지 않는 상품이다. (하진영·오선영, 2007)

만일 '개똥녀'가 지하철에서 자신의 애완견의 배설물을 치우고 미안한 마음을 표시하는 배려심을 보였다면 그녀가 지하철을 내리고 나서 다른 사람에게서 매너 있는 사람이라는 소리를 들었을 것이다. 아마 지금 우리가 사용하는 부정적인 이미지의 '개똥녀'가 아니라 21세기 매너녀의 전혀 다른 의미로 '개똥녀'가 사용되고 있을지도 모른다. '개똥녀' 사건의 핵심은 그녀가 자신이 공공장소에서 어떻게 대처하는 것이 자신을 돋보이게 할 수 있는지에 대한 지식이 부족했기 때문으로 보인다. 따라서 21세기 매너여와 매너남이 되기 위해서는 무엇이 매너 있는 행동인지 알아야 한다. 다음은 일상생활에서 마주칠 수 있는 다양한 상황에서 알아두면 좋을 내용을 살펴보고자 한다.

나를 돋보이게 하는 용모와 복장

사람의 외형적 이미지는 입고 있는 옷차림이나 헤어스타일, 화장, 표정에 따라서 매우 달라진다. 즉, '나'라는 사람, 내면적 자아는 하나지만 '나'에 대해 사람들이 갖는 외형적 이미지는 내가 그날 입은 옷, 표정, 말, 컨디션 등에 따라 다른 모습으로 타인에게 비춰진다. 따라서 대중 앞에 서는 사람들은 자신의 이미지메이킹을 위해서 외모와 옷차림에 많은 신경을 쓴다. 예를 들어, 링컨은 얼굴에 살이 없고 광대뼈가 튀어 나와서 대중에게 편안하고 좋은 인상이 아니었다고 한다. 그런데 대통령 선거 유세 중 한 어린이가 '아저씨는 수염을 기르면 할아버지처럼 친근하고 부드러워 보일 것'이라고 한 말을 듣고 수염을 길렀다고 한다. 물론 그 후 링컨은 미국의 대통령에 당선되었다.

링컨의 예와 같이 나를 돋보이게 하는 용모와 복장은 다른 사람들이 나를 바라보는 시선을 배려하여 나의 직업, 때와 장소에 맞게 갖추는 것이 바람직할 것이다. 예를 들어, 아이들과 함께 놀이하고 지내는 유치원 교사는 아이들과 지내는 데 불편하지 않는 편한 복장을 하고 진하지 않은 화장과 단정한 헤어스타일을 한다. 만일 유치원 교사가 진한 화장을 하고 앞이 파진 상의에 짧은 치마를 입고 아이들과 지낸다면 교사로서 바람직한 옷차림이 아니라 남자 친구와 데이트를 하러 가는 아가씨의 모습일 것이다. 내가 학생이라면 어떠한 용모와 복장이 좋을까 생각해 보자. 강의에 집중할 수 있도록 듣기 편하면서 나를 돋보이게 하는 옷차림은 무엇일까? 나의 용모와 복장을 통한 이미지메이킹 이외에 신경 써야 하는 것은 무엇이 있을까? 바로 내면적인 자아이다. 21세기 리더는 외적인 이미지메이킹과 내적인 자아의 성숙 모두에 노력해야 한다. 링컨이 대통령이기 위해서는 인간은 평등하다는 의식에서 노예 해방을 하겠다는 정치적 신념을 다져온 내적인 자아와 한 나라의 리더로서 요구되는 외적인 이미지가 하나가 되었을 때 가능했다. 따라서 자기의 자리에서 빛이 나는 리더는 자신이 바라는 꿈과 목표설정을 분명히 하고 그에 대한 자질을 기르면서 자신이 꿈꾸는 직업이 요구하는 이미지를 가꾸어 나가는 노력이 필요하다.

다음의 Tip은 용모와 복장에 대해 기억하면 좋을 내용을 정리한 것이다.

Tip 나를 돋보이게 하는 용모와 복장

1. 단정한 용모와 복장이 나에게 주는 효용

- 좋은 첫인상 주기
- 타인으로부터 신뢰받기
- 자신에 대한 긍정적 이미지 높이기
- 일의 성과 높이기

2. 나를 돋보이게 하는 용모와 복장에서 기억할 것

- 때와 장소에 맞는 옷차림과 헤어스타일 하기
- 얼굴 표정은 밝고 편안하게 하기
- 태도는 공손하게 하기
- 듣는 자세는 반듯하게, 내용은 정확하게 이해하기
- 말은 성실하게 진실을 말하기

나를 돋보이게 하는 의사소통법

다른 사람과 만나서 의사소통하기의 시작은 상대방과의 교감하기이다. 의사소통은 공통, 전달, 의미, 정보 등의 개념을 포함하는 라틴어 communis에서 유래되었다. 즉, 나와 상대방이 서로 통한다는 의미이다. 소통이 잘 되는 사람이 되기 위해서는 내가 말하려는 내용을 적절한 전달방식으로 해야 한다. 예를 들어, 말하는 사람의 내용과 의도는 상대방을 격려하고 칭찬하려고 했는데, 말하는 언어는 "아직 그것밖에 못했니? 그동안 네가 한 게 뭐가 있어?"라고 말한다면 나와 상대방이 같은 의미를 소통하기는 어려울 것이다.

일상생활에서 의사소통의 대표적인 방법인 대화를 잘 하는 사람이 되기 위해서는 나와 상대방이 마음으로 만날 수 있어야 한다. 서로가 마음으로 만나기 위해서는 나 자신에 대한 이해, 상대방에 대한 이해, 두 사람의 관계에 대한 이해, 두 사람이 만나고 있는 상황에 대한 이해가 전제가 될 때 진실된 대화가 이루어진다. 예를 들어, 친구와 오랜만에 만나서 서로 사는 이야기를 하려고 했는데, 결혼을 하지 않은 친구를 앞에 두고 결혼한 친구가 남편과 시댁 식구들에 대해서만 이야기를 한다면 상대방에 대한 이해를 하지 않은 것이다. 이번에는 학생과 교사의 관계에서의 대화를 생각해 보자. 한 학생이 교사에게 자신의 어려운 상황에 대해서 상담을 하려고 어렵게 문을 두드렸다. 마침 교사는 통화 중이었고 무슨 일이냐며 미리 약속을 하고 다시 오라고 문을 닫았다면 학생은 다시 그 교사에게 찾아가서 마음의 문을 열지 않을 것이다.

모든 의사소통에는 상대방이 존재하기 때문에 서로가 하고 싶은 말을 속시원하게 하고 자리를 뜨는 일은 정말 쉽지 않다. 그렇다면 대화를 잘 하는 사람이 되기 위해서는 어떤 노력을 해야 할까? 우선, 진정한 의사소통에 장애가 되는 언어표현을 피하는 것이 좋다. 첫째, 대화 시 이중적 의미(예 : 괜찮아, 상관없어, 잘했다 등)를 담은 언어사용은 피하는 것이 좋다. 사람들 간에 이 세 가지 단어는 다양한 의미로 사용될 수 있다. 예를 들어, 상관없어의 말 속 뜻은 '나는 네가 말하는 것을 모두 이해하고 있어. 너의 말대로 할 테니 내 의견은 상관없어'가 될 수도 있지만, '나는 네가 무슨 일을 하든 상관없어, 하지만 나는 너랑 생각이 달라.'로 전혀 다른 뜻일 수도 있다. 둘째, 생략된 말(예 : 무서워요, 힘들어요, 두려워요 등)의 언어 사용은 피하는 것이 좋다. 시험을 치르고 난 학생들은 대부분 '시험이 어려웠어요.'라고 말한다. 이 말은 학생들이 시험을 본다는 것 자체가 힘들다는 것인지 아니면 시험문제의 난이도가 어려워서 어려웠다는 것인지, 시험의 난이도는 낮았지만 자신이 공부를 하지 않아서 어려웠다는 등의 다양한 뜻이 담겨 있다. 따라서 자신의 행동에 대한 내용을 감정적인 언어로 표현하는 것은 자신의 마음과 생각을 정확히 전달하기 어렵다. 셋째, 의사소통 시 추상적 언어(예 : 전에 했던 그거 했니? 그쪽에서 먼저 하기로 했는데요, 곧 될 거예요, 얼마 안 남았으니 조금만 기다려 주세요 등)의 사용은 피하는 것이 좋다. 친구와 만나기로 한 약속 장소에서 기다리고 있는데, 늦게 오는 친구가 '조금만 기다려, 금방 갈게.'라고 말하고 30분 뒤에 오는 것보다는 '정말 미안한데, 차가 막혀서 20분 이상 걸릴 것 같은데, 근처에 커피마실 수 있는 곳에 먼저 들어가 있을래?'라고 구체적으로 이야기하는 것이 상대방에 대한 배려일 것이다. 마지막으로 상대방의 이야기를 듣고 일반화된 언어(예 : 누구나 그렇지, 일이 어렵지 않은 사람은 없어, 사람은 누구나 그래, 내 나이 되어 보렴 등)로 대답하는 것은 피한다. 상대방은 대화를 하면서 자신의 상황과 처지를 공감해 주기를 바라는데, 일반화시켜 이야기

Tip 의사소통에 장애를 주는 언어사용

- 이중적 의미(예 : 괜찮아, 상관없어, 잘했다 등)
- 생략된 말(예 : 무서워요, 힘들어요, 두려워요 등)
- 추상적 언어(예 : 전에 했던 그거 했니? 곧 될 거예요, 얼마 안 남았으니 조금만 기다려 주세요 등)
- 일반화된 표현(예 : 누구나 그렇지, 일이 어렵지 않은 사람은 없어, 사람은 누구나 그래, 내 나이 되어 보렴 등)

해 버리면 이야기를 한 사람이 이해받고 있다는 느낌을 갖기 어렵기 때문이다. 상대방이 그 상황에서 어땠을지 공감하고 그 사람의 감정을 거의 같은 수준으로 이해하려고 노력하는 것이 소통을 원활하게 하는 대화법이다.

모든 인간관계는 대화로 이루어지므로 말이 잘 통하는 사람과는 호의적인 인간관계를 형성할 수 있지만, 상대방이 내 말을 알아듣지 못하고 다른 소리를 하고 있다고 느낄 때 우리는 그 사람과 인간관계를 그르치는 경우가 많다. 좋은 대화를 이어나가기 위해 마지막으로 중요한 것은 자신의 말하기가 아니라 '상대방의 이야기를 잘 듣는 것'에서 시작한다는 것이다. 올바른 경청하기는 진심으로 상대방에게 관심을 가지며, 자신의 행동으로 이야기를 잘 듣고 있음을 나타내 주어야 한다. 예를 들어, 상대방의 이야기를 들으며 몸을 말하는 사람 쪽으로 기울이고 '아, 그랬군요, 네…' 등의 공감의 맞장구가 필요하다. 또한 경청하는 사람은 상대방의 이야기를 진실로 수용하면서 듣고 그 사람의 행동이 올바른지 판단하지 말아야 한다. 앞서 말한 의사소통의 장애를 주는 네 가지의 언어사용을 피하고 경청하는 사람이 된다면 대화 상대자의 신뢰를 받고 서로 마음을 열고 이야기할 수 있는 멋진 대화 상대가 될 수 있을 것이다.

나를 돋보이게 하는 공공장소에서의 자리 매너

다른 사람과 같이 있을 때 그 사람과의 관계를 고려하여 예의에 맞게 안내하거나 수행하는 것이 필요하다. 일상생활에서 우리는 식당에서, 회의실에서, 차로 이동하면서, 엘리베이터 안에서 등과 같은 다양한 경우에 사람들과 같이 있게 된다. 이때 알아두면 좋을 예의와 매너를 알아보기로 한다.

걷거나, 서 있을 때, 자리에 앉을 때는 우측이 상석이다. 그러므로 윗사람이나 연장자, 여성과 걸을 때 또는 서 있을 때는 자신이 왼쪽에 위치해야 한다. 이동 중에 문을 열어야 할 때는 조금 앞서가서 문을 열고 일행이 지나가도록 배려한다. 앉을 때는 연장자나 여성에게 우측 좌석을 권하는 것이 좋지만 식당에서 전망이 좋은 자리나 문에서 먼 쪽을 권하는 것이 좋고 자신은 다른 사람이 모두 착석하고 앉는 것이 좋다.

일행이 직접 운전하는 차를 승차하는 경우, 자신은 운전자석 옆자리에 앉도록 한다. 여러 명이 같이 타게 될 경우에는 운전자석 옆자리가 제1상석, 그 자리 뒷좌석이 제2상석, 운전자 뒷자리가 제3상석이다. 승차할 때 자리를 가려 앉는 것도 중요하지만 승차 에티켓 또한 중요하다. 차를 탈 때 윗사람이나 여성이 먼저 타고, 내릴 때 아랫사람이나 남성이 먼저 내려 문을 열어주면 예를 갖춘 행동으로 보인다. 치마를 입은 여성이 차를 탈 때, 먼저 앉은 다음 가지런히 다리를 모아 조심스럽게 차 안에 들여 놓고, 내릴 때에는 먼저 다리를 밖에 내어놓고 좌석에서 천천히 일어나면 에티켓 있는 행동으로 보인다.

엘리베이터 안에서의 위치는 문을 앞에서 바라본다고 가정할 때 조작버튼과 먼 쪽의 자리가 상석이다. 다른 사람을 배려하기 위해 자신은 엘리베이터 밖에서 조작버튼을 누르고 기다렸다가 나중에 타고 안에서 버튼을 조작한다. 내릴 때는 가장 나중에 내리는 것이 예의이고 엘리베이터와 같이 밀폐된 공간에서는 타고 있는 다른 사람들을 배려하여 급한 이야기는 작은 목소리로 말하거나, 잠깐 기다렸다가 내려서 이야기를 하는 것이 예의이다. 모르는 사람 앞에서 큰 소리로 사적인 이야기를 하고 바르지 않은 말을 사용하거나 크게 웃는 모습은 자신의 품위를 깎아내리는 행동이다.

나를 돋보이게 하는 시간 예절

다른 사람을 방문할 때는 사전에 시간 약속을 하게 되는데, 상대방의 스케줄을 먼저 물어보는 것이 예의이다. 친구 간에도 시간 약속을 지키는 것이 예의지만 윗사람을 찾아뵙거나 업무나 공적인 약속으로 사람을 만날 때는 약속시간보다 10분

정도 여유 있게 도착하여 처리할 일에 대하여 생각을 정리하고 만나는 것이 좋다. 만일 약속시간을 변경하게 되거나 늦게 될 경우 미리 전화해서 이유를 설명한 후 양해를 구하는 것이 기본 예의이다. 또한 약속 당일날 취소하는 일은 다른 사람의 일정에 변화를 주게 될 뿐 아니라 상대방과의 신뢰형성에 부정적인 영향을 줄 수 있으므로 주의할 필요가 있다.

약속시간 지킴의 중요성은 사람 간 뿐 아니라 나라 간, 문화 간에서도 마찬가지이다. 과거 미국 사람들은 약속을 한 뒤 약속시간보다 늦게 나오는 한국인을 좋지 않게 생각하여 '한국인은 약속시간에 늦게 도착한다. 이것이 한국인의 시간관이다.' 라고 하여 '코리안 타임Korean time이라는 말을 만들었다(위키백과). 이 말은 한국인이 약속시간에 일부러 늦게 도착하는 행동이나 그 버릇을 이르는 말이다. 하

■ 당신은 다른 사람과의 약속에 '코리안 타임'을 지키나요? 아니면 '코리언 타임'을 지키나요? 약속시간을 지키는 것이 중요하다고 생각합니까? 그렇게 생각하는 이유를 적어보세요.

■ 다른 사람이 당신과의 약속시간을 지키지 않아 오랫동안 기다리거나 당일날 약속이 취소되었던 경험을 적어보세요. 그 사람에 대해서 어떤 생각을 하게 되었나요? 당신의 기분은 어떠했나요? 그렇다면, 당신은 다른 사람과의 약속시간을 지키기 위해서 어떠한 노력을 하고 있는지 적어보세요.

지만 사실은 한국인과 미국인의 시간관념의 차이에서 온 우리나라 사람에 대한 오해이다. 해방 후 미 군정기에 미국인들은 일본의 동경시를 기준으로 한국의 시각을 적용시켰는 데 비해 한국인들은 동경시보다 늦은 기존의 한국 표준시를 일제강점기까지도 사용하였다. 한국인들은 본시 시간에 대한 관심이 많아서 개항 이전에도 여러 가지 시계를 고안해서 사용했고 심지어 조선 후기에 서양보다도 일찍 자동시계를 발명한 적이 있을 정도로 시간관념이 철저했다. 따라서 자신이 약속시간을 지키지 않았을 때 '코리안 타임'이라고 말하는 것은 우리 스스로를 시간관념이 부족한 사람으로 만드는 것이니 '약속시간에 늦어 정말 죄송합니다.'라는 말을 하는 게 솔직한 표현일 것이다. 칼럼니스트 이재일(2004)은 "시간관념에 철저하자. 요즘의 코리언 타임은 5분 전이다"라고 강조하고 있으며 그 이유는 현대사회에서는 앞당겨진 '코리언 타임'을 지키는 사람이 멋지게 살뿐만 아니라 성공적으로 살아갈 수 있는 세상으로 변했기 때문이다 라고 말한다.

나를 돋보이게 하는 식탁 예절

다른 사람과 식사를 같이 한다는 것은 서로가 마음을 열고 가까워지고 싶다는 표현이다. 따라서 다른 사람과의 대화 시 에티켓이 중요한 만큼 식사 시의 매너를 갖추는 것도 필요하다. 여기서는 한식과 서양 상차림을 기본으로 리더가 알아두면 좋을 에티켓을 간단히 살펴본다.

한국상으로 차린 식탁에서의 예절을 살펴보면 어른을 모시고 식사를 할 때에는 어른이 먼저 수저를 드신 후에 먹는다. 숟가락과 젓가락은 한꺼번에 들고 사용하지 않으며, 소리를 내지 않도록 한다. 또 밥그릇이나 국그릇은 손으로 들고 먹지 않으며, 음식은 씹기에 적당한 양을 입에 넣고, 음식이 입 속에 있을 때는 말하지 않는다. 김칫국이나 국 국물은 숟가락으로 떠 먹되, 소리를 내지 않으며 밥이나 반찬은 뒤적이거나 헤치지 말고, 한쪽에서부터 먹는다. 음식을 먹는 속도는 다른 사

그림 11-1 한국식 상차림 대 서양식 상차림

람과 비슷하도록 조절하고 다른 사람이 말을 할 때는 수저를 내려놓고 경청하며 자신의 이야기를 할 때는 다른 사람들이 음식을 먹고 있을 때를 피해서 하는 것이 좋다.

서양식 식탁에서의 예절은 우선 식탁에 앉을 때 의자를 앞으로 바짝 당겨서 허리를 펴고 바르게 앉는다. 의자에 앉은 다음에는 냅킨을 무릎에 펴놓고, 식사가 끝나면 다시 접어서 식탁 위에 놓는다. 포크와 나이프는 음식 순서에 따라 바깥쪽에 놓인 것부터 사용하며, 포크는 왼손에, 나이프는 오른손에 쥐고 사용한다. 음식은 한꺼번에 다 썰지 말고 먹기 좋은 크기로 잘라 가며 먹는다. 포크와 나이프는 접시 양쪽에 팔(八)자형으로 걸쳐 놓아 식사 중이라는 표시를 하고, 음식을 다 먹은 후에는 접시의 오른쪽에 가지런히 모아 놓는다. 식사하는 동안에는 왼쪽 팔꿈치를 식탁에 기대어서는 안 되며, 머리를 만지거나 큰 소리로 떠들지 않도록 한다.

다음의 각 항목에 대해 개별응답을 한 후 조별토의를 통해 공통으로 나온 내용이나 중요하다고 생각되는 내용을 조별로 정리해서 발표해 보자.

■ 내 인생에서 가장 많이 함께 식사를 하는 가정에서 나의 식탁 예절은 어떤지 생각해 보자. 나와 가족들이 지키는 가정에서의 식탁 예절을 적어 보자(예 : 식사시간 동안 TV 보지 않기, 일주일에 세 번은 저녁에 가족과 식사하기 등).

미국 일리노이대학교가 학업 성적이 우수한 7–11살 120명 남녀 어린이를 조사한 연구 결과 '가족식사에 많은 시간을 할애한다'는 공통점을 찾았다. 우리나라에서도 100여 개 중고등학교 전교 1등에게 설문조사를 한 결과, 주중 10회 이상 가족식사를 해왔다는 대답이 40%에 달했다.

(조선일보, 2012. 10. 24, 세상에서 가장 훌륭한 교실은 가족의 밥상머리)

학업성적은 어휘력에 좌우된다. 아이들은 온 가족이 식사하는 자리에서 다른 어떤 상황보다 훨씬 수준 높고 다양한 어휘를 배우고 구사한다.

그런 가족식사의 중요성과 밥상머리의 교육이 지니는 의미를 모르는 사람은 이제 없다. 하지만 진정 중요한 이슈는 밥상머리에 가족이 함께 모이는 그 자체가 아니라, 어떻게 해야 이 소중한 자리에서 '퀄리티 음식'을 나누면서 '퀄리티 시간'을 누릴 수 있느냐 하는 것이다.

위의 기사를 읽고 나서 당신은 앞으로 가족들과 퀄리티 있는 식사시간을 갖기 위해 어떤 노력을 할 것인지 적어보자.

 참고문헌 reference

서울칼럼니스트모임 1999. 9. 19 창간

하진영 · 오선영(2007). **영화로 보는 매너와 에티켓**. 파워북.

이재일(정보통신 칼럼니스트). '코리안타임'에서 '코리언타임'으로 COLUMNIST No. 1069 칼럼니스트
　　2004년 9월 21일 http://columnist.org/netporter

조선일보(2012. 10. 24). 세상에서 가장 훌륭한 교실은 가족의 밥상머리. http://edu.chosun.com/site/
　　data/html_dir/2012/10/24/2012102401425.html

ㄱ

저 자 소 개

신화식

이화여자대학교 사범대학 유아교육학과(문학사)

이화여자대학교 교육대학원 유아교육학과(교육학석사)

중앙대학교 대학원 유아교육학과(문학박사)

현재 한양여자대학교 유아교육과 교수

이순창

고려대학교 대학원 심리학과(문학석사)

미국 Maryland대학교 국제분쟁관리연구소(연수)

경기대학교 대학원 경영학과(박사수료)

현재 국방대학교 리더십 개발원(예비역 육군준장, 리더십 전문연구원)

윤길근

한양대학교 사범대학 교육학과(문학사)

한양대학교 대학원 교육학과(교육학석사, 박사)

현재 부천대학교 유아교육과 교수

이희경

중앙대학교 사범대학 유아교육과(문학사)

중앙대학교 대학원 유아교육과(문학석사)

인하대학교 대학원 교육학과(교육학박사)

현재 부천대학교 유아교육과 교수

주은희
연세대학교 문과대학 교육학과(문학사)
연세대학교 대학원 아동교육전공(교육학석사)
영국 웨일즈대학교 교육심리전공(철학박사)
현재 한양여자대학교 유아교육과 교수

진성애
덕성여자대학교 유아교육학과(문학사)
이화여자대학교 교육대학원 유아교육학과(교육학석사)
미국 그레이스대학교 대학원 교차문화사역 전공(문학석사, 박사수료)
현재 한양여자대학교 유아교육과 겸임교수

이영미
이화여자대학교 사범대학 유아교육학과(문학사)
이화여자대학교 대학원 유아교육전공(문학석사)
미국 보스턴대학교 유아교육전공(교육학박사)
현재 한양여자대학교 유아교육과 교수

김상림
연세대학교 생활과학대학 아동학과(이학사)
연세대학교 대학원 아동학전공(이학석사)
미국 휴스턴대학교 유아교육전공(교육학박사)
현재 열린사이버대학교 사회복지학과 교수

대학생과 **리더십**

THE STUDENT
LEADERSHIP GUIDE

2013년 3월 5일 초판 발행 | 2014년 9월 5일 2쇄 발행

지은이 신화식·이순창·윤길근·이희경·주은희·진성애·이영미·김상림
펴낸이 류 제 동 | **펴낸곳** **㈜교문사**

전무이사 양계성 | **편집부장** 모은영 | **책임편집** 강선혜 | **디자인&편집** 이혜진 | **제작** 김선형 | **홍보** 김미선
영업 이진석·정용섭·송기윤 | **출력** 현대미디어 | **인쇄** 삼신인쇄 | **제본** 한진제본

주소 경기도 파주시 교하읍 문발리 출판문화정보산업단지 536-2 | **전화** 031-955-6111(代) | **팩스** 031-955-0955
등록 1960. 10. 28. 제406-2006-000035호 | **홈페이지** www.kyomunsa.co.kr | **E-mail** webmaster@kyomunsa.co.kr
ISBN 978-89-363-1341-8 (93370) | **값** 19,000원